Judith Macheiner
Übersetzen

Zu diesem Buch

Übersetzen kann jeder – dieser Auffassung sind viele, die mehr als eine Sprache zumindest ansatzweise beherrschen. Gerade bei Gebrauchstexten sind die Ergebnisse bisweilen verheerend: Reiseführer und Informationsbroschüren, deren Sinn kaum noch zu entschlüsseln ist. Im Bereich des literarischen Übersetzens tun sich ganz andere Probleme auf: Wie weit darf sich eine Übersetzung vom Original entfernen? Warum reicht es nicht, einen literarischen Text grammatisch korrekt zu übersetzen? Ist die bestmögliche Paraphrase auch die bestmögliche Übersetzung? Anhand von zahlreichen Beispielen aus den verschiedensten Textsorten erklärt Judith Macheiner alle wichtigen Fragestellungen des Übersetzens und Dolmetschens – von den sogenannten falschen Freunden bis zum Problem, Wortspiele adäquat wiederzugeben. Ein ausführliches Glossar mit dem notwendigen linguistischen Hintergrundwissen rundet diesen ebenso nützlichen wie vergnüglichen Begleiter beim Übersetzen und Dolmetschen ab.

Judith Macheiner, geboren 1939 in München, lehrt Übersetzungswissenschaft am Institut für Anglistik/Amerikanistik der Humboldt-Universität zu Berlin. Neben wissenschaftlichen Publikationen veröffentlichte sie »Das grammatische Varieté oder Die Kunst und das Vergnügen, deutsche Sätze zu bilden«, »Übersetzen. Ein Vademecum« und »Englische Grüße«.

Judith Macheiner
Übersetzen

Ein Vademecum

Piper München Zürich

Von Judith Macheiner liegen in der Serie Piper vor:
Das grammatische Varieté (3845)
Übersetzen (3846)

Ungekürzte Taschenbuchausgabe
Piper Verlag GmbH, München
Februar 2004
© 1995 Eichborn AG, Frankfurt am Main
Umschlag/Bildredaktion: Büro Hamburg
Isabel Bünermann, Julia Martinez/
Charlotte Wippermann, Kathrin Hilse
Umschlagabbildung: Michael Sowa
Satz: Greno, Nördlingen
Druck und Bindung: Clausen & Bosse, Leck
Printed in Germany   ISBN 3-492-23846-7

www.piper.de

Erste Stationen

ÜBERSETZEN KANN JEDER

Jeder, versteht sich, der noch eine zweite Sprache kann. Das Ergebnis hat es dann oft in sich — wie diese Beschreibung zum Aufbau der Basilika Santa Maria Maggiore in Bergamo:

Gegen die Hälfte des 12. Jahrhunderts begann also der Aufbau der Basilik während der reifsten Phase der romanischen Zeitrechnung mit einer Vermischung von Influssen und Reizen, die aus verschiedene geographischen und kulturellen Flacheninhalten herkamen, so daß die kulturelle Lebhaftigkeit dieses Gebäudes, auch wenn nur in Provinz geboren, schon von Anfang an hervorgehoben wurde.

Die mißglückte Übersetzung kann unserer Begeisterung für das architektonische Meisterstück nichts anhaben, schon gar nicht, wenn wir die atemberaubende Komposition von rotem Backstein und Marmor, Frühgotik und Renaissance vor Augen und das Flötenkonzert eines virtuosen Straßenmusikanten im Ohr haben. Was der Autor gemeint hat, ist ja auch mit etwas gutem Willen erkennbar. Aber zu Hause möchten wir dann doch noch etwas mehr über die Geschichte dieser beeindruckenden Basilika wissen und finden neben den schönen Fotos der Hochglanzbroschüre, die wir am Ort erworben haben, Sätze, die sich kaum mehr entschlüsseln lassen.

Das Mauergewebe hebt einige Einzelheiten über die Originalerlebnisse der Kirche hervor. Dieses planimetrische Schema ... kommt aus den Planen, die die Form eines griechischen Kreuzes von klassischer Matrize haben.

Und selbst wenn wir unsere ganzen kunstgeschichtlichen Kenntnisse zusammennehmen, verlieren wir uns schließlich in den konzeptuellen Abgründen, die der Übersetzer für uns bereitet hat:

> *Heute sind diese Räume erreichbar, wenn man in das verwickelte System von Treppen und Strecken eintritt, die sich in dem Zwischenraum zwischen der großen Mauer und der inneren Mauer auflösen.*

Dagegen kommt uns die Überschrift des letzten Abschnitts, *Geöffnete Probleme,* schon fast wie ein Rettungsanker vor.

Eine Sprache sprechen, schreiben, verstehen, lesen können heißt, vieles Verschiedene über den Umgang mit ihren Wörtern wissen. *Probleme* können nun einmal im Deutschen nur *offen,* aber nicht *geöffnet* sein. Wer Deutsch kann, weiß das natürlich, kennt alle diese vielen zufälligen Besonderheiten im Gebrauch der Wörter und kann nur an den mißglückten Versuchen der anderen ablesen, über was für ein phänomenales, an Details schier unbegrenztes Wissen er damit verfügt. Soweit es sich dabei um nicht verallgemeinerbare Eigenschaften einzelner Wörter handelt, ist dem armen Übersetzer nicht zu helfen.

Ohne diese Detailkenntnis in zwei Sprachen mißlingt jede Übersetzung. Wenn man davon ausgeht, daß in den Wörtern einer Sprache, nämlich in den grammatischen Eigenschaften dieser Wörter, immer auch schon die Grammatik einer Sprache angelegt ist, dann wird verständlich, warum das Übersetzen zu Recht meist mit der Suche nach dem passenden Wort gleichgesetzt wird. Wäre es wirklich darauf reduzierbar, dann würden alle Betrachtungen zum Übersetzen im Einzelnen, Zufälligen enden, bei den besonderen, idiomatischen Eigenschaften von Original- und Zielsprache. Was wir uns von einem Vademecum des Übersetzens erwarten, kann gerade das nicht sein. Wenn darin von einzelnen Fällen die Rede ist, dann doch nur zur Veranschaulichung von allgemeineren Zusammenhängen, zur Demonstration von Phänomenen, die sich wiederholen und damit generalisierbare Einsichten versprechen.

Nun kann man, was die Wissenschaft vom Übersetzen reichlich bewiesen hat, mühelos vom Anekdotischen zu großen Abstraktionshöhen gelangen, ohne daß damit ein praktischer, d.h. anwendbarer Erkenntnisgewinn verbunden wäre. Es versteht sich, daß rein scholastische Fragen und Vorstellungen in einem Vademecum keinen Platz haben. Um zwischen der Scylla des zufällig Einzelnen und der Charybdis der Allgemeinplätze sicher hindurchzusteuern, hält sich das Vademecum vor allem an das, was es an prinzipiellen Unterschieden zwischen Original- und Zielsprache gibt; nicht an die Eigenschaften des einzelnen Wortes, sondern an das, was sich in diesen Eigenschaften von den grundsätzlichen Unterschieden zwischen verschiedenen Typen von Sprachen spiegelt. Ehe wir uns auf eine so komplizierte Angelegenheit wie die prinzipiellen Unterschiede zwischen verschiedenen Sprachen einlassen können, müssen wir allerdings noch einige Übereinkünfte über unseren Gegenstand, das Übersetzen, herstellen.

DER KOMPASS

Daß die Sätze über die Basilika in Bergamo zu einer Übersetzung gehören, ist ihren mißglückten sprachlichen Strukturen nur allzu deutlich anzusehen. Wenn wir der Einfachheit halber davon ausgehen, daß eine Übersetzung ist, was eine Übersetzung sein soll, dann könnte unser Gegenstand ganz allgemein die Menge der mehr oder weniger gelungenen bzw. mißlungenen Übersetzungen sein. Wir könnten sie sammeln und nach den verschiedensten Gesichtspunkten ordnen, etwa nach dem Muster »Wer hat wann was aus welcher Sprache in welche Sprache wie übersetzt?« Irgendwann einmal kämen wir sicher auch mit diesem Verfahren bei generalisierbareren Einsichten an. Aber der Weg von der Inventarisierung des Vorhandenen zum anwendbaren Wissen führt auf eine ziemlich umständliche Weise zu einer Frage, die wir uns gleich systematischer stellen können: Wann und warum empfinden wir eine Übersetzung als gelungen und wann als nicht gelungen?

Empfindungen sind natürlich subjektiv, und was ich als heiß oder kalt empfinde, mag für den anderen noch lange nicht heiß oder kalt sein. Dennoch gibt es eine ganze Menge Übereinstimmungen, und selbst bei so komplexen Genüssen wie Essen und Trinken kann man doch mit erstaunlich vielen Gemeinsamkeiten rechnen. Letztendlich gilt natürlich auch für Übersetzungen: *De gustibus non est disputandum.* Aber zum einen ist vieles, worüber zu urteilen ist, wie die Bergamo-Sätze zeigen, keine Geschmacksfrage, und zum anderen gibt es ein leicht handhabbares Verfahren, mit dem man seine Urteile objektiver, sicherer und besser nachvollziehbar macht: Statt beliebige Übersetzungen miteinander zu vergleichen, bilden wir zu einem Original eine Menge von Übersetzungsvarianten, mit denen wir die Möglichkeiten der Zielsprache systematisch, d.h. schrittweise ausloten. Wenn wir uns mit der Ausgangsstruktur so nah wie möglich an die sprachlichen Formen des Originals halten, so bekommen wir eine geordnete Menge von Paraphrasen, die in einzelnen Elementen zunehmend mehr Unterschiede gegenüber der Originalstruktur aufweisen.

Das sieht dann z.B. so aus. Wenn sich der alte Mann in Hemingways *The Old Man and the Sea* daran erinnert, daß und warum ein Orkan gerade jetzt nicht zu befürchten ist, sagt er sich, daß jetzt zwar die Jahreszeit ist, in der es Orkane gibt, aber:

> *When there are no hurricanes, the weather of hurricane months is the best of all the year. If there is a hurricane you always see the signs of it in the sky for days ahead, if you are at sea.*

Der zweite Gedanke, der für den alten Mann angesichts eines Sommerwolken-Himmels beruhigend ist, ergibt in seiner formal ähnlichsten Fassung keine besonders gelungene Übersetzungsvariante im Deutschen:

> *Wenn es einen Orkan gibt, sieht man immer Anzeichen davon am Himmel Tage vorher, wenn man auf See ist.*

Ersetzt man *immer* durch *schon* und ändert sukzessive die Reihenfolge der Bestimmungen, so hat man deutlich den

Eindruck, daß die Übersetzung Schritt für Schritt besser wird:

> ... *sieht man immer/schon Tage vorher Anzeichen davon am Himmel, wenn man auf See ist.*

und:

> ... *sieht man schon Tage vorher am Himmel Anzeichen davon, wenn man auf See ist.*

oder:

> ... *sieht man, wenn man auf See ist, schon Tage vorher am Himmel Anzeichen davon.*

Verkürzt man dann noch die Struktur des Adverbialsatzes auf eine präpositionale Wortgruppe,

> ... *sieht man auf See schon Tage vorher am Himmel die Anzeichen davon.*

so empfinden wir nur noch das Objekt als nicht gelungen. Durch eine weitere (pronominale) Verkürzung und entsprechende Umstellung läßt sich auch dieser Defekt beseitigen:

> ... *sieht man das auf See schon Tage vorher am Himmel.*

Und schließlich können wir das Ergebnis noch verfeinern:

> ... *kann man das auf See schon Tage vorher am Himmel sehen.*

Voilà.

Das Verfahren wirft zwei grundsätzliche Fragen auf:

1. Wie weit darf sich eine Übersetzung formal vom Original entfernen?

Das ist eine normative Frage, die nur in einer gemeinsamen Übereinkunft beantwortbar ist. Sie wird Gegenstand des nächsten Kapitels sein.

2. Warum werden die Paraphrasen im Deutschen zunehmend besser? Gibt es Unterschiede zwischen dem Deutschen und Englischen, die die Verbesserung erklären?

Mit dieser Frage werden wir uns ausführlich in allen weiteren Teilen des Vademecums beschäftigen. — Festzuhalten ist zunächst nur, daß eine Verbesserung vorliegt und, was das Anliegen der Demonstration war, daß wir uns darüber einig sind.

Obwohl die Übersetzungsvarianten zu Hemingways Satz von uns als unterschiedlich gelungen bewertet werden, haben sie den Basilika-Sätzen einen entscheidenden Punkt voraus: Sie sind nach den Regeln der deutschen Grammatik richtig gebildete Sätze, was die Sätze über Santa Maria Maggiore in Bergamo nicht sind.

Grammatisch richtig gebildete Sätze sind aber nicht nur jene, in denen die verwendeten grammatischen Kategorien stimmen, Person, Numerus, Kasus, Genus, Tempus, Modus (also Person und Zahl, Fall und Geschlecht, Zeit und Möglichkeit), und in denen die Satzglieder in einer zulässigen Abfolge erscheinen — auch die einzelnen Wörter müssen ihren Eigenschaften entsprechend richtig verwendet werden: *Geöffnete Probleme* ist gemäß der Eigenschaften von *öffnen* und *Probleme* im Deutschen eine grammatisch inakzeptable Verbindung.

Zur grammatisch richtigen Verwendung im weitesten Sinne gehört schließlich auch die Verwendung der Wörter in der Form und mit dem Inhalt, die ihnen zukommen. Also nicht *Basilik, Influß, Flacheninhalt, Mauergewebe* etc., sondern *Basilika, Einfluß, Gebiet, Mauerwerk* usw. Und nicht die *kulturelle Lebhaftigkeit eines in der Provinz geborenen Gebäudes,* sondern vielleicht die *künstlerische Lebendigkeit eines Gebäudes, das außerhalb der großen Kulturzentren Italiens entstanden ist.*

Wenn die Paraphrasen zum Hemingway-Satz keinen solchen grammatischen Fehlgriff enthalten, dann vielleicht schon deswegen, weil die größtmögliche Ähnlichkeit zum Original, Strukturen wie *die Zeichen von ihm in dem Himmel für Tage im voraus,* gar nicht erst in Betracht gezogen wurde. Natürlich hindert uns nichts daran, unsere Paraphrasenmenge um derlei grammatisch unmögliche Gebilde zu erweitern. Wir könnten aus ihnen aber nichts lernen, was wir nicht ohnehin schon wüßten über die richtige Verwendung von Artikeln, Präpositionen, Pronomen etc.

Wie schwierig es auch immer sein mag, dieses Wissen zu beschreiben: es ist nicht Gegenstand eines Vademecums zum Übersetzen, sondern Gegenstand einer Grammatik des Deutschen. Auch wenn wir, was der Zustand von Wörterbüchern und Grammatiken befürchten läßt, die Rechnung ohne den Wirt machen sollten — wir setzen jetzt das, was in Wörterbüchern und Grammatiken zum Deutschen behandelt ist, in unseren Überlegungen zum Übersetzen einfach voraus. Wie die Übersetzungsvarianten zum Hemingway-Satz ahnen lassen, bleibt noch eine ganze Menge zu erkennen, zu verallgemeinern und erklären, wenn man wissen will, was gelungene Übersetzungen von nur grammatisch richtigen Übersetzungen unterscheidet.

EINE TRANSLATIONSMAXIME

Der Vergleich der schrittweise variierten Paraphrasen zur Übersetzung des Hemingway-Satzes hat gezeigt, daß wir uns mühelos darüber einigen können, was eine mehr oder weniger gelungene Paraphrase ist. Aber nicht jeder wird die Entscheidung darüber, was eine mehr oder weniger gelungene Übersetzung ist, damit gleichsetzen. Daß die bestmögliche Paraphrase auch die bestmögliche Übersetzung ist, dürfte von den meisten bezweifelt und von nicht wenigen heftig bestritten werden.

Zunächst einmal können wir von der Paraphrasierungsfrage gar nicht absehen. Wo immer wir einen Unterschied zwischen Original- und Zielsprache ausgleichen müssen, stehen wir vor einer Palette alternativer Ausdrucksmöglichkeiten, die uns die Wahl zwischen syntaktischen, lexikalischen bis hin zu pragmatischen Paraphrasen eröffnen. Da kann uns die Methode der systematischen Variation nur gelegen kommen, sichert sie uns doch einen nachvollziehbaren und überprüfbaren Weg durch die Menge der Möglichkeiten. Er erscheint uns um so gangbarer, je mehr wir uns in der Bewertung der Paraphrasen mit anderen einig wissen. Aber die Frage, ob die bestmögliche Paraphrase auch die bestmögliche Übersetzung ist, ist so nicht zu entscheiden.

Der Punkt, der die Zweifler und Opponenten auf den Plan ruft, heißt in der jüngeren Geschichte der Übersetzung »Treue zum Original«. Bei einem so respektgebietenden Autor wie Hemingway muß uns die Treue zum Original natürlich oberstes Gebot sein, aber auch anderen, weniger bekannten Autoren gegenüber, wie etwa dem Verfasser des Bergamo-Texts, fühlen wir uns verpflichtet. Was wir hinter dem Zerrbild der mißglückten Übersetzung nur ahnen können, ist ein profunder, sorgfältig durchdachter und sicher gut geschriebener italienischer Originaltext, der auch das Verständnis und die Anerkennung seiner deutschen Leser verdient hätte.

Gegen die Treue zum Original hätten wir allenfalls da etwas einzuwenden, wo das Original selbst mißglückt ist — nicht weil wir beckmesserisch sein wollen, sondern weil wir, wenn wir übersetzen, nicht die Schuld für das zugeschoben bekommen möchten, was am Original mißlungen ist. In diesem Fall ist uns das Hemd näher als das Original, das wir, soweit nötig, schamlos verbessern werden.

Aber wie steht es mit allen anderen Fällen, wo wir bereit sind, dem Original uneingeschränkte Treue zu halten — was immer das heißen mag. Wenig sinnvoll scheint es uns, Treue zum Original als eine größtmögliche Ähnlichkeit mit seinen sprachlichen Strukturen zu verstehen. Obwohl es nicht von der Hand zu weisen ist, daß zumindest bei so nah verwandten Sprachen wie Deutsch und Englisch gleiche sprachliche Formen vielfach gleiche Funktionen haben, würden wir Hemingway doch einen Bärendienst leisten, wollten wir den Gedanken des alten Mannes formal gleich, also Wort für Wort übersetzen. Aber wenn wir uns erst einmal von den Originalformen wegbewegen, wie weit dürfen wir uns entfernen, ohne die Treue zum Original aufs Spiel zu setzen? Natürlich kann man die Frage auch ohne die gefühlvolle Metapher stellen: Wieviel vom Original muß, soll, sollte in der Übersetzung erhalten bleiben?

Auch die sachlichere Form ändert nichts am besonderen Charakter dieser Frage. Hier wird nicht gefragt, wie etwas ist oder warum es so ist, sondern wie es sein sollte. Hier wird eine normative Frage gestellt. Die Antwort darauf kann bestenfalls eine Handlungsmaxime sein, die die Bedingungen beschreibt, unter denen bestimmte Ziele erreichbar sind, wenn man sie denn erreichen möchte.

Nun kann man natürlich bei der Verwendung von Sprache im allgemeinen und beim Übersetzen im besonderen ziemlich verschiedene Ziele verfolgen, und ein Vademecum sollte vielleicht für möglichst viele Ziele Wege aufweisen. Da es aber in der Sprachverwendung ein Ziel gibt, das so allgemeiner Natur ist, daß es in den anderen, spezielleren Zielen meist mit enthalten ist, und da dieses allgemeine Ziel so viele Facetten aufweist, wie die alternativen syntaktischen, lexikalischen und pragmatischen Ausdrucksmöglichkeiten von Original- und Zielsprache erlauben, wird das Vademecum im wesentlichen auf diese eine allgemeine Zielstellung beschränkt bleiben. Wir werden uns nicht fragen, wie man ein altpersisches Liebeslied oder die Gebrauchsanweisung zu einer isländischen Küchenwaage übersetzen sollte. Es genügt für unsere Zwecke allemal, wenn wir uns im Europa unserer Tage umtun und jenen Texttypen den Vorrang geben, deren neutraler Sprachduktus uns hoffen läßt, daß wir unsere Einsichten auf möglichst viele Texte anwenden können.

Wie sieht nun dieses allgemeine Ziel der Sprachverwendung aus? Ganz abstrakt gesehen gilt wohl: Man möchte das Ziel erreichen, das man mit der Sprachverwendung verfolgt, ob man nun seine Gefühle ausdrücken, seine Gedanken äußern, den anderen beeindrucken, zu etwas bewegen oder ihm einen Bären aufbinden möchte. Es gibt so viele verschiedene Beweggründe für die Verwendung von Sprache, daß ein allgemeines konkretes Erfolgsrezept einfach unvorstellbar scheint.

Denkbar wäre höchstens eine triviale Maxime wie: Man sollte sich der jeweiligen Situation angemessen verhalten. Das gilt natürlich für jede Art von Verhalten, und in der Regel halten wir uns auch daran, ohne zu wissen, daß wir dies tun. Für den Alltagsgebrauch ist das Nachdenken darüber, wie man z.B. angemessen Fahrrad fährt, eine müßige Angelegenheit. Wie man auf Bordkanten, Straßenkreuzungen, Autos und Fußgänger reagiert, wenn man es nicht auf einen Zusammenstoß ankommen lassen will, das erledigt unser »Rechner« gewissermaßen ohne uns und glücklicherweise in den meisten Fällen erfolgreich.

Nun sind Sprachen um einiges komplizierter als Fahrräder, was die Möglichkeiten für Erfolg und Mißerfolg bei ihrer Verwendung entsprechend potenziert, aber eine erschöpfende Taxonomie aller Situationen, in denen wir Sprache verwenden, ist ebenso aufwendig wie unergiebig. Was wir uns dennoch klarmachen werden, ist, wie Sprache beim Verfolgen solcher Ziele überhaupt funktioniert. Vorerst fehlt uns aber immer noch jene allgemeine Zielstellung, die uns einen möglichst weiten Anwendungsbereich für unsere Erkenntnisse sichert.

Tatsächlich gibt es ein Ziel, das die Voraussetzung für nahezu alle anderen darstellt: Wir wollen verstanden werden. Verstanden zu werden ist, wie man weiß, keine Selbstverständlichkeit. Das fängt schon einmal damit an, daß man überhaupt die Aufmerksamkeit des anderen im doppelten Sinn des Wortes erhalten muß. Er muß, wenn wir sprechen, hinhören und zuhören. Er muß, was wir geschrieben haben, lesen und weiterlesen wollen. Erfolgsrezepte hierfür sind sicher vor allem eine Sache der Psychologie; sie sind aber auch eine Sache der Psycholinguistik, die uns sagen kann, wie das überhaupt funktioniert mit dem Verstehen von Sprache.

Eines wissen wir natürlich sofort und ohne wissenschaftliche Hilfestellung: Wenn etwas der Situation einschließlich unserer Interessenlage nicht angemessen ist, dann werden wir es gar nicht verstehen wollen, unabhängig davon, wie leicht oder schwierig es zu verstehen wäre. Und ebenso klar ist: Wenn etwas schwer zu verstehen ist, dann bedarf es schon einer besonderen Motivation, um dranzubleiben.

Beispiele für schwer Verstehbares kennt jeder von uns. Das sind vor allem jene Texte, für die uns die fachlichen Voraussetzungen fehlen. Aber schwer verständlich können auch Texte sein, die schlecht geschrieben sind, seien sie nun gedanklich oder sprachlich ungeschickt, schlampig oder inkompetent, nur mit Mühe zu lesen oder gänzlich unverdaulich. Eine noch so große Begeisterung über den Gegenstand kann unserem Verständnis von so gründlich mißlungenen Übersetzungen wie der über die Basilika Santa Maggiore in Bergamo nicht aufhelfen.

Wenn wir uns nun darauf einigen, die Verständlichkeit zum obersten Ziel zu machen, zumindest für den Normalfall unseres Sprachgebrauchs, dann haben wir damit natürlich auch schon die allgemeine Maxime für das Übersetzen, auf die wir uns einigen können. Treue zum Original würde in diesem Sinn bedeuten, daß die Verstehbarkeit des Textes durch die Übersetzung keinen Schaden nimmt. Dies bedeutet auf jeden Fall, daß die Übersetzung den Regeln der Zielsprache entsprechen muß. Jede Verletzung dieser Regeln, auch wenn sie die Verstehbarkeit nicht prinzipiell einschränkt, stellt eine Störung des Verstehensprozesses dar und schmälert unsere Erfolgsaussichten. Umgekehrt erhöhen sich unsere Chancen, verstanden zu werden — und damit gehört und gelesen zu werden — in dem Maße, in dem das Potential einer Sprache hierfür voll ausgenutzt wird.

Der für das Vademecum entscheidende Punkt ist, daß es hierfür einen in den traditionellen Überlegungen bisher vernachlässigten Unterschied gibt. Sprachen unterscheiden sich nämlich über ihre grammatisch-lexikalischen Eigenschaften hinaus in dem, was ihre Satzstrukturen leichter oder schwerer verstehbar, leichter oder schwerer verarbeitbar macht.

Wenn die Übersetzung die Verstehbarkeit eines Textes nicht einschränken soll, dann muß sie diesem Unterschied in der Verarbeitbarkeit von original- und zielsprachlichen Strukturen Rechnung tragen. Eben dies ist es, was bei den schrittweisen Variationen zum Hemingway-Satz zunehmend besser gelingt. Warum die Übersetzung, die dem Hemingwayschen Originalsatz formal am nächsten ist, für die Sprachverarbeitung im Deutschen am ungünstigsten ist und die formal am weitesten entfernte Paraphrase die günstigste, muß an dieser Stelle noch ein Geheimnis bleiben. Daß Sprachen verschiedenen Typs verschiedene Bedingungen für die Verarbeitung sprachlicher Strukturen setzen, kann aber schon jetzt die Richtung andeuten, die im Vademecum weiter verfolgt werden soll.

Ehe wir uns auf die allgemeinen und besonderen Aspekte von Sprachverarbeitung näher einlassen, müssen wir unsere erfolgsorientierte Übersetzungsmaxime noch etwas präzisieren und relativieren. Auch wenn die Idee der Verständlichkeit Grundlage unserer weiteren Überlegungen sein soll, könnte der Begriff der Verständlichkeit für sich alleine genommen unerwünschte Ergebnisse zulassen. Da gibt es nämlich Sätze, die wir trotz schwerer Verstöße gegen die grammatischen und lexikalischen Bedingungen unserer Sprache immer noch mühelos verstehen können, weil sich die Mißgriffe leicht korrigieren lassen.

Die Gelehrten und die entsprechenden Behörden führten zahlreiche Recherchen, die große Polemika aufwirbelten.

zum Beispiel, soll zweifelsohne heißen:

Die Gelehrten und zuständigen Behörden führten zahlreiche Recherchen durch, die große Polemiken/lebhafte Auseinandersetzungen auslösten.

Wir verstehen die Übersetzung auf Anhieb, und sogar auf zweierlei Weise: in dem beabsichtigten und in einem ungewollten, grotesken Sinn.

Aber dann wollten wir das Kriterium der Verständlichkeit ja gar nicht zum alleinigen Maßstab für gelungene Übersetzungen machen; wir werden eine Übersetzung natürlich immer und zuvorderst am Original messen, an seinem Inhalt und seiner Form. Und da bestehen dann im Satz über die Gelehrten doch gewisse Unterschiede zwischen Original und Übersetzung, einschließlich der Tatsache, daß die zweite, die groteske Lesart, eine unfreiwillige Draufgabe des Übersetzers ist, die das Original gar nicht enthalten hat.
Natürlich war es uns von Anfang an klar, daß Treue zum Original jede unnötige Veränderung ausschließt, daß die Übersetzung nur dann etwas anderes, weniger oder gar mehr

als das Original enthalten kann, wenn es dafür einen Grund gibt. Und Gründe, die wir akzeptieren können, liegen in der grammatisch-lexikalischen Wohlgeformtheit und der Verständlichkeit der Übersetzung, die dem Original nicht nachstehen sollte. Kurz, eine Übersetzung sollte dem Original weitestgehend ähnlich sein, so ähnlich, wie dies bei einer angemessenen Verwendung der zielsprachlichen Formen möglich ist. Einverstanden? Aber was heißt »ähnlich«, und was heißt »angemessen«?

PARAPHRASEN

Beginnen wir mit der Ähnlichkeit. Da gibt es auf der einen Seite die sprachlichen Formen des Originals und auf der anderen den Inhalt, den sie transportieren. Zwischen beiden besteht ein nicht zu vernachlässigender Zusammenhang, der aber trotz aller Verbindlichkeit fast chamäleonartig wandelbar scheint. Aufs Ganze gesehen, kann derselbe Inhalt in sehr vielen verschiedenen Formen transportiert werden. Gerade das sichert uns ja die Menge der Paraphrasen, über die wir zum zielsprachlich angemessensten Ausdruck eines Inhalts gelangen können.

Die Trennung zwischen Form und Inhalt sprachlicher Strukturen ist allerdings durch gewisse Falltüren erschwert, durch die man unversehens in den anderen Bereich rutscht und sich dann leicht in zirkulären Überlegungen verheddert. Die Frage, die dabei entsteht, hat etwas von Haarspalterei, aber auch die Faszination eines Puzzles, dem wir nur mit Mühe entkommen können: Ist das, was mit anderen Worten gesagt wird, wirklich dasselbe?

Nun spielt diese Frage für die Übersetzung eine ziemlich zentrale Rolle, da es ja immer darum geht, dasselbe noch einmal in anderen Worten, nämlich mit den Mitteln einer anderen Sprache, auszudrücken. Wenn wir den Inhalt des Hemingwayschen Satzes nicht wirklich von seiner Form trennen könnten, dann ließe sich der Gedanke des alten Mannes natürlich auch nicht ins Deutsche übersetzen. Ob wir aber mit dem unumgänglichen Verzicht auf die originalsprachlichen Formen auch auf Teile des Inhalts verzichten, darauf werden wir vielleicht nie eine schlüssige Antwort finden. Einstweilen trösten wir uns damit, daß solche scholastischen Fragen in einem Vademecum ohnehin fehl am Platz sind. Übersetzen geht nun einmal prinzipiell nicht ohne eine Veränderung der sprachlichen Form, und mehr als eine möglichst große Ähnlichkeit zum Original hatten wir uns sowieso nicht erhofft.

Auch wenn wir das Vexierbild »Was ist Inhalt, was ist Form?« im Vademecum lieber nicht ganz so scharf ins Auge fassen, ist die Freiheit, die wir uns gegenüber den Formen des Originals zu erobern hoffen, letzten Endes doch immer durch den Inhalt des Originals begrenzt. Welche überraschenden Formen eine Paraphrase auch immer annehmen mag, sie ist über ihren Inhalt fest mit der Menge aller anderen Paraphrasen der Ausgangsstruktur verbunden. Wenn wir das Vexierbild zwischen Form und Inhalt einmal vernachlässigen, können wir sagen: Alle Paraphrasen einer Paraphrasenmenge transportieren denselben Inhalt.

Dabei können die einzelnen Elemente, die zum Gesamtinhalt beitragen, erstaunlich unterschiedlich sein. Der Ausgleich zwischen diesen Unterschieden erfolgt über den Gesamtzusammenhang, zu dem neben dem sichtbaren Kontext vieles gehört, was wir mühelos gratis hinzufügen können. Mit dem Gegenstand oder Sachverhalt, der uns sprachlich vor Augen geführt wird, sind für uns in der Regel viele andere Annahmen zu assoziieren, seien es nun unsere ganz persönlichen Erfahrungen oder die Vorstellungen von der Welt, die wir mit den anderen teilen. Wenn wir am Himmel Zeichen für einen nahenden Sturm sehen können, so denken wir wohl alle zunächst an Wolken. Sonne, Mond und Sterne scheinen uns dafür weniger in Frage zu kommen, eher noch Vögel oder eine bestimmte Färbung des Himmels. Flugzeuge, Raketen, Fesselballons schließen wir ganz entschieden aus, wenn wir uns in die Rolle des alten Mannes in seinem Boot auf dem Meer versetzen.

Solange wir aus diesem gemeinsamen Reservoir von Vorstellungen über die Welt schöpfen können, können wir unser Paraphrasennetz auch weit auswerfen. Meist genügt jedoch schon ein kleiner Schritt, um die Entfernung zwischen zwei Paraphrasen zu überbrücken. Wenn man das Herannahen eines Sturms Tage vorher am Himmel sehen kann, dann wird sich dies eben durch Zeichen irgendeiner Art am Himmel bemerkbar machen. Was immer es ist, es muß etwas am Himmel sein, und ich muß es sehen können. Genau in diesem Zusammenhang ist der Inhalt des *das* in der letzten Paraphrase ungefähr derselbe wie der Inhalt von *signs of it* in dem Hemingwayschen Originalsatz.

Manchmal ist die kleine Brückenbildung auch notwendig bei formalen Unterschieden zwischen dem Original und der Übersetzung, die dem ungeübten Auge leicht entgehen. So scheint *auf See* und *if you're at sea* den gleichen Inhalt zu transportieren. Dies ist in der Tat so, aber nur, weil das zu lokalisierende Subjekt und die allgemeine Zeit vom Hauptsatz so vorgegeben sind. In einem anderen Zusammenhang, etwa *Am nächsten Tag waren wir bereits auf See,* kann es auch anders aussehen.

In der Regel weist der Unterschied zwischen den sprachlichen Formen von Original und Übersetzung deutlicher auf den zu überbrückenden inhaltlichen Unterschied hin. Wenn es in der Folge heißt

> *They do not see it ashore because they do not know what to look for, he thought.*

so wird in der Übersetzung aus dem *wonach sie schauen sollen: woran sie sich halten sollen.* Obwohl die Paraphrase auch hier einen allgemeineren Inhalt hat als das Original, läßt sich der Unterschied im Kontext wieder spielend überbrücken.

Und selbst im letzten Satz des Abschnitts, wo die Formen der Übersetzung keinen Stein auf dem anderen lassen, ist es nur ein Schritt vom Inhalt des Originals zum Inhalt der Übersetzung:

The land must make a difference too, in the shape of the clouds.

Sicher ist auch über dem Land die Form der Wolken nicht dieselbe.

Aber dann gibt es doch noch größere Unterschiede, wo überhaupt, wie im folgenden Beispiel, das Unterste zuoberst gekehrt scheint:

> *Any visitor from outer space encountering our planet for the first time could be excused for christening it Ocean rather than Earth, for water covers seventy per cent of the globe.*
>
> *Es wäre nicht verwunderlich, wenn ein Besucher aus dem Weltall unseren Planeten beim ersten Anblick nicht Erde, sondern Ozean nennen würde, denn schließlich ist der Erdball zu siebzig Prozent von Wasser bedeckt.*

Da gehen die Brücken von *entschuldigt werden, verstanden werden, verständlich sein* zu *nicht verwunderlich sein*, kleinere Unterschiede gar nicht erst in Betracht gezogen. Je mehr Zwischenschritte man braucht, um von der formal ähnlichsten Übersetzung zur angemessensten Paraphrase zu gelangen, um so geringer scheint die inhaltliche Ähnlichkeit zwischen Original und Übersetzung zu sein. Doch die einfache Gleichsetzung der formal ähnlichsten mit der inhaltlich ähnlichsten Variante ist in vielen Fällen ein Trugschluß. Die gleiche Form kann nämlich innerhalb des Gesamtsystems der einen Sprache einen anderen Stellenwert haben als im Zusammenhang der anderen Sprache. Wir beurteilen den Schritt von der formal ähnlichsten zu entfernteren Varianten aus der Perspektive der Zielsprache — in all unseren Beispielen also bisher aus der Perspektive unserer eigenen Sprache — und diese suggeriert uns inhaltliche Aspekte, die im Original, so jedenfalls, gar nicht gegeben sind.

Daß zum Beispiel das Land einen Unterschied in der Form der Wolken macht, erscheint uns im Deutschen als eine etwas ungeschickte Ausdrucksweise; aber sie schreibt dem Land eine viel aktivere Rolle zu, als dies das englische Original tut. Was in der deutschen Version entfernt an die Stilfigur einer Personifizierung erinnert, ist im Englischen ganz frei von solchen Bezügen. Tatsächlich kennen wir auch im Deutschen eine in diesem Sinne neutrale Verwendung in unpersönlichen Wendungen wie zum Beispiel: »Es macht einen ziemlichen Unterschied, wie man etwas sagt.«

Wer sich des unterschiedlichen Stellenwerts übertragener Bedeutungen nicht bewußt ist, gerät leicht in Paraphrasen, die die Fehlinterpretationen noch vergrößern und sich in der falschen, nämlich inhaltlichen Richtung vom Original entfernen. Wenn wir da lesen, *Das Land beeinflußt sicher die Wolkenbildung*, dann wissen wir, daß der Übersetzer den inhaltlichen Suggestionen der formal ähnlichsten Übersetzungsvariante gefolgt ist. Daß er sich damit auf einem figurativen Holzweg befindet, kann er so lange nicht erkennen, solange er nichts von den prinzipiellen Perspektiveunterschieden zwischen deutschen und englischen Sprachstrukturen weiß. Wir kommen darauf im Kapitel über Personifizierungen ausführlich zurück.

An dieser Stelle gilt es erst einmal nur zwei Dinge festzuhalten: Formale Ähnlichkeit ist keine Garantie für inhaltliche Ähnlichkeit. Und: Die inhaltliche Differenz zwischen Paraphrasen ist aufgrund des Gesamtzusammenhangs unserer Vorstellungen überbrückbar.

Genaugenommen haben wir damit natürlich immer noch keine Antwort auf die Frage »Was ist ähnlich?«. Wir wissen nur, daß wir uns von der Oberflächenerscheinung nicht in die Irre führen lassen dürfen und daß die Treue zum Original, der wir uns verpflichtet fühlen, nicht mit einer Bindung an die Oberfläche des Originals verwechselt werden darf.

Da wir nun von verschiedenen Aspekten her auf die Notwendigkeit gestoßen sind, formale und inhaltliche Ähnlichkeit auseinanderzuhalten, könnte eine entsprechende terminologische Differenzierung nützlich sein. Für formale Übereinstimmungen wird in der Literatur oft *Kongruenz* verwendet, was aber vielleicht doch lieber den Übereinstimmungen grammatischer Formen innerhalb einer Sprache vorbehalten bleiben sollte. Da Ähnlichkeit ja eine verschieden starke Annäherung an Gleichheit bedeutet, wird von gleichen Formen auch oft gesagt, sie seien *äquivalent*. Auf der anderen Seite wird *Äquivalenz* ebensooft, wenn nicht noch öfter, für inhaltliche Gleichheit verwendet und eignet sich deshalb nicht so gut für eine terminologische Differenzierung der beiden Aspekte. Da Konventionen letztendlich

Verabredungen sind, legen wir den terminologischen Weg des Vademecums nun einfach fest und reservieren *Äquivalenz* für inhaltliche Gleichheit, und stellen sie der *Analogie*, der Gleichheit der sprachlichen Formen, entgegen.

Was inhaltlich ähnlich bzw. gleich, also äquivalent ist, ist, wie wir gesehen haben, eine ziemlich komplizierte Frage. Was formal ähnlich bzw. gleich, also analog ist, läßt sich bei weitem leichter sagen.

Daß sprachliche Strukturen selten analoge Lautformen aufweisen, ist offensichtlich, aber selbst hier gibt es noch eine ganze Reihe von Eigenschaften, die ähnlich oder gleich ausfallen können. Der für die Übersetzung wichtigste Aspekt analoger Lautformen betrifft Akzent, Rhythmus und Satzmelodie, wo wesentlich mehr Ähnlichkeit auftritt als zwischen den Lautformen der Wörter verschiedener Sprachen. Aber auch hier können Analogien trügerisch sein, Äquivalenz suggerieren, wo keine vorhanden ist. Wir werden darauf zurückkommen.

Analogie der sprachlichen Formen kann vieles betreffen: Art, Zahl und Anordnung von Wörtern, Teilsätzen und ganzen Sätzen, grammatische Kategorien in Form und Funktion, Wortbildung und Textaufbau. Da ist oft vieles von der gleichen Art und könnte beibehalten werden, ginge es nicht um noch angemessenere Formen in der Zielsprache.

DAS GANZE UND DIE EINZELHEITEN

Die Meinung, daß eigentlich nichts übersetzbar ist, scheint kaum weniger weit verbreitet als die, daß jeder übersetzen kann. Die Übersetzung wird dabei in dem einen Fall gewissermaßen durch eine Lupe, im anderen durch ein Fernrohr gesehen. Daß das Fernrohr in diesem Fall seinen Gegenstand verfehlt, ist offensichtlich. Die praktischen Erfordernisse des Alltags mögen den großzügigen Abstand zwischen Betrachter und Gegenstand aber oft genug zweckmäßig erscheinen lassen.

Der Blick durch die Lupe erscheint dagegen unverhältnismäßig aufwendig. Für eine eingehende Reflexion über den

Gegenstand scheint er uns dennoch unerläßlich. Und da sind wir dann in der Tat gewärtig, daß eigentlich nichts übersetzbar ist — wobei uns natürlich das »eigentlich« die Tür zum praktischen Handeln offenhalten soll. Den entscheidenden Schritt dazu haben wir ja schon getan, als wir uns auf die Maxime zum Übersetzen verständigten, die im Interesse zielsprachlicher Angemessenheit Abstriche an inhaltlicher und formaler Ähnlichkeit einräumt. Damit liegen auch dann noch Übersetzungen vor, wenn nicht jedes Detail des Originals übersetzbar ist.

»Das Ganze kommt vor den Einzelheiten«, sagt Musil, und aufs Ganze gesehen haben wir gar nicht mit soviel Einschränkungen zu rechnen. Daß doch sehr vieles, ja bei weitem das meiste übersetzbar ist, verdanken wir vor allem den Möglichkeiten des Ausgleichs zwischen den einzelnen Bestandteilen, aus denen sich der Inhalt des Originals zusammensetzt. Wohlgemerkt der Inhalt, denn von der Form des Originals bleibt auf diese Weise nicht viel erhalten — für manchen bedenklich wenig, wenn wir unserer Maxime folgen, nach der die zielsprachliche Angemessenheit der Übersetzung obenan steht.

Wie die Umverteilung der inhaltlichen Bestandteile funktioniert, kann man sich auch ohne das Original anhand der zielsprachlichen Paraphrasemöglichkeiten klarmachen. Sehen wir uns den letzten Hemingway-Satz noch einmal genauer an. Da haben wir die weitgehend analoge Übersetzung

Das Land muß einen Unterschied machen, auch in der Form der Wolken.

die wir, aus welchen Gründen auch immer, nicht sonderlich gelungen finden. Die Paraphrase

Das Land macht sicher einen Unterschied, auch in der Form der Wolken.

scheint etwas besser, und jetzt wissen wir auch, was uns an der analogen Version auf jeden Fall gestört hat: Dort stand das Hauptverb, *machen*, gewissermaßen wie ein Zaunpfahl zwischen Objekt und präpositionaler Ergänzung. In der Paraphrase ist diese grammatische Grenzziehung verschwunden, das infinite *machen* ist in seinem grammatischen Status und damit auch in seiner Position aufgerückt an die Stelle des Modalverbs *müssen*. Die Analogvariante mit ihren zwei Verben ist in der Paraphrase auf eine Struktur mit einem Verb verkürzt.

Ermöglicht hat diese Verkürzung das Adverb *sicher,* das nun die Stelle des modalen *müssen* einnimmt. Die Bedeutungen von *müssen* und *sicher* sind zumindest in diesem Zusammenhang weitgehend gleich: Sie weisen das, wovon die Rede ist, als Annahme aus, der, nach allem, was der alte Mann weiß, ein hoher Grad von Wahrscheinlichkeit zukommt. Natürlich haben *müssen* und *sicher* in anderen Zusammenhängen auch noch jeweils andere Bedeutungen, durch die sie sich voneinander unterscheiden. Sie sind also nicht vollkommen, sondern nur teilweise äquivalent. Aber in einem bestimmten Kontext genügt diese partielle Äquivalenz zur Paraphrasenbildung.

Ohne den grammatischen Zaun zwischen dem Objekt und der präpositionalen Ergänzung gefällt uns die Übersetzung schon besser, aber nun können wir auch erkennen, daß es da zwischen Objekt und präpositionaler Ergänzung eine weitere Zäsur gibt. Wenn wir uns die Abfolge etwas genauer ansehen, entdecken wir einen regelrechten Graben zwischen dem Objekt und der präpositionalen Ergänzung: das Komma und das *auch*. Nimmt man das Komma weg und stellt das *auch* an eine frühere Stelle, wie zum Beispiel in

Das Land macht auch sicher einen Unterschied in der Form der Wolken.

so kommt plötzlich eine grammatische Unverträglichkeit zum Vorschein, die von den trennenden Elementen verdeckt war. Ich kann zwar im Deutschen *einen Unterschied machen,* auch *einen Unterschied zwischen diesem und jenem,* und unter Umständen kann auch noch *etwas einen Unterschied machen,* aber daß *etwas einen Unterschied in etwas macht,* ist im Deutschen nicht mehr akzeptabel. Die Einschränkung mutet willkürlich an, hat aber ebenso wie der größere Spielraum des Englischen eine ziemlich plausible Erklärung im Systemzusammenhang der jeweiligen Sprache. Wir werden später, wenn wir schon einige Voraussetzungen dafür geschaffen haben, auf diese nicht ganz einfachen Zusammenhänge ausführlicher eingehen.

Wenn wir den grammatischen Beschränkungen im Deutschen auch in ihrer verdeckten Form ausweichen wollen, bietet sich u.a. eine Form mit *geben* an:

Es gibt einen Unterschied in der Form der Wolken.

Das *Land,* das durch das *es* aus seiner Subjektstelle verdrängt wird, kann als lokale Bestimmung hinzugefügt werden, z.B. am Satzanfang:

Über dem Land gibt es sicher auch einen Unterschied in der Form der Wolken.

Obwohl die Beziehung zwischen dem Land und den Wolken in dieser Form keine Ursache-Folge-Beziehung ist, also des kausalen Elements entbehrt, das uns in der Version mit *machen* gegeben scheint, würden wir den Abstrich an inhaltlicher Gleichheit zugunsten der besseren grammatischen Form wohl hinnehmen. Aber wenn wir uns schon mit einer rein statischen Beziehung begnügen, dann doch gleich lieber in einer weniger schwerfälligen, nicht nominalen Form:

Über dem Land ist sicher auch die Form der Wolken unterschiedlich.

oder:

Über dem Land ist sicher auch die Form der Wolken eine andere.

oder auch:

Über dem Land ist sicher auch die Form der Wolken nicht dieselbe.

besagen schließlich nichts anderes als die Paraphrase mit *geben,* nur sagen sie es in einer konziseren und damit besser verarbeitbaren Form. Wir können das Ganze dann noch im Interesse einer ausgewogeneren Verteilung und ohne irgendwelche weiteren inhaltlichen Abstriche mit dem Adverb beginnen:

Sicher ist auch über dem Land die Form der Wolken nicht dieselbe.

Da geht es immer noch um denselben Sachverhalt und dieselbe Art von hypothetischem Wissen wie in den vorigen Paraphrasen. Dessenungeachtet spielt die Anordnung der inhaltlichen Elemente und ihre Verteilung auf die sprachlichen Strukturen eine entscheidende Rolle für die Angemessenheit einer Übersetzung. Wann ich was zur Sprache bringe, ist schließlich nicht ganz unwichtig.

Es ist sogar ziemlich wichtig, wenn wir mit dem, was wir sagen, Erfolg haben wollen, denn dann müssen wir nicht nur das Richtige sagen, sondern auch zum richtigen Zeitpunkt. Während die Entscheidung darüber, was das Richtige ist, weitgehend der Intuition überlassen bleiben muß, ist die Frage nach dem richtigen Zeitpunkt aus der sprachlichen Perspektive gewissen Regularitäten unterworfen, die, und da sind wir im Kernbereich des Vademecums, zugleich allgemein und sprachspezifisch sind.

Tatsächlich ist die richtige, angemessene Verteilung der inhaltlichen Elemente auf die sprachlichen Strukturen, nennen wir sie die adäquate Informationsstruktur, mit ihrer Sprachspezifik Dreh- und Angelpunkt für die zielsprachliche Angemessenheit von Übersetzungen, für die zum jeweiligen Kontext passende Verteilung inhaltlicher Elemente; sie fällt auf dem Hintergrund von Original- und Zielsprache unterschiedlich aus und läßt uns immer wieder gerade andere, nicht analoge sprachliche Strukturen bevorzugen.

Hiervon wird ausführlich zu reden sein.

AN DEN WIRKLICHEN GRENZEN

Bevor wir uns nun endgültig der zentralen Frage der Adäquatheit zuwenden, sollten wir noch einen Blick auf die wirklichen Grenzen der Übersetzbarkeit werfen. Wenn wir einmal von den reinen Formunterschieden absehen, dann haben wir in den Form-Inhaltsbereichen zwei Typen von möglichen Hindernissen. Vereinfacht gesagt, kann dieselbe Welt unterschiedlichen sprachlichen Formen zugeordnet sein, es kann sich aber auch von vornherein um eine andere Welt handeln, genauer gesagt um ein anderes Modell von der Welt. Denn natürlich bilden wir nicht die Welt an sich in den sprachlichen Formen ab, sondern unsere Vorstellungen über sie. Was dabei alles unterschiedlich ausfallen kann, ist von der Natur der Sprache nicht weniger bestimmt als von dem Gegenstand, der den sprachlichen Mitteln zugeordnet ist.

Wenn es im Original ein Wort für einen Gegenstand gibt, den die Welt der Zielsprache nicht kennt, dann kommen wir beim Übersetzen nicht um einen Abstrich am Inhalt herum. Wir müssen uns für ein Mehr oder Weniger an Inhalt oder für einen anderen Inhalt entscheiden, wenn wir, unserer Maxime folgend, verstanden werden wollen.

Wenn wir uns an dieser Stelle auf ein bißchen Sophistik einlassen wollten, wären wir schon da angekommen, wo eigentlich nichts übersetzbar ist. Denn es gibt, das wissen wir, unzählige Gegenstände, die an einer Stelle der Welt auftauchen, an anderen nicht oder ganz anders. Von weitem gesehen, mag da noch vieles gleich oder ähnlich sein: Blumen, Vögel, Brotsorten, Stühle, Tische, Häuser und, wenn wir die Gegenstände nicht allzu wörtlich nehmen, Arbeiter und Angestellte, Schüler und Lehrer, Künstler und Gelehrte, Jahreszeiten und Lebensalter ...; das kann aber auch alles auf anderes Bezug nehmen. Da gilt dann eben »Rose ist nicht gleich Rose ist nicht gleich ...«, und der arme Übersetzer muß sehen, wie er sich um den Unterschied herummogeln kann.

Genaugenommen ist das Problem gar nicht auf Übersetzungen beschränkt. Denn natürlich haben wir auch alle innerhalb einer Sprache unterschiedliche Vorstellungen von der Welt. Es ist eigentlich ziemlich erstaunlich, daß wir uns immer noch leidlich gut verstehen können — zumindest ziehen wir vor, dies so zu sehen und feinere Unterschiede im Krakelee zu ignorieren.

Aber wenn es nicht nur um die ganz gewöhnlichen Dinge und Ereignisse des Alltags geht und das, was wir meinen und sagen, ungefähr dasselbe ist, wenn vertracktere konkrete oder gar abstrakte Zusammenhänge Thema sind, dann ist die Verständigung auch schon im Rahmen ein und derselben Sprache keineswegs selbstverständlich. Da rätseln wir uns durch Gebrauchsanweisungen, Formulare, Vertragstexte, wissenschaftliche Abhandlungen und philosophische Essays hindurch, und wenn wir mit ihrem Gegenstand nicht schon vorab gut vertraut sind, ist die Sache oft hoffnungslos.

Für die hohen und hehren, tiefsinnigen und auslegungsbedürftigen Schriften gibt es das Heer von Interpreten unterschiedlichster Provenienz, zu denen eben auch letztendlich derjenige gehört, der zwischen zwei Sprachen Verstehensschwierigkeiten ausräumen hilft. Der Unterschied zwischen dem Interpreten und dem Übersetzer liegt vor allem in der Bindung an die sprachliche Form des Originals, die für den Interpreten prinzipiell entfällt. Der Übersetzer muß sich nach unserem heutigen Verständnis dieser Bindung, soweit es möglich ist, unterwerfen, auch wenn er sie, der Übersetzungsmaxime folgend, zugunsten der Verstehbarkeit lockern kann. Da kann, wie wir schon wissen, in der Übersetzung weniger und mehr oder anderes als im Original stehen, die Summe der expliziten Teile von Original und Übersetzung unterschiedlich ausfallen, das Ganze aber, und dies ist der eigentliche Unterschied zwischen dem Interpreten und dem Übersetzer, muß gleichbleiben.

Die Grenzen der Übersetzbarkeit sind damit im inhaltlichen Bereich durch eben jenes Ganze bestimmt, das mehr ist als die Summe seiner Teile. Das Ganze ist mein Guthaben, das ich auf die verschiedenste Weise anlegen kann, aber eben nicht mehr und nicht weniger, solange das Ergebnis Übersetzung heißen soll. Die Möglichkeiten der Umverteilung sind natürlich begrenzt. Wo der Gegenstand selbst unbekannt ist oder die Vorstellungen über ihn divergieren, wird das Ganze zwangsläufig unterschiedlich.

Muß ich den Gegenstand oder die jeweiligen Vorstellungen über ihn erst einführen, werde ich über den Inhalt des Originals hinausgehen und zusätzliche Erläuterungen einfügen, die die Differenz zwischen den verfügbaren Vorstellungen über den Gegenstand ausgleichen. Jeder, der einmal übersetzt hat, weiß, daß solche Zusätze als Anmerkung des Übersetzers gekennzeichnet werden müssen und daß man mit diesen Anmerkungen so sparsam wie nur möglich umgehen sollte. Wenn es also zu amerikanischen Medikamenten keine Beipackzettel gibt, so wird man die Vorstellung darüber dem zielsprachlichen Leser durch Beschreibung oder Nennung vergleichbarer Dinge — etwa den *package circulars* in den amerikanischen Apotheken — vermitteln können und müssen.

Daß es sich dann eigentlich schon nicht mehr um Übersetzungen handelt, dürfte dabei keinen der Beteiligten sonderlich interessieren. Hauptsache, der Übersetzer weiß erst einmal, wovon die Rede ist, dann kann er seinen ganzen Spürsinn darauf verwenden, Vergleichbares ausfindig zu machen. Seine Fähigkeit, sich die Welt, von der der Text handelt, in allen angesprochenen Punkten vorstellen zu können, ist die Voraussetzung dafür, daß alles das, was wegen der Unterschiede zwischen den beteiligten Welten eigentlich nicht übersetzbar ist, schließlich doch irgendwie für das Verstehen der Übersetzung zur Verfügung steht.

Was zur Verfügung stehen muß, wird letzten Endes auch durch das Ganze bestimmt, genauer gesagt durch die Bedeutung, die Relevanz, die dem »unübersetzbaren« Element im Kontext des Ganzen zukommt. Erst daran gemessen läßt sich sagen, ob der Aufwand einer zusätzlichen Erläuterung oder auch nur der Bezug auf Vergleichbares überhaupt nötig ist.

Wenn man zum Beispiel erst erklären muß, daß *Tupperware* eine Sorte von hermetisch schließenden Behältern für die Aufbewahrung von Kühlgut ist, um bei *the artificial heart snaps into place like Tupperware* auch den Vergleich übersetzen zu können, so steht der Aufwand in keinem Verhältnis zum Ergebnis. Die bildlose Information, daß das künstliche Herz *hermetisch einrastet*, ist dem annotierten Vergleich in jedem Fall vorzuziehen.

Die Entscheidung darüber, wie wir die eigentlich unübersetzbaren Dinge übersetzen, ist in diesem und in allen anderen Fällen von der Wichtigkeit des jeweiligen Elements für das Ganze, für den Textverlauf, abhängig. Diese textuelle Relevanz beziehungsweise die Fähigkeit, sie zu erkennen, ist schon der halbe Schlüssel zum Erfolg einer Übersetzung. Der andere liegt in der sprachlichen Kompetenz, die es dem Übersetzer ermöglicht, den so gewichteten Inhalt angemessen umzusetzen.

In der Regel stellen die Fälle, in denen nicht eine andere, sondern dieselbe Welt unterschiedlichen sprachlichen Formen zugeordnet ist, kein Übersetzungsproblem dar. Der Ausgleich erfolgt in den Paraphrasen, gewissermaßen horizontal, zwischen den Bedeutungen der einzelnen Strukturteile, und vertikal, über die Umverteilung expliziter und mit den expliziten Inhalten assoziierter, impliziter Inhalte. Die Bedeutung von »schenken« kann sich auf mehrere Ausdrücke verteilen: »*give as a present*«, oder in einer entsprechenden Situation schon mit »*give*« alleine verbunden sein. Aber da ist noch die Sache mit den Doppel- oder Mehrfachpackungen.

MEHRFACHPACKUNGEN

Es gibt eine Eigenschaft sprachlicher Formen, die der Übersetzung prinzipiell Probleme bereitet. Die meisten sprachlichen Formen stellen nämlich so etwas wie Mehrfachpackungen dar, mit denen eben mehr als nur ein Inhalt transportiert wird. Und es gibt nur wenige Typen von Mehrfachpackungen, die in der Sprache von Original und Übersetzung analog gepackt sind.

Ein bekanntes Übersetzungsproblem, das hierher gehört, ist das Wortspiel. Die zufällige lautliche Gleichheit verschiedener Wörter einer Sprache erlaubt es, ein Wort zugleich in mehreren Bedeutungen zu verwenden. Handelt es sich dabei um Bedeutungen, zwischen denen kein Zusammenhang besteht, hat der Übersetzer so gut wie keine Aussicht, Analoges in der Zielsprache zu finden. Wenn sich zum Beispiel Alice höflich mit *I beg you pardon* an den König wendet und mit *You mustn't beg* zurechtgewiesen wird, so ist das im Deutschen, wo *bitten* und *betteln* nicht in einem Wort zusammengepackt sind, einfach nicht wiederholbar.

Wo immer die Lautform mehr zum Inhalt beiträgt als die lautliche Schablone, durch die wir ein Wort identifizieren und so von anderen Wörtern unterscheiden können, sind wir schnell an den Grenzen der Übersetzbarkeit angekommen. Falls es überhaupt eine analoge Lautform gibt, ist die Wahrscheinlichkeit, daß sie Gleiches zum Inhalt beiträgt, nahezu Null. Ob das die Möglichkeiten von Lautmalerei, Reim, Alliteration sind, Vokalharmonie, Toneme oder metrische Figuren — in der Regel geht da nichts mehr auf die gleiche Weise. Das sind alles sprachliche Formen, die auf dem Rücken anderer sprachlicher Formen transportiert werden. Der Zufall lautlich analoger Abpackungen in verschiedenen Sprachen ist außerordentlich gering.

Daneben gibt es aber auch Fälle von Mehrfachpackungen, wo die Aussichten für Analog-Packungen nicht ganz so schlecht sind. Dazu gehören Metaphern, die ja die Beziehung zwischen der Grundbedeutung und der übertragenen Bedeutung des Worts durch ein Bild vermitteln. Da wir als Spezies eine ganze Menge auf dieselbe Weise wahrnehmen, können wir nicht nur viele Bilder auf Anhieb verstehen — es sind auch vielfach gleiche Bilder versprachlicht, so daß wir beim Übersetzen, wenigstens zum Teil, mit Analogpackungen rechnen können.

Schließlich wäre da noch der große Bereich der indirekten Sprechakte zu nennen. Wir können zum Beispiel eine Bitte äußern, indem wir eine Frage stellen. Das funktioniert so gut, daß die Frage, wie etwa »Kannst du die Tür zumachen?«, oft gar nicht mehr wahrgenommen wird. Der Kippschalter hierfür liegt in unseren gemeinsamen Vorstellungen über eine bestimmte Situation und einem universellen Prinzip der Verständigung, mit dem wir uns noch ausführlich beschäftigen werden. Gerade weil es sich hier um ein überall befolgtes Prinzip handelt, stellt die Packung indirekter Sprechakte kein prinzipielles Übersetzungsproblem dar — unabhängig davon, daß es gelegentlich auch hier kulturbedingt inhaltliche Packungsunterschiede gibt.

Dennoch — mit Ausnahme der indirekten Sprechakte und einiger Metaphern — stehen Analogpackungen selten bis nie zur Verfügung, so daß wir uns in den meisten Fällen für die eine Hälfte der Packung entscheiden und den Verlust der anderen Hälfte in Kauf nehmen müssen. Und wieder ist es die Relevanz, nach der wir uns richten werden, das relative Gewicht, das die eine oder die andere Seite fürs Ganze hat: ein bestimmter Rhythmus, ein Reim, ein Wortspiel — oder die Inhalte, auf denen diese Effekte transportiert werden.

In den beiden *Alice*-Büchern von Lewis Carroll findet sich fast die ganze Palette der möglichen Mehrfachpackungen, die für die Übersetzung zwangsläufig ein Verlustgeschäft sind, wie kongenial sie auch immer sein mag. Wenn dabei die Relevanz des Wortspiels höher liegt als die seines Inhalts, muß der Übersetzer an seinen zielsprachlichen Formen tüfteln wie der technische Künstler an seinem dynamischen Mobile.

In allen diesen Fällen wird er gerade nur soviel vom Inhalt des Originals aufgeben, wie er braucht, um möglichst nahe an der Spielform des Originals zu bleiben. Wie Christian Enzensberger zeigt, läßt sich das immerhin noch innerhalb desselben Szenarios erreichen, aber eben um einige Hausnummern versetzt.

Da ist der Dialog zwischen Alice und der Schwarzen Königin über das Brotbacken

You take some flour. Where do you pick the flower?

dessen Homophone: *flour* — *flower,* also *Mehl* und *Blumen,* gleich nebenan wiederhergestellt werden: *Teig* — *Teich;* da sind die phantastischen Insekten-Formen wie zum Beispiel die *bread-and-butter-fly,* die formal so etwas wie ineinandergeschobene Butterbrote: *bread-and-butter* und Schmetterlinge: *butterfly* darstellt und sich in der Übersetzung, etwas weniger poetisch, aus *schmausen* und *Schmeißfliege* zusammengefügt, als *Schmausfliege* wiederfindet;

da ist die Liste der nur um ein Geringes ver-rückten Schulfächer: *ambition, distraction, uglification and derision* (nämlich: *addition, detraction, multiplication and division*), die ziemlich suggestiv als *Schönschweifen, Rechtspeibung, Sprachelbeere und Hausversatz* (natürlich: *Schönschreiben, Rechtschreibung, Sprachenlehre* und *Hausaufsatz*) wiederkehren;

und da sind die berühmten Portmanteau-Wörter: ineinandergeschobene Schachtelwörter, mit denen Humpty-Dumpty beweist, daß man einfach festlegen kann, was Wörter bedeuten sollen, wie etwa *brillig (four o'clock in the afternoon time when you begin broiling things for dinner): verdaustig heißt vier Uhr nachmittags — wenn man nämlich noch verdaut, aber doch schon wieder durstig ist* ...

und schließlich das berühmte Unsinnsgedicht *Jabberwocky* selbst, in dem nur die syntaktischen und damit nur die grammatischen, aber nicht mehr die bedeutungstragenden Formen des Englischen verwendet werden:

Twas brillig, and the slithy toves
Did gyre and gimble in the wabe ...

Verdaustig wars, und glasse Wieben
Rotterten gorkicht im Gemank ...

Das Spiel mit der Sprache setzt der Übersetzung die deutlichsten Grenzen. Hier ist das Ganze des Originals anders als das Ganze der Übersetzung, die Möglichkeiten eines Ausgleichs durch Umverteilung zwischen den Teilen fehlt. Aber der besondere Witz des Sprachspiels braucht nicht zu fehlen, da nun einmal Mehrfachpackungen zum Grundbestand jeder Sprache gehören. Irgend etwas muß immer auf dem Rücken von irgend etwas anderem transportiert werden. Ganz allgemein gilt eben, an jeder sichtbaren Stelle des Texts verlaufen auf den verschiedenen sprachlichen Ebenen viele unsichtbare Fäden zusammen, deren Querschnitt an jedem Punkt einmalig ist. Dennoch fügen sie sich zu einem Ganzen zusammen, dessen Ähnlichkeit mit einem anderssprachigen Ganzen selbst in den Grenzbereichen der Übersetzung noch recht überzeugend ausfallen kann. Aber wir wissen natürlich, daß gerade in diesen Bereichen nur

Vergleichbares zustande kommt und daß das Original mit den Mitteln der anderen Sprache hier prinzipiell nicht wiederherstellbar ist.

MÖGLICH, ABER WOZU?

Selbst da, wo die Verbindungen unter Umständen zu denselben Vorstellungen führen, ist nicht gesagt, daß ich an das, woran ich denken könnte, auch wirklich denke. Wie zum Beispiel, wenn es im Text über die Ozeane heißt

> *If the Planet were scaled down to a ball of rocks of two meters in diameter, the oceans would render the surface just moist to the touch.*

und wir in der Übersetzung

> *Wäre die Erde eine Kugel von zwei Metern Durchmesser, dann würden die Ozeane die Oberfläche nur leicht anfeuchten.*

to the touch fallenlassen, weil sich eine Umstrukturierung — etwa für *sich feucht anfühlen* — nicht lohnt bei einem so geringfügigen inhaltlichen Beitrag. Er ist ja in unserer Vorstellung über die Welt ohnehin schon enthalten — wenn etwas feucht ist, fühlt es sich bei Berührung in der Regel auch feucht an.

Solche wenn schon nicht logisch, so doch praktisch assoziierten Inhalte, die man in Anlehnung an logische Implikationen *Implikaturen* nennt, stehen theoretisch zur Verfügung, um den Unterschied auszugleichen, der zwischen den expliziten Inhaltsteilen von Original und Übersetzung besteht. Tatsächlich ist es aber eher unwahrscheinlich, daß wir die Implikatur aktivieren, wenn wir die Übersetzung lesen. Warum sollte man sich denn die Mühe machen, an eine Berührung zu denken, die das Verständnis des Texts um keinen Deut voranbringt, da sie nur das sagt, was schon längst zu unseren allgemeinen Vorstellungen gehört. So gesehen können wir uns eigentlich nur fragen, warum das englische Original eine solche Banalität überhaupt ausbuchstabiert. Vom Deutschen aus gesehen, ist die Sache mit der Berührung redundant und schon gar nicht einer zusätzlichen sprachlichen Anstrengung wert.

Da wir ohnehin auf inhaltliche Äquivalenz im Interesse zielsprachlicher Angemessenheit verzichten wollen, sehen wir hier natürlich kein ernstzunehmendes Übersetzungsproblem. Auch wenn die mögliche Umverteilung zwischen expliziten und impliziten Inhalten nicht wirklich vollzogen wird, haben wir, die wir unseren guten Ruf als Übersetzer wahren wollen, gar keinen Ehrgeiz, die Redundanz des Originals in der Übersetzung um jeden Preis wiederherzustellen. Und das ist gut so, denn der Grund für die Redundanz liegt, wie wir später sehen werden, letztendlich nicht beim Autor des Originals, sondern im englischen Sprachsystem.

Wenn wir nun die Zielvariante ins Englische zurückübersetzen würden, müßten wir natürlich auch bereit sein, was im Deutschen allenfalls noch implizit mitverstanden wird, wieder explizit zu machen. Obwohl wir die Gründe hierfür noch nicht kennen, sind wir sicher, daß dem englischen Leser die Originalfassung mit *to the touch* besser gefällt als die Rückübersetzung ohne die Ergänzung:

If the Planet were scaled down to a ball of rocks of two meters in diameter, the oceans would render the surface just moist.

Da drängt sich uns fast der Verdacht auf, das Englische könnte »redundanzfreudiger« sein als das Deutsche — aber das widerspricht nun wirklich unserem bisherigen Eindruck: Das Englische hat doch nicht nur wegen seiner vielen einsilbigen Wörter, sondern vor allem auch wegen seiner vielen grammatischen Reduktionsmöglichkeiten durch Infinitive, Partizipien und Gerundien so viel »kürzere« Strukturen als das Deutsche. In vielen Fällen bleibt uns gar nichts anderes übrig, als bei der Übersetzung aus dem Englischen ins Deutsche expliziter zu werden.

Und dann gibt es überdies auch noch genügend Beispiele, wo wir im Deutschen »freiwillig« die Struktur erweitern und implizite Inhalte des Originals in der Übersetzung explizit machen — selbst wenn der englische Leser diese Inhalte nicht aktivieren sollte, weil sie vielleicht aus seiner Perspektive redundant sind. Einem solchen Fall waren wir schon in dem Hemingway-Satz über die Orkane begegnet, wo in die letzte, aus unserer Sicht beste Paraphrase ein im Original nicht enthaltenes Modalverb eingefügt worden war:

> ... *sieht man das auf See schon Tage vorher am Himmel.*
>
> ... *kann man das auf See schon Tage vorher am Himmel sehen.*

Im allgemeinen gilt ja trivialerweise, wenn ich etwas sehe, dann kann ich es auch sehen. Aus der Sicht des englischen Originals scheint das Modalverb redundant. Die umgekehrte Richtung, die von der deutschen Übersetzung beansprucht wird, gilt genaugenommen nicht: Wenn ich etwas sehen kann, ist nicht gesagt, daß ich es auch sehe. Ich muß natürlich von dieser Möglichkeit auch Gebrauch machen. Das ist aber im Fall des alten Mannes keine Frage, und da es seine Gedanken sind, die wir übersetzen, ist sicher, aufs Ganze gesehen, der gleiche Inhalt gewährleistet.

Allerdings brauchen wir im Deutschen ein paar Verbindungsstücke mehr, um das gemeinsame Ganze zu erreichen. Wozu dann aber, könnte man sich nun aus der englischen Perspektive fragen, der Einschub des redundanten *können,* das diesen zusätzlichen Aufwand verursacht?

Zunächst einmal können wir nur feststellen, daß uns die Paraphrase mit *können* besser gefällt als ohne; dennoch haben wir im Fall des Modalverbs ein Problem. Selbst wenn wir in die Treue zum Original die ungeschmälerte Verstehbarkeit der Übersetzung einschließen und damit unnötige Strukturteile, wie *to the touch,* loswerden, was gibt uns das Recht auf ein *zusätzliches* Element, wenn die Verstehbarkeit der Übersetzung bereits gewährleistet ist? Sicher, die Paraphrase mit dem Modalverb schien uns im Deutschen noch gelungener als die vorangegangene, aber dann soll uns ja das Original letztendlich Maß aller Dinge sein, und mit dem letzten Satz, so scheint es, haben wir dieses Maß verlassen.

Natürlich können wir uns immer und bei einem Autor wie Hemingway erst recht auf den Standpunkt stellen: Nur das Beste ist gut genug. Und wer da meint, daß wir den Charakter von Hemingway verfälschen, indem wir eigenmächtig die Reihenfolge der Satzglieder verändern, aus einem Teilsatz eine Wortgruppe, aus einer Wortgruppe ein Pronomen machen und schließlich noch ein Modalverb gratis hinzufügen, den können wir mit unseren Überlegungen zur erfolgreichen, weil gut verstehbaren Übersetzung ohnehin nicht überzeugen. Auch wenn uns ein solcher Leser schon jetzt als hoffnungslos undifferenziert einstufen und beiseite legen sollte, sind wir sicher, mit dem Vademecum auf dem richtigen Kurs zu sein.

Angesichts der Geringfügigkeit der inhaltlichen Unterschiede zwischen Übersetzung und Original fühlen sich andere aber vielleicht schon irgendwie an des Kaisers Bart erinnert. Zumindest für das Vademecum sollten wir doch bitte von allen logisch-philosophischen Haarspaltereien absehen. Wir wissen ja, daß der Läufer die Schnecke wegen der unbegrenzten Teilbarkeit des Zwischenabstands theoretisch nie einholt — aber wir glauben lieber an unsere praktische Erfahrung mit Schnecken. Wenn wir die logisch-philosophische Lupe aufhaben, geben wir gerne zu, daß eigentlich nichts übersetzbar ist. Jetzt nehmen wir sie aber wieder ab und halten uns an unsere doch erstaunlich zuverlässige Intuition über mehr oder weniger gelungene Übersetzungen, da nur sie uns wirklich voran- und an den paradoxen Schnecken vorbeibringen kann.

Was den Hemingway-Satz von der bestmöglichen Paraphrase im Deutschen unterscheidet, ist nämlich nicht so sehr die Besonderheit eines großen Schriftstellers, sondern wiederum die Spezifik für erfolgreiche Sprachverarbeitung im Englischen und Deutschen. Sie ist es, die uns in beiden Sprachen verschiedene »Redundanzen« bevorzugen läßt. Davon bald mehr.

Vordem werden wir aber noch ein anderes, wenn auch aus der Sicht des Vademecums unergiebiges, auf den jeweiligen Einzelfall beschränktes Übersetzungsproblem besichtigen:

DIE FALSCHEN FREUNDE

Die heimtückischsten Fallen erwarten den Übersetzer nicht dort, wo er sich zu weit vom Original entfernt, sondern da, wo er sich nicht weit genug davon entfernt.

Da sind zunächst einmal die Fälle zufälliger lexikalischer Ähnlichkeit zwischen Original und Zielsprache. Das englische *actual* sieht wie *aktuell* aus, heißt aber bekanntlich so etwas wie *wirklich* oder *eigentlich; eventual* scheint *eventuell* zu heißen, ist aber *allmählich; sympathy* heißt nicht *Sympathie,* sondern *Mitgefühl; delicate* ist nicht *delikat,* sondern *zart; physician* ist nicht, wie es scheint, ein *Physiker,* sondern ein *Arzt* usw.

Wörter wie diese sind aber relativ klare Fälle, feinere Unterscheidungen sind nicht nötig. Schwieriger ist das mit Wörtern wie zum Beispiel *dramatic, popular* oder *formal,* die immerhin in einer ihrer Bedeutungen den deutschen Wörtern *dramatisch, populär* und *formal* entsprechen. Aber *dramatic reforms* sind einfach *grundlegende Reformen* und *popular prices erschwingliche Preise,* und wenn etwas *formally declared* wird, wird es nicht *formal,* sondern *offiziell* erklärt.

Scheinbare Ähnlichkeiten können uns auch noch bei größeren sprachlichen Strukturen irreführen: *To lead someone by the nose* sieht nämlich genauso aus wie *jemanden an der Nase herumführen,* heißt aber soviel wie *jemanden unter der Fuchtel haben;* und *to make oneself scarce* ist nicht etwa *sich rar machen,* sondern *sich aus dem Staube machen.*

Man kann ja sehen, daß da das englische Vergnügen am Understatement mitspielt, aber vorhersagen läßt sich das natürlich nicht. Ebensowenig wie alles andere, was das Lexikon der englischen Sprache — oder irgendeiner anderen Sprache — über die Bedeutung von Wörtern und Wortverbindungen festlegt. Da raten wir eben schnell daneben, wenn wir glauben, aus den Eigenschaften unserer eigenen Sprache auf die der anderen schließen zu können. In nah verwandten Sprachen, wie Deutsch und Englisch, ist die Versuchung groß, vor allem bei Wörtern, deren Bedeutung zum Teil tatsächlich übereinstimmt. *Straße* heißt *street,* aber schon an der nächsten Ecke führt sie ins Freie und heißt *road*. Das muß man wissen; das ist, wie es scheint, pure Willkür.

Irgendwie sind die Bedeutungen der Wörter ja wirklich so etwas wie Wege übers Land, wo zwei Sprachen, auch wenn sie vom selben Punkt starten, so gut wie nie gemeinsam ankommen. Schon die erste mögliche Abzweigung kann sie auseinanderbringen, aber spätestens eine Wegegabelung dürfte sie endgültig trennen. Nachvollziehbar ist das fast immer, schließlich beruht es auf denselben Mechanismen von Wahrnehmung und Begriffsbildung, auch wenn die Verbindungsstücke dazwischen oft nur noch aus der historischen Vogelperspektive erkennbar sind.

So ganz zufällig sind die Verzweigungen in den einzelnen Sprachen dann aber doch wieder nicht. Ob mögliche Abzweigungen genutzt werden oder nicht, das heißt, ob die Bedeutung eines Wortes noch auf andere Fälle übertragen wird, ist oft von übergreifenden, für die jeweilige Sprache im Ganzen charakteristischen Aspekten bestimmt. Dazu gehören vor allem die dominierenden grammatischen Eigenschaften einer Sprache, durch die die lexikalischen Wege übers Land in gewisse Richtungen verlaufen.

Um sich klarzumachen, wie diese sprachspezifische Wegebildung vor sich geht, das grammatische System einer Sprache die Eigenschaften der lexikalischen Elemente einer Sprache steuert, muß man eine ganze Menge mehr über Sprache im allgemeinen und die einzelnen Sprachen im besonderen wissen. Wenn wir den anvisierten Vademecumkurs beibehalten wollen, kommen wir nicht umhin, uns Teile dieses Wissens, wenn auch nur in homöopathischen Dosen, anzueignen. Wir nehmen uns dafür viel Zeit, schon damit wir die Übersicht und vor allem den Spaß an der Sache nicht verlieren. Was aber schon an dieser Stelle deutlich geworden sein dürfte: die bekannten falschen Freunde des Übersetzers sind nur die gut sichtbaren Schießbudenfiguren am Eingang eines Labyrinths voller verdeckter Fallen und Holzwege. Je mehr wir unser Glück in der Nähe zum Original suchen, um so eher fallen wir auf die falschen Freunde in ihren verschiedenen Spielarten herein.

Alle Wege einer Sprache oder sogar vieler Sprachen zu kartographieren, um mögliche Irrwege aufzuzeigen, kann nicht das Ziel des Vademecums sein. Dies muß die Aufgabe für Autoren von Wörterbüchern und Nachschlagewerken sein, von Terminologiediensten und Fachzeitschriften für den Übersetzer, in der die Erfahrungen und Ergebnisse aus Praxis und Forschung zusammenfließen. Daß dies eine undankbare, weil letztlich unlösbare Aufgabe ist, dürfte schon mit diesen paar Überlegungen deutlich geworden sein. Da es überdies auch noch eine unendliche Aufgabe ist — ständig werden neue Wege angelegt und alte nicht mehr benutzt —, bleibt dem Übersetzer letztendlich nur seine eigene Erfahrung. Er muß seine Begabung für Sprache einem harten Training und einer strengen Kontrolle unterwerfen; er muß sein Wissen von den Gegenständen und den Sprachen, mit denen er arbeitet, ständig erweitern und revidieren: Das beginnt bei den Eigenschaften der einzelnen Wörter und festen Wortverbindungen und geht über die situations- und texttypenabhängigen Stereotype und textgrammatischen Konventionen zu den unterschiedlichen Normen von Interpunktion, graphischer Textgestaltung und bildlicher Darstellung. Selbst in der Abbildung eines Maschinenteils erwarten uns noch falsche Freunde. Was da links und rechts, oben und unten, vorn und hinten ist, ist keineswegs selbstverständlich. So wie das Kopfnicken im Bulgarischen oder Chinesischen keine Bejahung, sondern Verneinung bedeutet, können die Dinge auch aus einer anderen Perspektive präsentiert werden.

Wenn der Übersetzer weiß, daß keine der sprachlichen oder außersprachlichen Konventionen automatisch übertragbar ist, wird ihm seine so geschärfte Aufmerksamkeit viele Fallen und Holzwege vermeiden helfen. Zu der unbegrenzten Menge von Einzelfakten kann das Vademecum nichts weiter als ein allgemeines Warnschild beitragen. Wo es hingegen um verallgemeinerbare, also auf viele Fälle zutreffende Spielarten von falschen Freunden geht, fühlen wir uns direkt angesprochen.

Richtungen

PROBLEME MIT DEM GRAMMATISCHEN EINMALEINS

Nachdem wir uns in den vorangegangenen Kapiteln eine gewisse Freiheit im Umgang mit den Teilen erobert haben — immer vorausgesetzt, das Ganze bleibt erhalten — müssen wir uns eingestehen, daß wir mit der neuen Freiheit eigentlich noch nichts anfangen können. Wir waren ja in unserer Maxime übereingekommen, nicht mehr Analogie und Äquivalenz zu opfern als im Interesse zielsprachlicher Angemessenheit nötig ist. Es ist also zu klären, was zielsprachliche Angemessenheit heißt. Dazu gehört natürlich auf jeden Fall das, was wir unter grammatisch richtig gebildeten Sätzen und unter grammatisch richtig verwendeten Wörtern verstehen.

Die Suche nach dem richtigen Wort absorbiert alle unsere Kräfte beim Übersetzen, doch daß wir das richtige Wort auch in einer richtigen Form verwenden müssen und daß dies auch die Abfolge der Wörter im Satzganzen betrifft, scheint selbstverständlich und nicht der Rede wert; es erledigt sich von selbst, wenn wir erst einmal die richtigen Wörter gewählt haben.

Dieser Eindruck ist nicht unbegründet. In den Wörtern steckt schon eine ganze Menge vom Bauplan der Sätze: Festlegungen über die Art und Zahl der Ergänzungen, die mit dem jeweiligen Wort verbunden werden können. Damit steht dann auch schon immer etwas über die relative Position des Wortes im Satzzusammenhang fest. Und dennoch haben wir da noch einen großen Freiraum vor uns — besonders in einer Sprache wie dem Deutschen, das bekanntlich eine ziemlich freie Wortfolge hat. Wir können uns im Deutschen verhältnismäßig leicht an die Reihenfolge im Original anpassen, auch wenn diese ihrerseits, wie zum Beispiel im Fall des Englischen, strengeren Bedingungen unterliegt.

Daß da aber auch im Deutschen einige Einschränkungen gelten, wird spätestens an jenen Übersetzungen deutlich, die die Freiheit in diesem Punkt zu weit treiben. Sicher erlaubt das Deutsche — wie uns die großen Dichter unserer Sprache immer wieder vorgeführt haben — ein erstaunliches Maß von ineinandergeschachtelten Strukturen, aber einen Satz wie den folgenden aus der Geschichte Bergamos eindeutig nicht:

Die Lokalgeschichtsschreiber haben die Geschichte eines der Madonna, um die Stadt vor der Pest zu beschützen, abgelegten Gelübdes überliefert ...

Dieser Satz ist aus mehr als einem Grund unmöglich. Hier fehlt zunächst das für die deutsche Infinitivstruktur grammatisch notwendige Verbindungsstück: der Hinweis auf diejenigen, die das Gelübde abgelegt haben. Aber in der um die Bergamasker erweiterten Form läßt sich das vollgestopfte Attribut vor *Gelübde* nur noch schwerer aufdröseln:

Die Lokalgeschichtsschreiber haben die Geschichte eines der Madonna von den Bergamaskern — um die Stadt vor der Pest zu beschützen — abgelegten Gelübdes überliefert.

Das bringt man doch lieber in eine andere Reihenfolge, selbst um den Preis größerer Ausführlichkeit:

Die Lokalgeschichtsschreiber haben die Geschichte eines Gelübdes überliefert, das die Bergamasker der Madonna ablegten, um ihre Stadt vor der Pest zu schützen ...

Die Langatmigkeit kann man ja schließlich durch die Verkürzung anderer, eher redundanter Teile loswerden:

Die lokale Geschichtsschreibung berichtet von einem Gelübde, das die Bergamasker der Madonna ablegten, um ihre Stadt vor der Pest zu schützen ...

Die Sache mit der Reihenfolge ist also auch im Deutschen nicht belanglos, und daß sie auf ziemlich komplizierte Weise mit den anderen grammatischen Eigenschaften des Satzes verbunden ist, dürfte der Bericht vom Gelübde schon ausreichend deutlich gemacht haben.

Ganz allgemein ist klar: zielsprachliche Angemessenheit schließt grammatische Wohlgeformtheit ein. Der Übersetzer mag es mehr oder weniger weit in der Kür bringen, die Pflicht ist ihm nicht erlassen.

Auch die kleineren Schnitzer schaden dem Geschäft, auch der kleinste Stein, der uns zum Stolpern bringt, stört:

Am Flughafen ist niemand, am allerwenigsten sind es die Paßbeamten und Gepäckauslader, in Eile.

Verstehbar ist das ja — in einer anderen Anordnung ist der Satz auch grammatisch einwandfrei:

Am Flughafen ist niemand in Eile, am allerwenigsten sind es die Paßbeamten und die Gepäckauslader.

— aber als Parenthese im Satzinnern kann die Information über die Paßbeamten im Deutschen nicht die Form eines Satzes haben. Daran ändern auch die sonderbaren Gebilde aus der Umgebung nichts — weder der rätselhafte Satz am Anfang der Broschüre

Eine Fahrt auf dem Nil ist nichts für Reisende, die überredet werden wollen, sich mit der Vergangenheit zu befassen.

noch die vielen übersetzerischen Volltreffer danach:

Das alte Ägypten ... überkommt den Besucher überfallartig, wobei die wildesten Erwartungen übertroffen werden.

Verglichen mit diesen Defekten, lesen wir über die meisten mißglückten oder auch nur nicht geglückten Anordnungen in der Zielsprache einfach weg. Wenn es zum Beispiel in einem Satz über den Lunder Dom heißt

Das nördliche Querschiff dient jetzt als Taufkapelle mit einem mittelalterlichen Taufbecken aus gotländischem Kalkstein.

dann haben wir nur das undeutliche Gefühl, daß da irgend etwas im Satz verrutscht ist. Was gemeint war, ist vermutlich:

Das nördliche Querschiff mit seinem mittelalterlichen Taufbecken aus gotländischem Kalkstein dient jetzt als Taufkapelle.

Natürlich steht das Becken in beiden Versionen in der Taufkapelle. Aber in der ersten Variante scheint das Taufbecken die Taufkapelle näher zu bestimmen, so als wäre das nördliche Querschiff schon vorher eine Taufkapelle gewesen, jetzt aber eine Taufkapelle von dem Typ, der ein mittelalterliches Taufbecken aus gotländischem Kalkstein hat.

Selbst wenn in vielen Fällen der Verstoß gegen die Reihenfolgebedingungen von einer Art sein mag, bei der der Leser noch den Überblick behalten und die diversen Defekte großzügig ignorieren könnte, sollte der Übersetzer auch das große Einmaleins der Reihenfolgebedingungen seiner Sprachen beherrschen und wissen, wo und in welcher Form er zum Beispiel Parenthesen einfügen kann, wann er von der Ausrahmung eines Relativsatzes Gebrauch machen muß oder wo für eine nähere Bestimmung die richtige Stelle im Satz ist.

DIE BEVORZUGTE REIHENFOLGE

Bei allen bisher betrachteten Beispielen war der fremdsprachige Übersetzer mehr oder weniger weit jenseits der deutschen Grammatik gelandet. Das kann uns, die wir Deutsch beherrschen, so schnell nicht passieren. Aber da gibt es noch eine andere Art, das Ziel einer richtigen oder angemessenen Reihenfolge zu verfehlen, und davor ist keiner von uns gefeit — die meisten schon deshalb nicht, weil sie sich in Fragen der Reihenfolge nicht vom Original abzuweichen getrauen. Weshalb auch sollten wir den Satz

The boy was there again this evening.

mit dem ein Roman von Iris Murdoch beginnt, wie in der deutschen Fassung mit

An diesem Abend war der Junge wieder da.

und nicht analog zum englischen Original mit

Der Junge war wieder da an diesem Abend.

übersetzen? Oder warum sollte ein Satz wie

There are two main reasons for this complexity.

zu

Dafür gibt es vor allem zwei Gründe.

werden und nicht Reihenfolge und Ausführlichkeit des Originals beibehalten:

Es gibt vor allem zwei Gründe für diese Schwierigkeiten.

Oder, ärger noch, was sollte uns bewegen bei

(All these satisfy the basic criteria to be called »interferon« — that is) they are proteins that render a cell resistant to attack by a variety of different viruses by »switching on« new proteins in that cell.

auf eine weitgehend ähnliche Übersetzung wie

(sie erfüllen alle das entscheidende Kriterium für Interferone:) es sind Proteine, die Zellen widerstandsfähig gegen verschiedene Arten von Viren machen, indem sie sie zur Produktion neuer Proteine anregen.

zu verzichten zugunsten von:

> ... *es sind Proteine, die Zellen zur Produktion neuer Proteine anregen und damit gegen verschiedene Arten von Viren widerstandsfähig machen.*

usw. usf.

Die Antwort kann zunächst nur lauten: die nichtanaloge Paraphrase klingt jedesmal besser als die analoge Übersetzung. Wenn wir das Original vorübergehend einmal vernachlässigen und nur die beiden deutschen Varianten miteinander vergleichen, dann sind wir uns sogar ziemlich sicher, daß die Version mit der veränderten Reihenfolge im Deutschen besser ist. Nur der Gedanke an das Original läßt uns zögern — in allen drei Fällen können wir grammatisch tadellose Versionen haben, in denen die ursprüngliche Reihenfolge zusammen mit diversen anderen formalen Eigenschaften erhalten bleibt. Da haben wir doch, scheint es, keinen Grund, auf die größere Analogie zum Original zu verzichten. Oder?

Die Sache würde natürlich ganz anders aussehen, wenn unser Gefühl tatsächlich einem systematischen Urteil über zielsprachliche Angemessenheit entspräche, wenn es so etwas wie einen gemeinsamen Nenner für solche und andere Fälle von Umstellungen gäbe.

Auf den ersten Blick sieht jedes Beispiel anders aus. Im ersten Fall gefällt uns die Paraphrase mit der Zeitbestimmung am Satzanfang besser als die Analogvariante mit der Zeitbestimmung am Satzende:

> *An diesem Abend war der Junge wieder da.*
>
> *Der Junge war wieder da an diesem Abend.*

Im zweiten Fall ziehen wir die Paraphrase mit dem — pronominalisierten — Präpositionalobjekt am Anfang der Analogvariante mit dem — voll spezifizierten — Präpositionalobjekt am Ende vor:

> *Dafür gibt es vor allem zwei Gründe.*
>
> *Es gibt vor allem zwei Gründe für diese Schwierigkeiten.*

Die Wiederholung in der Beschreibung weist nun aber doch auf eine Gemeinsamkeit der beiden Fälle hin: Wenn wir von der Pronominalisierung und der Spezifik der betroffenen Satzglieder absehen, dann ließe sich als eine Art gemeinsamer Nenner immerhin die lokale Parallelität der Umstellung vom Ende zum Anfang des Satzes anführen.

Im dritten Beispiel kann davon allerdings keine Rede sein. Da wird ein adverbieller, mit *indem* eingeleiteter Nebensatz

> ... *es sind Proteine, die Zellen widerstandsfähig gegen verschiedene Arten von Viren machen, indem sie sie zur Produktion neuer Proteine anregen.*

zum ersten Konjunkt im Prädikat des Hauptsatzes:

> ... *es sind Proteine, die Zellen zur Produktion neuer Proteine anregen und damit gegen verschiedene Arten von Viren widerstandsfähig machen.*

Was in der Analogvariante ein Teilsatz mit Subjekt und direktem Objekt war, ist in der Paraphrase auf das Prädikat mit seinem Präpositionalobjekt zurückgekürzt; die inhaltliche Beziehung der Konjunktion *indem* wird durch das pronominale Adverb *damit* wiedergegeben.

Wenn wir uns aber auf die Veränderung in der Reihenfolge konzentrieren, dann können wir feststellen, daß eine Struktur vom Ende des Satzes, wenn schon nicht an den Anfang, so doch nach links, in den Satz hinein verschoben wurde.

Damit ist in allen drei Fällen so etwas wie eine Verschiebung von rechts nach links erfolgt, wobei links eben auch den Anfang des Satzes meinen kann. Die Parallelität in der Reihenfolgeveränderung läßt sich zwar nur bei äußerster Abstraktion wie ein besonders feines Wasserzeichen erkennen — wir werden sie aber immer wieder und in immer neuen strukturellen Verkleidungen in den von uns bevorzugten Paraphrasen sehen, wenn wir diese gegen das Licht, also gegen die zum Original analoge Übersetzungsvariante halten.

Wenn aber dieses »serielle« Wasserzeichen der, sagen wir einmal, entgegengesetzten Ausrichtung die von uns bevorzugten Übersetzungen prägt, dann gibt es vielleicht doch einen systematischen Grund für unser gemeinsames »Gefühl«, nach dem im Deutschen andere Strukturen angemessen sind als in der Ausgangssprache.

EIN SYSTEMATISCHER UNTERSCHIED

In einem sehr allgemeinen Sinn ist die entgegengesetzte Ausrichtung in der Tat ein Charakteristikum für die Reihenfolge, in der die Satzglieder im englischen und deutschen Satz normalerweise aufeinanderfolgen. Dazu sehen wir uns am besten noch einmal den letzten Satz etwas genauer an:

> ... *es sind Proteine, die Zellen zur Produktion neuer Proteine anregen und damit gegen verschiedene Arten von Viren widerstandsfähig machen.*

Der Hauptsatz besteht fast nur aus einem Nomen, *Proteine*, das durch einen besonders langen Relativsatz näher bestimmt wird. Innerhalb des Relativsatzes können wir zwei miteinander koordinierte, durch *und* verknüpfte Verben, *anregen* und *machen*, unterscheiden, die ihrerseits noch verschiedene Ergänzungen aufweisen. Die Ergänzungen stehen jeweils vor ihren Verben: *jemanden zu etwas anregen, jemanden gegen etwas widerstandsfähig machen*. Aufgrund der Koordination unterbleibt beim zweiten Verb die Wiederholung des direkten Objekts, *Zellen*. Seine Position wäre aber auch beim zweiten Verb dieselbe wie beim ersten, nämlich vor den anderen Ergänzungen.

Das sieht nun im Englischen ziemlich anders aus. Damit wir die englische und die deutsche Struktur besser miteinander vergleichen können, konzentrieren wir uns auf eines der beiden Prädikate: *jemanden gegen etwas widerstandsfähig machen: to render someone resistant to something*. Da haben wir nun im Englischen das Verb vor seinen Ergänzungen und das direkte Objekt unmittelbar nach dem

Verb; und was im Deutschen aufs engste mit dem Verb verbunden scheint: *widerstandsfähig machen,* ist im Englischen noch durch das direkte Objekt vom Verb getrennt:

> ... *render a cell resistant to attack by a variety of different viruses* ...

Wenn man davon ausgeht, daß das Verb und seine Ergänzungen eine größere syntaktische Einheit, das erweiterte Prädikat, bilden, dann kann man sagen, das englische Verb steht am linken Rand des Prädikats, die Erweiterungen verlaufen nach rechts. Man nennt dies eine linksperiphere oder auch eine rechtsverzweigende Sprache — vor allem dann, wenn das Muster der Verzweigungen auch in anderen Wortgruppen auftritt.

Daß letzteres im Englischen der Fall ist, zeigt schon die präpositionale Ergänzung zum prädikativen Adjektiv *resistant, widerstandsfähig.* Sie steht im Englischen nach ihrem Bezugswort: *(render resistant) to something.*

Im Deutschen steht das Verb, *machen,* nach seinen Ergänzungen. Daß dabei *attack by a variety of different viruses,* also der *Angriff verschiedener Arten von Viren* auf *verschiedene Arten von Viren* verkürzt ist, kann für die Frage der Reihenfolge erst einmal vernachlässigt werden.

Das Prädikat ist rechtsperipher, die Erweiterungen verlaufen nach links. Auch bei der Ergänzung zum Adjektiv. Sie steht im Deutschen vor ihrem Bezugswort: *gegen etwas (widerstandsfähig machen).* Das Deutsche ist, so scheint es, linksverzweigend.

Damit wären wir nun tatsächlich schon beim seriellen Wasserzeichen angekommen: Die entgegengesetzte Ausrichtung ist, zumindest in diesem Beispiel, als eine grammatisch vorgegebene Eigenschaft von Ausgangs- und Zielsprache diagnostizierbar.

Aber die Basis für die Verallgemeinerung ist gerade einmal ein Fall. Und der enthält trotz aller Oberflächlichkeit der Betrachtung schon jene offene Tür, durch die man ebensogut bei der entgegengesetzten Verallgemeinerung ankommen kann: es handelt sich nämlich nur um einen Nebensatz. Da sind noch die zwei anderen Beispiele,

Hauptsätze beide, die uns zeigen, daß wir etwas voreilig waren und das kleine Kartenhaus, das wir zur Erklärung der alternativen Anordnungen aufgebaut haben, schon wieder in sich zusammenzufallen droht.
Sowohl in

An diesem Abend war der Junge wieder da.

wie in

Dafür gibt es vor allem zwei Gründe.

steht das Verb vor seinen Ergänzungen. Und das, gestehen wir uns ein, wäre auch so, wenn wir im vorigen Beispiel keinen Nebensatz, sondern einen Hauptsatz gehabt hätten:

Proteine regen Zellen zur Produktion neuer Proteine an und machen sie damit gegen verschiedene Arten von Viren widerstandsfähig.

Wie es aussieht, ist die Reihenfolge im deutschen Hauptsatz, analog zur englischen Reihenfolge, linksperipher und rechtsverzweigend.
Aber halt, an der Abfolge der Satzglieder hat sich doch gegenüber dem Nebensatz gar nichts geändert! Es ist ja nur das Verb, das von seiner Position am Ende des Nebensatzes an die linke Peripherie des erweiterten Prädikats im Hauptsatz gewandert ist. Was wir bezüglich der Ergänzungen im Nebensatz als eine linksverzweigende Reihenfolge diagnostiziert haben, können wir ja nun nicht plötzlich als eine rechtsverzweigende Reihenfolge ansehen — es ist an sich dieselbe Reihenfolge, auch wenn das Verb einmal am rechten Rand, ein andermal am linken Rand davon auftaucht.
Wenn wir das erste Beispiel, umgekehrt, in einen Nebensatz umformen

... weil ... der Junge wieder da war.

dann besetzt das Verb wieder die Position rechts außen, und wenn wir mal schnell die Brille aufsetzen, können wir sehen, daß sich auch hier an der Reihenfolge der Ergänzungen nichts geändert hat: *wieder da* ist im Haupt- und Nebensatz auf dieselbe Weise angeordnet. Genau entgegengesetzt übrigens zum Englischen: *there again*.

Über die Zeitbestimmung *an diesem Abend* haben wir weniger strenge Vorstellungen, am ehesten würden wir sie wohl zwischen dem Subjekt und dem Prädikatsverband sehen wollen:

... weil der Junge an diesem Abend wieder da war.

Die englische Position für die Zeitbestimmung, rechts außen, scheint uns jedenfalls nicht ganz so neutral:

... weil der Junge wieder da war an diesem Abend.

Eine Ergänzung zum Verb sind Zeitbestimmungen ja nun auch nur in einem sehr viel weiteren Sinne als zum Beispiel direkte Objekte oder prädikative Ergänzungen. Da von solchen Einzelheiten die Generalisierbarkeit des seriellen Wasserzeichens abhängen könnte, sollten wir uns das vielleicht noch etwas genauer ansehen.

DER NEBENSATZ ALS VORBILD

Obwohl die Wörter in einem Satz wie in einer Kette hintereinander aufgefädelt erscheinen, ist ihre Beziehung zueinander nicht linear, sondern hierarchisch. Die hierarchische Struktur weist Verzweigungen auf wie ein Baum, und auch wenn es keine Mitte im Sinne eines Stammes gibt, gibt es doch Äste, die für das Ganze besonders wichtig sind. Es kann immer noch dieses und jenes an Verzweigung hinzukommen, aber natürlich nur, wenn der »Stammast« schon da ist. Was als Stammast in Frage kommt, aus welchem grammatischen Kern heraus sich der wichtigste Teil unseres Satzbaus entfaltet, ahnen wir schon.

Wenn wir ein Verb wie »beschenken« haben, dann wissen wir, daß jemand jemandem etwas übereignet und daß sich diese Bezugspunkte in den Satz als Subjekt, Objekt und Präpositionalobjekt verzweigen. Konzeptuell gesehen stellt also das Verb so etwas wie den wichtigsten Stammast des Satzes dar. Das heißt aber noch lange nicht, daß wir es in der Mitte der Satzglieder finden, die ihm zugeordnet sind. Es kann an vielen Stellen im Satz stehen, ganz grob gesehen: vor, nach und zwischen den anderen Satzgliedern. Nach dem Vergleich zwischen den englischen und deutschen Beispielen oben sieht es so aus, als ob das englische Verb generell vor seinen Ergänzungen steht, das deutsche im Hauptsatz eher vor, im Nebensatz eher nach den Ergänzungen.

In der Linguistik gibt es da allerdings verschiedene, nicht selten einander widersprechende Theorien über das, was im Deutschen oder Englischen die grundlegende Verzweigungsrichtung ist. Neuerdings werden eine ganze Menge sehr theorieabhängiger Beweise dafür aufgeboten, daß es ganz allgemein nur rechtsverzweigende Sprachen geben soll. Die Unterschiede, die man dann trotz allem zwischen dem Englischen und Deutschen feststellt, werden anderen Bereichen der Grammatik zugerechnet. Wir könnten uns auch damit zufriedengeben, um so mehr als wir diese anderen Bereiche ohnehin in unsere Betrachtungen einbeziehen müssen. Der Einfachheit halber halten wir es aber zunächst mit allen jenen, die annehmen, daß es sowohl rechts- als auch linksverzweigende Sprachen gibt, und überdies einräumen, daß eine Sprache insgesamt auch mehr oder weniger von den Eigenschaften des einen oder des anderen Typs haben kann. Das Englische ist weitestgehend rechtsverzweigend, das Deutsche hat vielleicht von beiden Eigenschaften etwas. Ob eine der beiden Richtungen dominiert und wenn ja, welche, ist auf Anhieb nicht zu beantworten. Wir müssen uns da schon ein paar Details genauer ansehen.

Die Ergänzungen lassen sich nach ihrer bedeutungsmäßigen Zugehörigkeit zum Verb in feste und freie Ergänzungen unterscheiden. Objekte zum Beispiel gehören eigentlich immer zu den festen, Zeitbestimmungen in der Regel zu den freien Ergänzungen. Aber auch zwischen den festen Ergänzungen gibt es noch Unterschiede in der Zugehörigkeit zum Verb.

Je deutlicher die Satzglieder aus der Bedeutung des Verbs selbst herauswachsen, um so eher befinden sie sich im Normalfall in unmittelbarer Nachbarschaft zum Verb: Prädikative Ergänzungen stehen näher als direkte Objekte, direkte Objekte näher als indirekte, feste Ergänzungen ganz allgemein näher als freie.

Bei der Frage, welche Erweiterungseinrichtung im Deutschen grundlegend ist, scheint uns natürlich der Hauptsatz, kraft seiner Unabhängigkeit, tonangebend. Wenn die Nachbarschaft zum Verb das entscheidende Kriterium ist, dann müßten gleich neben dem Verb jene Satzglieder stehen, die ihm bedeutungsmäßig am nächsten kommen. Dies ist aber nur im Nebensatz der Fall. In einem Satz wie

... als die drei Männer 1962 für ihre Entdeckung den Nobelpreis erhielten.

steht das direkte Objekt, also die grammatisch wichtigste Ergänzung, ohne die der Satz unvollständig wäre, neben dem Verb. Die weniger wichtigen, zusätzlichen Ergänzungen stehen davor. Ihre Abfolge ist variabel:

... als die drei Männer für ihre Entdeckung 1962 den Nobelpreis erhielten.

Jede andere Anordnung gilt nicht mehr als neutral. Für

... als die drei Männer 1962 den Nobelpreis für ihre Entdeckung erhielten.

zum Beispiel brauchen wir schon eine besondere Satzmelodie, um die zusätzliche Ergänzung vor dem Verb im Verhältnis zum direkten Objekt entsprechend herunterzuspielen.

Die Autonomie des Hauptsatzes läßt uns dagegen, zumindest für den Satzanfang, die Wahl zwischen verschiedenen Satzgliedern und schafft damit andere Bedingungen für die Reihenfolge im Rest des Satzes:

1962 erhielten die drei Männer für ihre Entdeckung den Nobelpreis.

Für ihre Entdeckung erhielten die drei Männer 1962 den Nobelpreis.

Mit dem Subjekt am Satzanfang erhalten wir — wenn man von der Stellung des Verbs selbst absieht — wieder die Reihenfolge des Nebensatzes:

Die drei Männer erhielten 1962 für ihre Entdeckung den Nobelpreis.

oder:

Die drei Männer erhielten für ihre Entdeckung 1962 den Nobelpreis.

Das direkte Objekt steht am Ende des Satzes und nicht, wo wir es aufgrund seiner engen Beziehung zum Verb erwarten würden: neben dem Verb. Wenn wir es unmittelbar neben das Verb stellen, scheint sich sogar die Bedeutung des Satzes zu ändern:

Die drei Männer erhielten den Nobelpreis für ihre Entdeckung 1962.

Da, wo Haupt- und Nebensatz in ihrer Bedeutung übereinstimmen, steht das direkte Objekt beide Male rechts außen und verläuft die Erweiterung des Prädikats in dieselbe Richtung, nach links, obwohl sich das Verb jeweils am entgegengesetzten Rand des gesamten Prädikatsverbands befindet.

Wenn also das Bild vom Stammast Verb zutrifft, aus dessen Bedeutung die Ergänzungen nach ihrer inhaltlichen Nähe zum Verb herauswachsen, dann ist die grundlegende Stellung, von der aus das deutsche Verb den Satz regiert, die Nebensatzstellung, die Stellung am Ende des Satzes. Die anderen Satzglieder füllen — eins nach dem anderen — den Raum nach links.

Akkusativobjekte oder feste Richtungsergänzungen, die sich normalerweise direkt neben dem Verb finden, stehen in der Regel am äußersten rechten Rand, unabhängig davon, ob das Verb auf sie folgt oder nicht. Dativobjekte, Genitivobjekte, freie Ergänzungen wie Orts- und Zeitbestimmungen und Subjekte füllen das Strukturfeld nach links auf. Die normale Reihenfolge richtet sich dabei vor allem nach den Bedeutungsstrukturen, die dem Verb zugeordnet sind.

Natürlich ist diese Schlußfolgerung recht großzügig, da es schon allein mehrere Verbtypen gibt, die auf ihre Erweiterungseigenschaften hin zu betrachten wären, ganz zu schweigen von den vielen verschiedenen freien Ergänzungsmöglichkeiten und Satztypen bzw. komplexen Sätzen, die für die Haltbarkeit der Verallgemeinerung überprüft werden müßten. Zum Glück sind aber schon andere vor uns viele dieser Aspekte durchgegangen und meist beim selben Ergebnis angekommen. Das Deutsche gilt vielen Sachverständigen als eine sogenannte Verbendsprache, das heißt, die Nebensatzstellung mit dem rechtsperipheren Verb ist gegen den Hauptsatzeindruck die grundlegende Position für das Verb im Deutschen. Und daran halten wir nun fest.

MODELL EINER SZENE IM REGEN

Wenn wir uns jetzt an unseren Ausgangspunkt erinnern, das serielle Wasserzeichen, das die von uns bevorzugten Übersetzungsvarianten charakterisiert, dann sehen wir unsere erste Vermutung über einen Zusammenhang zwischen den grammatisch vorgeschriebenen und den freigewählten Anordnungen, zwischen Sprachsystem und Sprachverwendung, bereits als eine recht erfolgversprechende Hypothese an. Nur erklärt haben wir mit dieser Hypothese noch nichts.

Die Frage ist natürlich, wenn wir beim Übersetzen ins Deutsche, grammatisch gesehen, die Wahl zwischen einer analogen und einer alternativen Anordnung haben, wann wählen wir die eine, wann die andere?

Schließlich ändern wir beim Übersetzen ja nicht jede Satzgliedfolge. Wenn es da in *Cat in the Rain* heißt

It was raining. The rain dripped from the palm trees. Water stood in pools on the gravel paths.

dann finden wir die analoge Anordnung

> *Es regnete. Der Regen tropfte von den Palmen. Wasser stand in Pfützen auf den Kieswegen.*

ganz in Ordnung und kämen gar nicht auf die Idee, von irgendwelchen Verschiebungen nach links Gebrauch zu machen:

> *Es regnete. Von den Palmen tropfte der Regen. Auf den Kieswegen stand das Wasser in Pfützen.*

Warum finden wir hier die analoge Übersetzung so viel natürlicher als die mit den Umstellungen? In den drei Beispielen, die sich unter dem Wasserzeichen zusammenfassen ließen, war dies gerade nicht der Fall.

Die Paraphrase mit der vorangestellten Zeitbestimmung

> *An diesem Abend war der Junge wieder da.*

zum Beispiel hatten wir doch ohne zu zögern der Analogvariante

> *Der Junge war wieder da an diesem Abend.*

vorgezogen. Und auch die präpositionale Ergänzung aus

> *Es gibt vor allem zwei Gründe für diese Schwierigkeiten.*

fanden wir am Anfang des Satzes — in einer pronominalisierten Form — besser:

> *Für diese Schwierigkeiten / Dafür gibt es vor allem zwei Gründe.*

In der Folge hatten wir dann die bevorzugte Umstellungsrichtung, nach links, mit der grammatischen Eigenschaft einer linksverzweigenden Sprache in Zusammenhang gebracht. Aber nun sehen wir, daß dieser Zusammenhang nicht zwingend ist. Die Sätze über den Regen lassen nicht den geringsten Linksdrall erkennen. Dafür, daß wir eine veränderte Reihenfolge besser finden, muß es also noch ein auslösendes Moment geben, ein besonderes Kriterium, das die Sätze mit dem Wasserzeichen von den Sätzen über den Regen unterscheidet.

Dieses Kriterium gibt es, und es führt uns aus dem grammatischen in den pragmatischen Bereich von Sprachverwendung. Hierfür müssen wir nun erst einmal unsere Überlegungen vom einzelnen Satz auf eine Folge von Sätzen ausdehnen. Sätze sind ja, wie wir wissen, Teil eines größeren Ganzen, sagen wir eines Texts. Jeder Satz und jedes Element in einem Satz trägt auf seine Weise zum Textverlauf bei. In bezug auf unser Verständnis von der Sache könnten wir ganz allgemein sagen, der Inhalt jedes Satzes, den wir wahrnehmen, bewirkt Veränderungen in unseren Vorstellungen von der Welt.

In vielen Fällen sind uns die Dinge und Sachverhalte, von denen da die Rede ist, schon irgendwie bekannt, aber das meiste, was wir von ihnen hören, ist uns neu oder anders, als wir dachten, vielleicht auch einfach nur eine Bestätigung dessen, was wir dachten. Natürlich können auch die Dinge und Sachverhalte selbst für uns neu sein oder auch nur die Erinnerung an sie gerade nicht gegenwärtig.

Weil er verstanden werden will, wird derjenige, der uns etwas sagt, alle diese Aspekte, so gut er kann, berücksichtigen. Aber natürlich kann er das Ganze nur aus seiner Sicht präsentieren. Er entscheidet, worüber er was sagen möchte, auf welchen Aspekt welchen Dings oder Sachverhalts er unsere Aufmerksamkeit lenken möchte, er entscheidet darüber, was er für wichtig hält; aber weil er sein Ziel erreichen und dafür in der Regel erst einmal verstanden werden will, wird er seine Entscheidung vor allem auch danach richten, was er über unsere Annahmen zum Gegenstand weiß oder vermutet. Er wird seine Präsentation so wählen, daß sie für uns, seine Leser oder Zuhörer, relevant genug ist, um weiterzulesen bzw. weiter zuzuhören. Nennen wir das Prinzip, das in diesem Sinn über die Effizienz einer sprachlichen Präsentation entscheidet, das *Relevanzprinzip*. Was es im einzelnen bedeutet, werden unsere weiteren Recherchen zur Angemessenheit von Übersetzungsvarianten zeigen.

Sehen wir uns unter dem Aspekt »Relevanz für den Leser« noch einmal die Sätze über den Regen an. Wir lesen

Es regnete.

und öffnen, ohne viel nachzudenken, in unseren Vorstellungen von der Welt die Datei über Regen, um uns ein Bild, ein Modell von der Szene zu machen. Der nächste Satz

Der Regen tropfte von den Palmen.

verbindet unsere Vorstellungen vom Regen mit Vorstellungen über Palmen — Palmen, die uns schon bekannt sein müßten, da hier ja von *den Palmen* die Rede ist. Über diese Palmen sagt uns der Satz, daß der Regen von ihnen heruntertropft. Mit dem Gedanken an Tropfen, Regentropfen, verbinden wir in unserer Datei automatisch die Vorstellung von Wasser. Der nächste Satz knüpft daran an:

Wasser stand in Pfützen auf den Kieswegen.

usw.

In dieser Satzfolge greift jeder Satz genau das Element auf, das der vorangegangene Satz in unser Modell von der Regen-Szene eingetragen hat. Würden wir die Reihenfolge umkehren, käme der Anknüpfungspunkt immer erst im nachhinein zur Sprache:

Es regnete. Von den Palmen tropfte der Regen. Auf den Kieswegen stand das Wasser in Pfützen.

Verglichen mit dem Original bzw. der Analogvariante, wirkt der Text befremdlich, ganz offensichtlich, weil er gegen den Strich gebürstet ist.

Aber wir kennen eben auch schon Beispiele, in denen gerade die umgekehrte Reihenfolge die bevorzugte ist. Die Paraphrase mit der Umstellung

Dafür gibt es vor allem zwei Gründe.

fanden wir ja besser als die Analogvariante:

Es gibt vor allem zwei Gründe für diese Schwierigkeiten.

Und nun fällt es uns plötzlich wie Schuppen von den Augen: *diese Schwierigkeiten* sind natürlich der Anknüpfungspunkt in unserer Datei, zu dem uns das Prädikat des Satzes die *zwei Gründe* hinzufügen läßt. Diesmal ist es die Analogvariante und damit das Original, das gegen den Strich gebürstet ist.

Da gibt es zwischen dem Englischen und dem Deutschen offensichtlich einen Unterschied in der Anwendung des Relevanzprinzips bei der sprachlichen Präsentation dessen, was für den Leser wichtig sein müßte. Dabei ist der Anknüpfungspunkt natürlich auf eine andere Art wichtig als das, was hinzugefügt werden soll. Der Anknüpfungspunkt ist so etwas wie ein Anker für das, was hinzugefügt werden soll. Die Relevanz des Ankers ist hoch — schließlich ist er ja unerläßlich für das Weitere —, aber das, was hinzugefügt wird, ist das eigentlich Wichtige, sagen wir, der Schwerpunkt des Satzes.

Indem wir bei der Übersetzung im Satz über die Schwierigkeiten den Anker nach links verschieben, überlassen wir dem Schwerpunkt, den *zwei Gründen,* die Position rechts außen. In den Sätzen über den Regen steht der Schwerpunkt von vornherein dort. Wir ziehen also jeweils die Übersetzung vor, die dem Schwerpunkt eine rechtsperiphere Position sichert. Dies erfolgt das eine Mal durch Umstellung, das andere Mal durch Übernahme der analogen Reihenfolge. Die Übereinstimmung zwischen der pragmatischen und der grammatischen Ausrichtung des Deutschen mit seinem rechtsperipheren Verb ist augenscheinlich.

Im linksperipheren Englischen bringt uns dieselbe Korrespondenz an den linken Rand des Prädikatsverbands. Und genau da befindet sich der Schwerpunkt im englischen Original bzw. in der Analogvariante bei allen Sätzen, die wir betrachtet haben.

Selbst wenn wir gegenüber einer solchen Verallgemeinerung noch mißtrauisch bleiben müssen und für die Präzisierung dieser Grundidee noch einen langen Weg vor uns haben: der Gedanke, daß die bemerkenswerte Übereinkunft, mit der wir bestimmte Strukturen anderen vorziehen, letztendlich auf grundlegenden grammatischen Eigenschaften der jeweiligen Sprache beruht, scheint so einleuchtend, daß wir bereit sind, ihm eine ganze Menge Vorschußkredit einzuräumen und mit dem Vademecum jetzt ganz auf diesen Kurs setzen.

Maße

YOU MUSTN'T LEAVE OUT
SO MANY THINGS

Solange keiner kommt und die Offenlegung der Beweise fordert, ist ein Vademecum sicher der beste Platz für Behauptungen, die für sich selbst zu sprechen scheinen. Aber dann wollen wir dem Benutzer des Vademecums ja vor allem anwendbare Einsichten vermitteln, und da hapert es nun doch noch ganz gewaltig an der nötigen Systematik. Mit ein paar hübschen Beispielen ist es nicht getan. Sicher ist die Kenntnis vieler Einzelfälle eine gute Grundlage, um den nächsten Rechtsstreit per Analogie zu entscheiden, doch kann die systematische Bündelung von Fällen die Entscheidungsfindung erheblich beschleunigen. Welche Kriterien stehen uns überhaupt bisher zu Gebote, um die Übersetzungsmaxime in jedem Fall erfolgreich anzuwenden?

Fassen wir noch einmal die Hauptpunkte zusammen: Wir sind bei aller Treue zum Original bereit, auf soviel Äquivalenz und Analogie zu verzichten, wie dies im Interesse zielsprachlicher Angemessenheit notwendig ist. Wobei zielsprachliche Angemessenheit nicht nur von den Eigenschaften der im weitesten Sinne grammatischen Elemente einer Sprache bestimmt wird, sondern ebensosehr von den an ihren jeweiligen Zwecken ausgerichteten Konventionen über die Verwendung der Zielsprache.

Grundlegend für die erfolgreiche Verwendung schien uns das Relevanzprinzip. Wenn wir unseren Leser bei der Stange halten wollen, dann sollten wir uns bei der sprachlichen Präsentation nach seinen Vorstellungen richten und ihm das Verstehen dessen, was wir ihm sagen wollen, möglichst erleichtern. Der Aufwand, den unser Leser treiben muß, um uns zu verstehen, ist dabei durch seinen jeweiligen Kenntnisstand, aber auch durch die spezifischen Eigenschaften der jeweiligen Sprache bedingt. Eine schnelle und effektive Verarbeitung der sprachlichen Strukturen können wir nur erwarten, wenn die Verteilung der Information den für die jeweilige Sprache typischen Konventionen folgt.

Eine der wichtigsten Konventionen heißt: Die Anordnung der Informationselemente ist gerichtet; der Schwerpunkt wird in Übereinstimmung mit der Reihenfolge, in der das Verb und seine Ergänzungen aufeinander folgen, am rechten oder linken Rand des Prädikats erwartet. Der Schwerpunkt einer rechtsperipheren Sprache steht am Ende, der einer linksperipheren zu Beginn des Prädikats, in der Mitte des Satzes.

So komprimiert und aller Beispiele beraubt, scheint uns die Rezeptur zwar systematisch, aber noch nicht wirklich anwendbar. Was ist ein Informationselement? Wie kann ich den Informationsschwerpunkt bestimmen? Wieviel andere Werte muß ich unterscheiden? Wo beginnt das Ende? Wo hört der Anfang auf? *»You mustn't leave out so many things«*, sagt die Weiße Königin zu Alice, und da wird uns wohl nichts anderes übrigbleiben, als unsere Annahmen anhand von Beispielen noch etwas zu präzisieren. Am besten ist, wir nehmen uns eine Passage, ein Stück aus einem Text, eine Folge von Sätzen, deren Faszination auch einer ausgiebigeren Betrachtung standhält.

INFORMATIONSEINHEITEN

In einer Passage aus einem der einflußreichsten Romane dieses Jahrhunderts, in der sich dem Erzähler angesichts der Wurzel eines Kastanienbaums unter seiner Bank in den öffentlichen Anlagen die Existenz der Dinge offenbart, heißt es:

Die Welt der Erklärungen und Begründungen ist nicht die Welt der Existenz.

und etwas später:

> *Die Funktion erklärte gar nichts: Sie ließ einen im großen ganzen verstehen, was eine Wurzel, nicht aber, was gerade diese Wurzel war. Diese Wurzel — in ihrer Farbe, ihrer Form, ihrer erstarrten Bewegung — überstieg jede Erklärung.*

Und später, auf dem Weg zurück aus dem Park:

> *Die Dinge, man hätte meinen können: Gedanken, die auf halbem Wege stehengeblieben waren, die sich vergaßen, die vergaßen, was sie hatten denken wollen, und die dann so verblieben waren, schwankend, mit einem eigenartigen kleinen Sinn, der über sie hinausging. Dieser kleine Sinn brachte mich auf: Ich konnte ihn nicht verstehen, auch wenn ich sieben Jahre an dieses Tor gelehnt stünde.*

Nun befinden wir uns im Vademecum in der Welt der Erklärungen und Begründungen und nicht in der Welt der Existenz. Und für die Fragen der Übersetzung können wir uns damit begnügen, die Funktion des Ganzen und seiner Teile zu verstehen: die Worte, Wortgruppen, Teilsätze, Sätze, Satzfolgen mit ihrer Bedeutung und ihrer Relevanz für die Bedeutung des Ganzen. Treten wir also wieder die nötigen Schritte zurück, um uns doch ein wenig der Magie des Gegenstands zu entziehen, und versuchen wir die Begriffe, mit denen wir bisher so großzügig hantiert haben, mit Hilfe dieser Textprobe etwas verbindlicher auf den Punkt zu bringen.

Was, ist unsere erste Frage, ist eine Informationseinheit? Angesichts des philosophisch-literarischen Gehalts würden wir natürlich lieber von Sinn und Inhalt sprechen und den Informationsbegriff auf Nachschlagewerke und Gebrauchsanweisungen oder Stücklisten von Warensendungen beschränken. Aber dann waren wir ja schon zu Beginn des Vademecums übereingekommen, Kurs auf die generalisierbaren Erscheinungen des Übersetzens zu nehmen, und dafür müssen wir nun Poetisch-Philosophisches und Nüchtern-Prosaisches erst einmal unter einem Dach unterbringen.

Natürlich könnten wir die Sache jetzt ganz abstrakt deduktiv angehen: Eine Informationseinheit ist eine Maßeinheit für eine Menge von Informationselementen, so wie Sätze eine Maßeinheit für eine Menge von Konstituenten, Strukturteilen von Sätzen, sind. Was Sätze und Konstituenten sind, sollte vernünftigerweise immer in bezug auf eine bestimmte Sprache entschieden werden. Die Kriterien hierfür sind der Grammatik dieser Sprache zu entnehmen. Informationseinheiten betreffen den Inhalt sprachlicher Formen — sollten wir nicht gleich sagen, den Inhalt von Sätzen und Konstituenten, um uns auf die Festlegungen in den Grammatiken stützen zu können?

Unser erstes Beispiel

Die Welt der Erklärungen und Begründungen ist nicht die Welt der Existenz.

scheint die Gleichsetzung von Satz und Informationseinheit zu rechtfertigen. Aber wenn wir in den Text blicken, entdecken wir, daß dieser Satz nach einem Doppelpunkt steht. Zu unserer Überraschung stellen wir fest, daß unser Textausschnitt fast durchweg solche Doppelpunktsätze enthält, von denen bei genauerem Hinsehen auch gar nicht alle als Sätze im grammatischen Sinne bezeichnet werden können.

Im ersten Fall

Die Funktion erklärte gar nichts: Sie ließ einen im großen ganzen verstehen, was eine Wurzel, nicht aber, was gerade diese Wurzel war.

haben wir es, grammatisch gesehen, vor und nach dem Doppelpunkt immerhin noch mit zwei Sätzen zu tun. Und auch das letzte Beispiel

Dieser kleine Sinn brachte mich auf: Ich konnte ihn nicht verstehen, auch wenn ich sieben Jahre an dieses Tor gelehnt stünde.

hat vor und nach dem Doppelpunkt jeweils einen Satz. Daß der zweite Satz seinerseits wiederum aus zwei Teilsätzen, einem Haupt- und einem Nebensatz besteht, entspricht dabei unseren kanonischen Vorstellungen von komplexen Sätzen.

Aber der Satz davor hat mit den anderen Sätzen nur die Interpunktionszeichen gemein. Innerhalb der vom Punkt gesetzten Grenzen wird er nochmals durch einen Doppelpunkt in zwei — und jetzt sagen wir doch lieber allgemeiner — Teile geteilt. Diese Teile sind — grammatisch gesehen — von prinzipiell anderer Art als Sätze. Sie bilden nämlich trotz ihrer Länge und Vielgliedrigkeit alle zusammen nicht mehr als eine nominale Wortgruppe:

Die Dinge, man hätte meinen können: Gedanken, die auf halbem Wege stehengeblieben waren, die sich vergaßen, die vergaßen, was sie hatten denken wollen, und die dann so verblieben waren, schwankend, mit einem eigenartigen kleinen Sinn, der über sie hinausging.

Die Dinge bzw. Gedanken werden durch mehrere nebengeordnete Relativsätze charakterisiert, in denen noch einmal Teilsätze stecken: ein Objektsatz in der Mitte, ein weiterer Relativsatz am Ende und die Gedanken werden mit Hilfe eines parenthetisch eingeschobenen Hauptsatzes den Dingen appositiv zugeordnet. Es ist klar: die Gleichsetzung von Satz und Informationseinheit, mit der wir auf tradiertem Boden gestanden hätten, läßt sich nicht durchhalten, allenfalls in der Form: ein Satz ist eine Informationseinheit, aber nicht in der Form: eine Informationseinheit ist ein Satz.

Denn natürlich wollen wir das letzte Beispiel als eine Informationseinheit ansehen, auch wenn es sich dabei nur um eine nominale Wortgruppe handelt. Letztendlich geht es ja um die Einheiten, die den Textverlauf bestimmen, und da scheint uns der Beitrag der weitverzweigten nominalen Wortgruppe nicht weniger eigenständig als der des letzten Satzpaares aus unserem Ausschnitt. Die Tatsache, daß beide mit einem Punkt abschließen, ist kein Zufall. Nur unsere Vorstellung, daß ein Punkt immer einen Satz abschließt, ist zu einfach.

Vielleicht kommen wir weiter, wenn wir sagen, ein Punkt schließt immer eine Informationseinheit ab. Zumindest für geschriebene Texte hätten wir dann in einem ganz konkreten Sinne Anhaltspunkte für das, was wir als Bezugselemente für die einzelnen Informationselemente brauchen.

Natürlich ist es vor allem Sache des Autors, wie er seine Informationseinheiten wählen möchte. Aber wenn der Autor erst einmal gewählt hat, hat er damit auch die Bezugsgröße festgelegt, auf die hin die Angemessenheit der Informationsverteilung zu beurteilen ist. Auch auf die Gefahr hin, daß das Punktkriterium für eine ernstzunehmende Theorie zu nichtssagend ist, wollen wir die Entscheidungen des Autors respektieren und uns erst einmal an diesem kleinen Zeichen festhalten.

INFORMATIONSELEMENTE

Leider können wir uns bei der Frage nach den Informationselementen, aus denen die Informationseinheiten bestehen, nur noch sehr begrenzt an Interpunktionszeichen halten. Dennoch scheinen uns Doppelpunkte und Gedankenstriche darauf Hinweise zu geben, wie die durch sie in Bezug gesetzten Teile von Informationseinheiten ins Ganze integriert werden sollen. Auch Kommas haben eine solche gliedernde Funktion innerhalb von Informationseinheiten. Sie sind jedoch wesentlich stärker von grammatischen als von informationellen Eigenschaften abhängig.

Aber jetzt lassen wir uns doch schon wieder viel zu sehr ins Korsett der sprachlichen Formen zwingen. Die Informationselemente, die wir brauchen, müssen ja gerade von einer variablen Art sein, damit wir sie aus der besonderen sprachlichen Form des Originals in die bestmögliche Paraphrasenform der Zielsprache übersetzen können. Das einfachste ist also, festzulegen, daß ein Informationselement durch nichts anderes gekennzeichnet ist als durch seine Zugehörigkeit zu einer Informationseinheit. Größe und Art der sprachlichen Struktur, in der es sich präsentiert, können beliebig variieren.

Die detaillierte Beschreibung der sprachlichen Form und der Art und Weise, wie sich ihr Inhalt als Ganzes aus dem

Inhalt der einzelnen Teile aufbaut, lassen wir uns von der Sprachwissenschaft besorgen. Wir wissen, daß wir der Sprachwissenschaft da einiges abverlangen und daß der Gegenstand, je näher man ihm kommt, um so vielschichtiger wird; aber dann ist es ja das erklärte Ziel der Wissenschaft von der Sprache, ihren Gegenstand in der Welt der Erklärungen und Begründungen in allen Einzelheiten abzubilden. Wir sollten uns im Vademecum bequem zurücklehnen und zu den Fragen, die uns aus der Sicht der Übersetzung am meisten interessieren, verbindliche Angebote unterbreiten lassen.

Nur, schon ein flüchtiger Blick auf solche Angebote sagt uns, daß aus dem bequemen Leben nichts wird. Die Modelle, zwischen denen wir wählen sollen, lassen sich bei weitem nicht so leicht vergleichen wie Kleider oder Autos. Letztendlich kommt es zwar nur darauf an, daß auch die sprachwissenschaftlichen Modelle halten, was sie versprechen, aber wir können uns von dem, was die verschiedenen Modelle darstellen, gar kein Bild machen, wenn wir sie nicht verstehen.

Und da sind wir nun bei einem ziemlich unschönen Problem angekommen. Selbst wenn man einmal davon absieht, daß sich viele Modelle schlecht miteinander vergleichen lassen, weil das von ihren Erfindern gar nicht vorgesehen ist, sind gerade die verbindlichen, am ehesten vergleichbaren Modelle nur den Spezialisten noch verständlich. Da bleibt uns im Vademecum gar nichts anderes übrig, als uns dem Urteil der Spezialisten anzuvertrauen und das Angebot zu wählen, das uns für unsere Zwecke am besten geeignet erscheint. Für alle diejenigen, die noch Genaueres zu den wichtigsten technischen Details unseres Modells nachlesen möchten, steht ja am Ende des Vademecums das Glossar, das den sprachwissenschaftlichen Hintergrund unserer Wanderungen zwischen Original und Übersetzung ein wenig aufzufüllen erlaubt.

DER SCHWERPUNKT
UND SEIN HINTERGRUND

Schon der nächste Begriff auf unserer Problemliste, der Informationsschwerpunkt, läßt sich nicht mehr an so einfachen Kategorien wie einem Punkt oder gar an einem beliebigen Strukturteil festmachen. Zunächst einmal halten wir uns an das, was das Wort nahelegt: es geht um den Schwerpunkt einer Information, also um das Element, das wichtiger ist als die anderen Elemente der Informationseinheit.

Da stocken wir schon und fragen uns, ob es denn *den* Schwerpunkt einer Informationseinheit überhaupt gibt. Muß es denn gerade einer sein? Können es nicht auch mehrere sein? Oder vielleicht auch gar keiner? Etwa wenn alles gleich wichtig ist? Was ist ein Informationsschwerpunkt? Wie unterscheidet sich das Element, das wir für einen Schwerpunkt halten, von den anderen Elementen der Informationseinheit? Woran kann ich es erkennen?

Auf unsere kurzen Beispielsätze bezogen, schien uns diese Frage nicht allzu schwierig zu sein; aber einen gemeinsamen Nenner für alle bisherigen Beispiele zu finden, auch die komplexen, dürfte schon wesentlich schwieriger sein, und einen, der alles erfaßt, was uns noch so begegnen kann, da stellen sich bei uns nun doch schon ziemlich starke Zweifel ein, ob das überhaupt machbar ist.

Zunächst würden wir wohl sagen, daß in *Ich liebe dich*, *liebe* das Wichtigste ist; aber im Vergleich zu *Ich liebe euch alle* ist es dann doch wieder *dich*. Wogegen *Niemand liebt ihn* sogar *ihn* und *niemand* als Schwerpunkt haben könnte.

Da sind wir jetzt unterderhand einer Spielregel gefolgt, die wir schon aus den Sätzen über den Regen kennen und ohne die sich tatsächlich kein Informationsschwerpunkt bestimmen läßt: Wir haben jeden Satz immer auf dem Hintergrund des Vorangegangenen interpretiert. Wir hatten so in unserem Modell vom Regen die Anknüpfungspunkte ausfindig gemacht, das, was durch den jeweiligen Vorgängersatz für jeden Folgesatz als Hintergrund gegeben war.

Auf dem Hintergrund dessen, was uns durch das Vorangegangene bekannt ist, läßt sich dann auch meist ganz gut ausrechnen, was das Wichtigste in einem Satz ist. Dabei können die Zusammenhänge allerdings um einiges weniger direkt sein, als dies in unseren kurzen Sätzen über den Regen der Fall war. Unmittelbar vor den beiden alternativen Welten der Erklärungen und der Existenz, zum Beispiel, stehen die Sätze:

Natürlich wußte ich nicht alles, hatte nicht den Keim sich entwickeln und den Baum wachsen sehen, aber angesichts dieser dicken, runzeligen Klaue verlor das Wissen wie das Nichtwissen seine Bedeutung: Die Welt der Erklärungen und Begründungen ist nicht die Welt der Existenz.

Das Wissen über das Wachstum von Bäumen oder über das Wachstum dieses einen Baums gehört zur Welt der Erklärungen und Begründungen. Ich sehe seine Zweige und weiß, dies ist ein alter Kastanienbaum, weil ich weiß, daß es nur die Zweige von großen, alten Kastanienbäumen sind, die mich an die Arme der Barockleuchter in den Domen erinnern; ich weiß, daß die starre, schwarze Schlange zu meinen Füßen eine Wurzel ist und daß es eine Wurzel dieses Kastanienbaums sein muß, weil da kein anderer Baum in der Nähe ist; ich weiß nicht, warum die Wurzel gerade hier sichtbar wird und warum sie überhaupt sichtbar wird; ich weiß etwas über Wurzeln im allgemeinen, aber nichts über die Wurzeln von Kastanienbäumen und nichts über die Wurzeln dieses Kastanienbaums und nichts über diese Wurzel.

Aber was ich weiß und was ich nicht weiß, gehört alles zur Welt der Erklärungen und Begründungen, in den Thesaurus meines begrifflichen Denkens, in dem die Dinge und Sachverhalte ihre Einzigartigkeit eingebüßt haben, und damit gerade das, was die Welt der Existenz ausmacht, was erfahrbar, aber nicht erklärbar ist. Die Welt des Wissens gehört zur Welt der Erklärungen und Begründungen. Indem der vorangegangene Satz von Wissen spricht, spricht er von der Welt der Erklärungen und Begründungen. Wenn ihr im nächsten Satz die Welt der Existenz entgegengesetzt wird, wird die Welt des Wissens, die Welt der Erklärungen und Begründungen zum Hintergrund. Auf diesen Hintergrund bezogen, ist dann die Welt der Existenz gut als Schwerpunkt erkennbar. Dies alles ist eine Rechnung auf der Grundlage von Inhalten.

Die inhaltliche Beziehung im Sinn, präsentiert der Autor den Satz so, daß er vom Hintergrund her aufgebaut wird; er beginnt mit dem Hintergrund und endet mit dem Schwerpunkt:

Die Welt des Wissens/die Welt der Erklärungen und Begründungen ist nicht die Welt der Existenz.

Aber das muß nicht so sein; der Autor hätte auch sagen können:

Die Welt der Existenz ist nicht die Welt der Erklärungen und Begründungen.

Ist nicht *zwölf plus sechs gleich achtzehn* und *achtzehn gleich zwölf plus sechs?*
Logisch gesehen, rechnerisch, gewiß. Aber irgend etwas ist doch anders, und das ist — wir ahnen es auf dem Hintergrund des Vorangegangenen — die Sache mit dem Schwerpunkt. Wenn wir den vorangegangenen Text nicht kennen, wechselt der Schwerpunkt offensichtlich mit der Anordnung, von der Welt der Existenz auf die Welt der Erklärungen und Begründungen.
Da gibt es also eine Art Eigenleben der Sätze, wo nicht der Bezug nach außen, sondern die Anordnung im Satz selbst darüber entscheidet, was wir als Schwerpunkt verstehen wollen. Das Eigenleben des Satzes legt den Schwerpunkt — wenn nichts Gegenteiliges bekannt ist — ans Ende. Oder anders ausgedrückt, was am Ende steht, wird von uns als Schwerpunkt interpretiert.
Was wirklich Schwerpunkt sein soll, entscheidet natürlich der Autor. Nur, der Autor, auch der bedeutendste, tut gut daran, das Eigenleben der Sätze zu berücksichtigen und den Schwerpunkt so zu plazieren, daß ihn der Leser leicht identifizieren kann.

Wenn wir den Vorgängertext kennen, können wir den Hintergrund inhaltlich identifizieren und etwaige Fehler in der Interpretation wenigstens nachträglich korrigieren:

... verlor das Wissen wie das Nichtwissen seine Bedeutung: Die Welt der Existenz ist nicht die Welt des Wissens.

Aber in dieser Abfolge verläuft der Satz gegen unsere Erwartung, und wir brauchen ein bißchen länger, um seine Bedeutung mit dem Inhalt des Vorangegangenen zu verrechnen. Der Satz ist so — gegen die Erwartung angeordnet — schwerer zu verstehen. Für den zusätzlichen Verarbeitungsaufwand einer umgekehrten Reihenfolge müßte es schon besondere Gründe geben, und, wenn möglich, noch irgendwelche Anzeichen, sprachliche Indikatoren, die uns von Anfang an auf den richtigen Weg bringen.

Zunächst können wir aber doch davon ausgehen, daß das Muster »Hintergrund, Schwerpunkt« ziemlich weit verbreitet ist. Auch in den nächsten Textausschnitten beginnt jeweils der zweite Satz mit dem Informationselement, von dem gerade noch die Rede war:

... was gerade diese Wurzel war. Diese Wurzel — in ihrer Farbe, ihrer Form, ihrer erstarrten Bewegung ...

mit einem eigenartigen kleinen Sinn, der über sie hinausging. Dieser kleine Sinn brachte mich auf: Ich konnte ihn nicht verstehen ...

Die kontextuelle Verankerung des Hintergrunds ist in diesen Fällen, in denen der jeweilige sprachliche Ausdruck wiederholt wird, nicht zu übersehen. Die wörtliche Wiederaufnahme ist allerdings wegen der kurzfristigen Wiederholung gleicher Formen keinesfalls die bevorzugte Variante des Hintergrunds. Eher schon wird auf Vorangegangenes pronominal, also durch sprachliche Stellvertreter Bezug genommen, oder eben, wie im Fall von Wissen und Erklärung, durch Elemente aus derselben Welt.

So unmittelbar einleuchtend uns diese Art der Präsentation erscheint, erst die Grundierung, dann das Porträt, zuerst die Datei, mit der wir schon arbeiten, dann das, was wir hinzufügen möchten — das Ganze spielt sich im Medium Sprache ab und unterliegt damit besonderen Bedingungen: nicht nur dem, was einen Satz von einem Bild unterscheidet, sondern auch dem, was einen Satz einer Sprache von einem Satz einer anderen Sprache unterscheidet. Und das führt dann dazu, daß in einer Sprache wie dem Englischen die umgekehrte Anordnung wesentlich häufiger vorkommt als, zum Beispiel, im Deutschen. Wir werden uns damit noch ausführlich beschäftigen.

REKURSION

Kurze und einfache Sätze, sagen wir uns, sind beim Übersetzen wirklich die Ausnahme. Sie sollten uns ja nur den Einstieg in eine etwas systematischere Betrachtung unserer Schlüsselkonzepte erleichtern. Aber nun fragen wir uns doch besorgt, ob die schöne Zweigliedrigkeit unserer Informationsstruktur etwa nur das Spiegelbild der beiden Satzglieder vor und nach dem Verb ist. Muß nicht die Informationsstruktur komplexerer Sätze automatisch mehr als zwei Glieder enthalten? Brauchen wir vielleicht neben Hintergrund und Schwerpunkt — abgesehen vom Einstellungsrahmen — noch weitere Kategorien für die Beschreibung von Informationsstrukturen?

Sehen wir uns den nächsten, schon wesentlich komplexeren Satz einmal an. Da wäre zunächst festzustellen, daß der Satz nach dem *nichts* nur durch einen Doppelpunkt von seinem Vorgänger getrennt ist, womit beide Sätze eine Informationseinheit bilden.

> *Die Funktion erklärte gar nichts: Sie ließ einen im großen ganzen verstehen, was eine Wurzel, nicht aber, was gerade diese Wurzel war.*

Der Frage, ob und wie sie miteinander informationell zu verrechnen sind, fühlen wir uns noch gar nicht gewachsen. Aber auch ohne den Satz vor dem Doppelpunkt scheint uns die Sache recht unhandlich, und wir schneiden uns erst einmal ein besser überschaubares Stück heraus, sagen wir:

Sie ließ einen verstehen, was eine Wurzel war.

Das Objekt des Verstehens wird hier nicht durch ein Wort oder eine Wortgruppe, sondern durch einen Satz bestimmt. Dieser erscheint wegen seines strukturellen Gewichts erst hinter dem Hauptverb, das ja sonst selbst am Ende des Satzes stünde.

Wenn wir den Objektsatz und seinen Matrixsatz, das heißt die Struktur, in die er eingebettet ist, miteinander vergleichen, dann kommt dem Objektsatz nicht nur strukturell, sondern auch informationell mehr Gewicht zu als dem Matrixsatz. Letzterer ist ja, abgesehen vom indefiniten pronominalen Objekt *einen*, nur so etwas wie eine Paraphrase des Vorgängersatzes: *Die Funktion erklärt — die Funktion läßt uns verstehen*. Damit ist der Matrixsatz als Hintergrund anzusehen, während der Objektsatz eindeutig Schwerpunkt des Satzes ist.

Die Verteilung ändert sich auch nicht, wenn wir unsere Klammer wieder aufmachen. Nur daß jetzt die Beziehung zwischen Schwerpunkt und Hintergrund durch das Adverbial *im großen ganzen* modifiziert ist und der Schwerpunkt noch eine Art Verdoppelung erfährt:

Sie ließ einen im großen ganzen verstehen, was eine Wurzel, nicht aber, was gerade diese Wurzel war.

Mit dem *nicht aber* wird die Beziehung zum Hintergrund in ihr Gegenteil umgemünzt, und das *gerade* hebt den zweiten Schwerpunkt, also den, der vom Hintergrund nicht gilt, noch einmal besonders hervor.

Die Rede ist im ersten Schwerpunkt von der Klasse der Wurzeln, also von dem abstrakten Konzept, das wir von Wurzeln haben, im zweiten Schwerpunkt von der konkreten Wurzel zu den Füßen des Erzählers. Die Gegenüberstellung betrifft weniger die Wurzel als ihre Existenz, also das, was auf *diese* Wurzel zutrifft, aber nicht auf Wurzeln schlechthin. Der zweite Schwerpunkt liegt damit eigentlich genau auf *diese* und *diese* wird von *gerade* hervorgehoben; die restliche Struktur ist nur eine Wiederholung der Struktur aus dem ersten Schwerpunkt — wobei allerdings das *war* erst im zweiten Objektsatz ausbuchstabiert wird.

Da kommen wir nun wohl nicht darum herum anzunehmen, daß auch der zweite Objektsatz aus Hintergrund und Schwerpunkt besteht. Dennoch — das Prinzip der Zweigliedrigkeit behält seine Gültigkeit. Es führt nur durch die Möglichkeit wiederholter Anwendung, durch *Rekursion,* zu komplexeren Strukturen.

Aber ganz so schnell entläßt uns der Satz dann doch nicht. Wenn es sich hier um zwei Schwerpunkte handelt, müßten sie nicht auch in umgekehrter Anordnung präsentierbar sein?

Die Funktion erklärte gar nichts: Sie ließ einen nicht verstehen, was gerade diese Wurzel war, im großen ganzen aber, was eine Wurzel war.

Da haben wir nun deutlich das Pferd vom Schwanz aufgezäumt. Bei dem Versuch, den Satz auszusprechen, verheddert man sich geradezu in den Betonungen. Am liebsten würden wir das *eine* in *eine Wurzel* betonen und ihm noch zur Hervorhebung das *gerade* oder ähnliches voranstellen, wenn uns nicht der logische Salat, der dabei entstünde, davon abhielte.

Überdies haben wir den deutlichen Eindruck, daß die beiden Schwerpunkte ein ungleiches Paar bilden, das informationelle Gewicht *einer Wurzel,* also der Klasse von Wurzeln, geringer ist als das *dieser Wurzel.* Es ist *diese* Wurzel, die durch ihre Funktion nicht erklärbar ist, deren Existenz das Geheimnis darstellt, das wir nicht verstehen, sondern nur erfahren können. Es ist *diese* Wurzel, die der abstrakten Klasse von Wurzeln den Rang abläuft, den höchsten Informationswert und damit die Position am Ende des Satzes beansprucht.

Auf diese Weise gerät unsere schöne zweigliedrige Informationsstruktur aus Hintergrund und Schwerpunkt nun doch noch aus dem Rhythmus: Es kann mehrere Schwerpunkte in einem Satz geben, und die können von unterschiedlicher Wichtigkeit sein. Damit sind wir beim dritten Eintrag unserer terminologischen Liste angekommen: beim Informationswert.

INFORMATIONSWERTE

Ein bißchen kommen wir uns jetzt vor wie Alice, die nach Leibeskräften hinter der Schwarzen Königin herrennt, um sich dann erschöpft und atemlos unter demselben Baum sitzend wiederzufinden. Wozu haben wir uns überhaupt erst auf den Unterschied zwischen Hintergrund und Schwerpunkt eingelassen, wenn wir dann am Ende noch eine ganz andere Verrechnungseinheit brauchen?

Daran, daß wir sie brauchen, kann leider kein Zweifel bestehen. Wenn wir uns an die drei Übersetzungsbeispiele erinnern, an denen wir das Wasserzeichen entdeckt und studiert hatten, so müssen wir uns eingestehen, daß wir davon bisher, genaugenommen, nur einen Fall mit unserem Instrumentarium erfassen können.

Nur im Satz über die Schwierigkeiten hatte die Linksverschiebung direkt die Abfolge von Schwerpunkt und Hintergrund betroffen. In der Analogvariante

Es gibt vor allem zwei Gründe für diese Schwierigkeiten.

hatte der Hintergrund rechts vom Schwerpunkt gestanden, was in der linksperipheren Sprache des Originals angemessen sein mag, in der rechtsperipheren Sprache der Übersetzung aber umgekehrt besser ist:

Dafür gibt es vor allem zwei Gründe.

Die Dinge sind weniger klar im Fall des Satzes, der am Anfang eines Romans steht. Aus der Analogvariante

Der Junge war wieder da an diesem Abend.

wird zwar, rein topographisch, durch dieselbe Linksverschiebung eine Paraphrase mit rechtsperipherem Schwerpunkt:

An diesem Abend war der Junge wieder da.

Wir wissen aber nicht, ob dies auch, wie im ersten Beispiel, die Anordnung von Schwerpunkt und Hintergrund betrifft, da es zu einem ersten Satz keinen Vorgänger gibt und die Autorin alle Satzglieder als bereits gegeben präsentiert. Wenn wir uns an die Zielvariante im Deutschen halten, scheint der Abend als Hintergrund zu dienen; im Original aber — wie in der Analogvariante — der Junge. Oder vielleicht doch auch der Abend? Wenn der Satz über die Schwierigkeiten im Englischen mit dem Hintergrund endet, könnte dies ja als Besonderheit einer linksperipheren Sprache öfters vorkommen.

Nur, unser drittes Beispiel läßt sich partout nicht mehr über diesen Leisten schlagen. Wenn es da in der Analogvariante heißt

... es sind Proteine, die Zellen widerstandsfähig gegen verschiedene Arten von Viren machen, indem sie sie zur Produktion neuer Proteine anregen.

dann läßt sich der zum Prädikat umgeformte Adverbialsatz in

... es sind Proteine, die Zellen zur Produktion neuer Proteine anregen und damit gegen verschiedene Arten von Viren widerstandsfähig machen.

nun wirklich nicht mehr als Hintergrund deuten. Auch ohne den Vorgängertext zu kennen, sind wir sicher, daß die Information aus dem Adverbialsatz einen Teil des Schwerpunkts bildet, der die *Proteine* charakterisiert. Wenn wir die Reihenfolgeveränderung möglichst allgemein beschreiben wollen, dann könnten wir allenfalls sagen, daß der Schwerpunkt aus zwei Informationselementen besteht, die in der Zielvariante umgestellt worden sind. Dabei läßt sich zwischen den beiden Elementen noch ein Unterschied im Informationswert ausmachen. Beide Elemente tragen zur Charakterisierung von Proteinen bei, sind aber hierfür keinesfalls gleich wichtig. Für die Bestimmung der Proteine könnten wir notfalls sogar auf das umgestellte Element verzichten. Das eigentlich relevante Bestimmungsstück ist das Element, dem die Zielvariante die Position rechts außen sichert.

Da haben wir nun, wie es scheint, zwei Maße für das Wasserzeichen: die rechtsperiphere bzw. linksverzweigende Ausrichtung der deutschen Grammatik findet ihre Entsprechung in der Vorliebe für rechtsperiphere Informationsstrukturen, in denen der Schwerpunkt oder das Informationselement mit dem höchsten Informationswert am Satzende erscheinen. Aber halt, der Schwerpunkt ist doch das Informationselement mit dem höchsten Wert!

Wie wichtig auch immer der Hintergrund für das Ganze ist, der Schwerpunkt hat per definitionem den höheren Informationswert, und der Hintergrund, zu dem der Schwerpunkt in Beziehung gesetzt wird, hat immer den niedrigeren Wert. Er ist das, was an dieser Stelle des Texts schon zu unseren Vorstellungen gehört, in der Regel auch mehr gegenwärtig ist als andere Teile unseres Wissens. Selbst ein Hintergrund, der — wie in dem Satz über den Jungen — nur als bekannt deklariert wird, in Wirklichkeit aber neu ist, hat einen im Verhältnis zum Schwerpunkt niedrigeren Wert.

Dasselbe gilt für jene Fälle, in denen jedes Informationselement als unbekannt ausgewiesen ist. Auch das Märchen, das mit dem Satz beginnt

In einem Dorf lebten ein Blinder, ein Tauber und ein Beinloser.

beginnt mit einer Informationseinheit aus Hintergrund und Schwerpunkt und einer entsprechenden Hierarchie der Informationswerte: die drei Akteure, der höhere Wert, vor dem Hintergrund ihres Dorfs mit dem niedrigeren Wert. Hintergrund und Schwerpunkt bestimmen sich immer relativ zueinander, und relativ zueinander kommt ihnen eben auch immer ein niedrigerer bzw. ein höherer Informationswert zu.

Für die Fälle, in denen das Wasserzeichen Hintergrund und Schwerpunkt betrifft, bleibt es sich gleich, ob wir das Element am rechten Rand der Zielvariante als Schwerpunkt oder als höchsten Informationswert beschreiben. Aber für alle anderen Fälle brauchen wir eine weitergehende Differenzierung der Informationsstruktur, die es uns erlaubt, zwischen mehreren Werten zu unterscheiden, auch ohne von der Hintergrund-Schwerpunkt-Figur Gebrauch zu machen.

Wenn wir die Informationswerte einfach durchnumerieren und dem höchsten Wert die Zahl 1 zuordnen, läßt sich das Wasserzeichen in allen drei Sätzen — mit ♯ als Zeichen für die Satzgrenze — auf einen einheitlichen Nenner bringen: aus

♯ ... 1 ... ♯

wird:

♯ ... 1 ♯

Na, in solch dünner Luft halten wir uns nicht länger auf als unbedingt nötig. Natürlich hören die Fragen der Weißen Königin nie auf, aber schließlich bestimmen wir das Spiel selbst und finden, daß wir unsere informationellen Meßinstrumente fürs erste ausreichend geeicht haben. Jetzt lassen wir uns erst einmal wieder von ein paar übersetzerischen Sehenswürdigkeiten anregen.

Figuren

MÄUSESCHWANZSÄTZE

In einem kostbar bebilderten Katalog über Venedig lesen wir über die Anfänge der Stadt:

Reich an Fischen und Wildpret, mit einem ziemlich milden Klima, das den Wuchs der Gartenprodukte förderte, war die Lagune eine nicht allzu freigebige, aber doch sichere Mutter und Ernährerin für jene erste Bevölkerung, die sich selbst regierte mit einem militärischen Tribunen, der von Byzanz abhing, als der römische Kaiser in den Orient übersiedelte.

Mit etwas gutem Willen arbeiten wir uns durch die Szenerie bis zu jener ersten Bevölkerung, die sich in einiger Sicherheit an ihren Fischen und Gartenprodukten erfreuen konnte, aber spätestens an der Stelle, wo wir die Bevölkerung mit ihrem Tribun ins Verhältnis setzen müssen, um dann noch Byzanz, den römischen Kaiser und den Orient einzubeziehen, fällt uns die weitschweifige Geschichte der Maus in *Alice im Wunderland* ein, die mit jeder Krümmung im Schwanz der Maus buchstäblich dünner und dünner wird.

Der Eindruck, daß da immer noch eine Krümmung kommt, hängt mit den vielen Teilsätzen zusammen. Daß sich aber das Ganze irgendwie perspektivisch zu verjüngen scheint, hat etwas mit den abnehmenden Informationswerten dieser Teilsätze zu tun. Wir erfahren über die ersten Bewohner Venedigs, daß sie sich selbst regieren, und dazu noch so nebenbei allerlei über die Form dieser Regierung und ihre Abhängigkeit von den politischen Geschehnissen jener Zeit. Die relative Unwichtigkeit dieser zusätzlichen Informationen, die durch die syntaktische Unterordnung der Teilsätze signalisiert wird, entspricht dem weiteren Textverlauf, wo Kaiser und Tribun, Byzanz und Orient keine Rolle mehr spielen.

Für solche zusätzlichen, für den Textverlauf weniger wichtigen Informationen hat man in der Textlinguistik, also der Sprachwissenschaft, die sich mit dem Aufbau von Texten beschäftigt, die Bezeichnung *Seitenstruktur* eingeführt. Seitenstrukturen eines Texts haben per definitionem einen niedrigeren Informationswert als die Hauptstrukturen des Texts. Genau auszubuchstabieren, was eine Seitenstruktur und was eine Hauptstruktur ist, ist eine ziemlich knifflige Angelegenheit, vor allem, weil hier recht verschiedene Aspekte miteinander zu verrechnen sind. Da wir aber eine erstaunlich zuverlässige Intuition darüber zu haben scheinen, halten wir uns zunächst einmal an unser Anschauungsmaterial und verzichten auf ehrgeizige Theoriebildungen.

Einen Versuch, das Mäuseschwanzphänomen zu erklären, können wir dennoch schon einmal riskieren. Nach allem, was wir bisher über die rechtsperiphere Stellung des informationellen Höhepunkts am Ende des deutschen Satzes wissen, ist es nicht weiter verwunderlich, daß sich bei einer Folge von Seitenstrukturen am Ende des Satzes der Eindruck einer zunehmenden perspektivischen Verjüngung aufdrängt.

Einmal aufmerksam geworden auf dieses Phänomen, stellen wir fest, daß es sich hierbei um eine recht weit verbreitete Eigenschaft von mißglückten Übersetzungen ins Deutsche handelt, wenn auch nicht alle Beispiele die schöne Weitschweifigkeit des Satzes über die Anfänge Venedigs haben. Natürlich sind wir im Deutschen nicht prinzipiell gegen Seitenstrukturen am Satzende. Gerade im Bereich von Teilsätzen ist es nicht selten notwendig oder zumindest empfehlenswert, eine strukturell lange Ergänzung, etwa einen Attributsatz des Subjekts oder Objekts, hinter das Verb zu stellen. Ganz allgemein reicht die Palette der Bedingungen für einen niedrigeren Informationswert am Ende des deutschen Satzes von den wenigen Fällen, in denen er sogar bevorzugt wird, über die, in denen er ohne weiteres toleriert werden kann, bis zu immer drastischeren Erscheinungen von Mäuseschwanzsätzen.

Wenn wir in der Baugeschichte des Münsters von Straßburg lesen

> *Im Jahre 1235 wurde der Grundstein für das Hauptschiff gelegt, das in den folgenden 40 Jahren in reinem gotischen Stil erbaut wurde, mit kühnen Spitzbogengewölben, die auf schlanken Bündelpfeilern ruhen, untergliedert von farbigen Glasfenstern.*

dann hätten wir selbst das doch lieber anders dargestellt, sind aber angesichts der atemberaubenden Schönheit von Spitzbogengewölben, Bündelpfeilern und Glasfenstern bereit, die perspektivische Verjüngung in der grammatischen Struktur zu tolerieren. Aber schon im nächsten Satz bekommen wir von der hartnäckig verdrehten Perspektive den deutlichen Eindruck, daß der Übersetzer seinem wunderbaren Gegenstand wirklich nicht gerecht wird:

> *Nach beinahe 200 Jahren seit Beginn der Arbeiten war der Bau des Münsters im Jahre 1365 vollendet, als die reichgeschmückte Hauptfassade fertiggestellt war, eingerahmt von den zwei seitlichen Türmen.*

Was soll, nach dem Abschluß von 200 Jahren Arbeit, der Hinweis auf die zwei seitlichen Türme an der Stelle, wo wir im Deutschen den Höhepunkt des Satzes erwarten?

Das Phänomen der unpassenden perspektivischen Verjüngung ist nur eine der vielen Varianten von Übersetzungen, die, das können wir wohl unterstellen, mit der Anordnung ihrer Satzglieder zu nah am Original bleiben und damit die für das Deutsche angemessene Informationsstruktur verfehlen. Da die Reihenfolge von Satzgliedern nicht nur eine einfache Aneinanderreihung bedeutet, sondern immer mit einer bestimmten Form der syntaktischen Integration ins Satzganze verbunden ist, ist die unangemessene Reihenfolge nur selten durch eine einfache Umstellung zu korrigieren. Das gilt besonders von so komplexen Sätzen wie denen zum Bau des Straßburger Münsters und den Anfängen der Stadt Venedig. Um die wichtigste Information ans Satzende und weniger wichtige von dort weg zu bekommen, sind über die Umstellung hinaus oft ziemlich komplexe Strukturveränderungen notwendig. Selbst die grundsätzliche Richtung des Verschiebebahnhofs, die weniger relevante Informationselemente beim Übersetzen ins Deutsche nach links versetzt, muß nicht auf jeden Fall zutreffen. Bei geeigneter syntaktisch-lexikalischer Markierung können auch im Deutschen informationell schwächere Elemente am Satzende stehen. Und schließlich können sogar die Satzgrenzen selbst verschoben werden, ein nicht so häufiges, aber wirksames Mittel, das wir uns am Ende des Vademecums noch ganz ausführlich ansehen wollen. Doch jetzt beginnen wir erst einmal mit den einfachen Fällen der Umstellung.

WIE WEIT DENN?

Im zweiten Satz des Hemingway-Abschnitts, von dem wir am Anfang des Vademecums gesprochen haben, erinnert uns der Autor, daß es die Gedanken des alten Mannes sind, die wir lesen:

> *They don't see it ashore because they don't know what to look for, he thought.*

Gerade dieser Umstand ist uns aber, im Unterschied zu dem, was der alte Mann denkt, ohnehin gegenwärtig. *He thought* ist also, so gesehen, eine Seitenstruktur des Textabschnitts und damit für das Ende des deutschen Satzes nicht besonders geeignet. Wenn wir nun *dachte er* in der bevorzugten Übersetzungsvariante an einer früheren Stelle als im Original finden, fühlen wir uns voll bestätigt:

> *Auf dem Lande sehen sie es nicht, dachte er, weil sie nicht wissen, woran sie sich halten sollen.*

In der analogen Endstellung hat der strukturelle Winzling das ganze Gewicht der anderen drei Teilsätze gegen sich:

Auf dem Lande sehen sie es nicht, weil sie nicht wissen, woran sie sich halten sollen, dachte er.

Wir können uns nur wundern, daß ein solches eklatantes Mißverhältnis offensichtlich im Englischen nicht stört. Aber dann wissen wir ja, daß die Richtung der Informationsstruktur im Englischen gerade umgekehrt verläuft, und wenn dort das weniger Wichtige erst nach dem Wichtigen steht, ist der Nachtrag am Satzende nichts, was den Erwartungen zuwiderliefe.

Natürlich würden wir über das Ziel hinausschießen, wenn wir annähmen, daß die deutsche und die englische Informationsstruktur einfach spiegelbildlich umgekehrt verlaufen. An der Reihenfolge zwischen Hauptsatz und Adverbialsatz des kausalen Satzgefüges etwa ändert sich gar nichts. Sowohl im englischen Original wie in der deutschen Zielvariante kommt zuerst das Unvermögen der Leute auf dem Lande, einen Sturm vorherzusagen:

Auf dem Lande sehen sie es nicht,

dann der Grund für dieses Unvermögen:

weil sie nicht wissen, woran sie sich halten sollen.

Welcher Typ von Ergänzung, Objekt oder Adverbial, fest oder frei, Phrase oder Satz, unter normalen, neutralen Bedingungen an welcher Stelle im deutschen und englischen Satz erscheint und unter welchen Bedingungen diese Position aufgegeben werden kann oder muß, ist eine komplizierte und im Vademecum ganz gewiß nicht umfassend zu behandelnde Frage. Da setzen wir uns lieber der Gefahr aus, unsere Annahmen könnten sich bei weiteren Beispielen schließlich doch noch widersprechen, als daß wir uns auf mehr als eine exemplarische Betrachtung der Zusammenhänge einlassen wollen.

Aber was die Stellung des *he thought* bzw. *dachte er* betrifft, sind wir uns immerhin einig, daß die Position zwischen dem Haupt- und Nebensatz im Deutschen besser ist als die Endposition — was immer der Grund für die

Endposition im englischen Original gewesen sein mag. Schließlich könnte das *he thought* ja auch im englischen Original zwischen dem Haupt- und Nebensatz gestanden haben:

> *They don't see it ashore, he thought, because they don't know what to look for.*

Da ziehen wir uns zunächst einmal einfach auf unsere Aufgabe als Übersetzer zurück. Die Entscheidungen des Autors haben wir nicht zu verantworten.

Aber auch in unserer bescheidenen Rolle als Übersetzer haben wir die Angelegenheit bisher nur bis zu dem Punkt geklärt, der uns veranlaßt hat, das Ende des Satzes von der Seitenstruktur freizumachen. Wir haben die einfachste Lösung im Rahmen der grammatischen Möglichkeiten gewählt und den Bezug auf den alten Mann vor den kausalen Nebensatz geschoben.

Wir hätten ihn aber auch an den Anfang des ganzen Gedankens stellen können. Die Paraphrase würde dann so aussehen:

> *Er dachte, auf dem Lande sehen sie es nicht, weil sie nicht wissen, woran sie sich halten sollen.*

Vielleicht wäre das besser als die analoge Endposition, aber so gut wie die Mittelposition ist es auf keinen Fall. Warum das so ist, wissen wir nicht, aber daß auch die einfache Lösung, die Umstellung, nicht beliebig gehandhabt werden kann, ist keine Frage.

Wir könnten unsere Freiheit, die Reihenfolge zu ändern, ja erst einmal versuchsweise einschränken und sagen: Nicht weiter weg als unbedingt nötig. In unserem Beispiel käme dann noch die Stelle vor dem indirekten Fragesatz in Betracht:

> *Auf dem Lande sehen sie es nicht, weil sie nicht wissen, dachte er, woran sie sich halten sollen.*

Das scheint uns aber, vielleicht sogar grammatisch, nicht sehr gelungen. Viel lieber gehen wir eben mit unserem

Einschub noch eine Hausnummer weiter — da fällt unser Blick auf den ersten Teil des Satzes, und nun wissen wir endgültig, daß unsere Einschränkung nichts taugt. Das Lokaladverbial hat seinen Platz am Ende des Satzes zugunsten des negierten Verbs geräumt und befindet sich nun am Satzanfang:

Auf dem Lande sehen sie es nicht, ...

Grammatisch gesehen könnte die Ortsbestimmung aber auch viel näher an der analogen Position bleiben:

Sie sehen es auf dem Lande nicht, ...

Nur, das finden wir nicht so gut wie die Zielvariante mit der Lokalbestimmung am Anfang. Wenn wir da vorhin gesagt haben: »nicht weiter weg als nötig«, dann ist das »nötig« ganz offensichtlich nicht nur grammatisch zu verstehen.

KONVEXE UND KONKAVE FIGUREN

Was wir bisher über die Richtungsunterschiede zwischen der englischen und deutschen Informationsstruktur wissen, reicht nicht aus, um zu erklären, warum wir einmal eine weitere, ein andermal eine kürzere Umstellung bevorzugen. Wenn wir jetzt noch die beiden Varianten des kürzeren, damit leichter überschaubaren Satzes miteinander vergleichen, dann scheint uns die weniger gute Version im Prädikat trotz der Kürze ziemlich vollgestopft:

Sie sehen es auf dem Lande nicht, ...

Den zwei kleinen Pronomen, die das Verb umrahmen und gerade mal als strukturelle Haken für das Kommende dienen, folgen zwei relativ fette Elemente mit deutlichem Eigengewicht; letzteres ist schon allein daran abzulesen, daß, wenn wir uns den Satz laut vorlesen, jedes der fetten Elemente, *auf dem Lande* und *nicht,* eine eigene Betonung erhält.

Unsere intuitive Bewertung der Informationselemente wird voll bestätigt, wenn wir uns noch einmal den Vorgängerkontext in Erinnerung rufen. Da heißt es:

Wenn es einen Orkan gibt, kann man das auf See schon Tage vorher am Himmel sehen.

und der Kontrast zwischen *sehen* und *nicht sehen, auf See* und *auf dem Lande* zeigt deutlich, daß wir die fetten Elemente richtig diagnostiziert haben. Es ist keine Frage: In der analogen Fassung sind die Gewichte des Satzes recht ungleich verteilt. Rechts steht alles, was wichtig ist, links nur die kontextuellen Aufhänger dafür.

Da sieht die Zielvariante doch ganz anders aus:

Auf dem Lande sehen sie es nicht, ...

Mit der Lokalbestimmung steht am Satzanfang das eine der beiden wichtigen Informationselemente, das andere, das *nicht*, steht am Satzende; die kontextuellen Aufhänger stehen in der Mitte. Die Informationsstruktur des Satzes ist gut ausgewogen, und daß wir ein solches informationelles Gleichgewicht besser finden, scheint uns nur natürlich.

Was eine weitere und was eine kürzere Umstellung ist, ist — wie wir an unserem Satz sehen können — relativ. In einem kurzen Satz ist eine weite Umstellung, vom Anfang zum Ende etwa, leicht kürzer als eine kurze Umstellung in einem langen Satz. Damit es uns nicht ergeht wie Alice im Garten mit den zirkulären Wegen, entscheiden wir uns lieber noch für eine andere begriffliche Fassung und sagen, daß — vom Satzende aus — eine kürzere Umstellung irgendwo in der Satzmitte, eine längere am Satzanfang endet. Letzteres wird in der Fachliteratur auch als *Topikalisierung* von den gewöhnlichen Umstellungen abgehoben.

Und jetzt können wir allmählich erkennen, daß beide Umstellungen in unserem Beispiel etwas ähnliches bewirkt haben. Ob Umstellung oder Topikalisierung — beide Reihenfolgeveränderungen hatten in bezug auf die Informationsstruktur ihrer Sätze dasselbe Ergebnis. Sowohl durch die Umstellung von *dachte er* in die Mitte des komplexen Satzes wie durch die Topikalisierung von *auf dem Lande* innerhalb des Hauptsatzes wurde jeweils ein informationell leichteres Element in ein informationelles Gleichgewicht mit zwei schwereren Elementen gebracht.

Im Gleichgewicht befindet sich ein leichtes Element natürlich nicht vor oder nach, sondern nur zwischen zwei schweren Elementen. Das Ergebnis ist, informationell gesehen, in beiden Fällen von Umstellung eine konkave Figur, in der der niedrigste Informationswert in der Mitte steht. Wenn wir der Einfachheit halber erst einmal ungeprüft annehmen, daß der höchste Wert auch hier rechts außen steht, ergibt sich für die Informationsstruktur der Zielvariante die Zahlenfolge:

♯ *2 3 1* ♯

Das scheint uns nun so eindrucksvoll elegant und glatt, daß wir gleich wieder mißtrauisch werden. Zwar könnten wir, als Äquilibristen etwa in einem Varieté, die Sache auch auf sich beruhen lassen. Daß wir mit der Verteilung von Informationen auf sprachliche Strukturen so etwas wie ein informationelles Gleichgewicht anstreben, erscheint uns so natürlich, daß wir die konkave Figur gar nicht mehr in Frage stellen wollen. Aber wenn das Prinzip *Informationelles Gleichgewicht* die Sprachspezifik von Informationsstrukturen ergänzt, warum sehen wir davon nichts im englischen Original?

Vielleicht könnte man noch im Fall von

They don't see it ashore ...

von einer gleichmäßigen Verteilung der wichtigeren Elemente am Anfang und Ende des Prädikats sprechen, aber das nachgestellte *he thought* steht ja nun gerade nicht im Gleichgewicht zum Rest des Satzes:

They don't see it ashore because they don't know what to look for, he thought.

Nur, wenn wir es in die Mitte des Satzes verschieben würden

> *They don't see it ashore, he thought, because they don't know what to look for.*

dann stünde es gerade da, wo wir im Englischen den Höhepunkt des Satzes erwarten.

In der Tat sind im Original alle drei Sätze aus dem Hemingway-Abschnitt dadurch gekennzeichnet, daß der informationelle Höhepunkt nicht am Satzende, sondern in der Mitte steht:

> *If there is a hurricane, you always see it in the sky for days ahead, if you are at sea. They don't see it ashore because they don't know what to look for, he thought. The land must make a difference too, in the form of the clouds.*

Es ist gerade dieser Umstand, der uns im Deutschen, wo wir den Höhepunkt am Satzende erwarten, eine veränderte Reihenfolge bevorzugen läßt:

> *Wenn es einen Orkan gibt, kann man das auf See schon Tage vorher am Himmel sehen. Auf dem Lande sehen sie es nicht, dachte er, weil sie nicht wissen, woran sie sich halten sollen. Sicher ist auch über dem Land die Form der Wolken nicht dieselbe.*

Über einzelne Aspekte dieser Übersetzung wird in der Folge noch einiges zu sagen sein. Der Vergleich interessiert uns im Moment vor allem wegen des informationellen Gleichgewichts, das im Englischen nicht gewährleistet schien. Wenn wir uns aber, wie jetzt, nur auf die Position des Höhepunkts konzentrieren, sieht die Sache plötzlich ganz anders aus. Mit der mittleren Position für den Höhepunkt hat das Englische von vornherein so etwas wie eine konvexe Informationsstruktur und deshalb an sich schon eine Art informationelles Gleichgewicht, eine ausgewogene Verteilung der Informationswerte im Satz:

♯ 2 1 3 ♯

Es ist das Deutsche, das, da es von Natur aus rechtslastig ist, zusätzliche Anstrengungen unternehmen muß, um eine ausgewogene Informationsverteilung zu erreichen. Im Unterschied zum konvexen Muster des Englischen, das an seinen informationellen »Höhepunkt« in der Mitte des Satzes gebunden ist, kann informationelles Gleichgewicht im Deutschen durch den Höhepunkt am Satzende nur mit einer konkaven Figur erreicht werden.

Gewiß, die schöne Geometrie läßt sich den linguistischen Strukturen nur bei einem entsprechend großzügigen Abstand entnehmen, aber im Vademecum ziehen wir solche anschaulichen Figuren den detaillierten linguistischen Strukturbeschreibungen entschieden vor, nicht nur weil uns die Voraussetzung und die Geduld für den Umgang mit dem doch sehr sperrigen technischen Apparat der Linguistik fehlen, sondern auch, weil wir hoffen, die für die Übersetzung entscheidenden Punkte bei größerem Abstand besser zu erkennen.

Natürlich können wir unsere Basilika in Bergamo und das Straßburger Münster zentimeterweise miteinander vergleichen, aber wir gehen lieber ein paar Schritte zurück und lassen das charakteristische Ganze auf uns wirken. Und da wissen wir dann, daß die wirklich gelungenen Dinge ihre prästabilisierte Harmonie auf sehr unterschiedliche Weise erreichen können.

KONVENTIONALISIERTE REDUNDANZEN

Daß zwischen der Länge und Stellung eines Elements ein Zusammenhang besteht, konnten wir schon mehrmals beobachten. In einer Sprache, in der die perspektivische Verjüngung zum Satzende hin ganz normal ist, kann auch die weniger wichtige Information am Satzende eine größere Ausdehnung haben. In der Mitte des Satzes läßt sich eben so etwas wie *wenn man auf See ist* viel schlechter unterbringen. Da verkürzt sich dann der Adverbialsatz zur präpositionalen Wortgruppe, *auf See,* die noch gut zwischen Objekt und Temporaladverbial paßt:

. . . you always see the signs of it in the sky for days ahead, if you are at sea.

. . . kann man das, wenn man auf See ist, schon Tage vorher am Himmel sehen.

. . . kann man das auf See schon Tage vorher am Himmel sehen.

In einer anderen Position ist eine verkürzte Struktur aber oft auch schon deswegen angemessener, weil sich der Abstand zum Kontext geändert hat und es weniger oder mehr Information bedarf, um ein kontextuell bereits eingeführtes Element wieder aufzurufen. Da ist zum Beispiel der englische Originalsatz

There are two main reasons for this complexity.

in dem mit der Präpositionalgruppe auf gerade erst besprochene Schwierigkeiten zurückverwiesen wird. Das Demonstrativpronomen *this* weist ausdrücklich auf bereits Bekanntes hin. Von den beiden Hauptgründen für die Schwierigkeiten ist dagegen zum ersten Mal die Rede, sie werden im weiteren Textverlauf ausführlich vorgestellt. Der informationelle Schwerpunkt des Satzes liegt auf den beiden Hauptgründen, alles andere sind die strukturellen Haken, mit denen sie im Text verankert werden.

Die Informationsstruktur des Originals präsentiert somit den niedrigeren Informationswert nach dem höheren. Wir haben es mit der für das Englische typischen fallenden Wertehierarchie zu tun und greifen in der Übersetzung ins Deutsche zur Umstellung, die dem höchsten Informationswert die rechtsperiphere Stellung sichert. Statt

Es gibt vor allem zwei Gründe für diese Schwierigkeiten.

wählen wir zwischen

Es gibt für diese Schwierigkeiten vor allem zwei Gründe.

und — im Interesse des informationellen Gleichgewichts:

Für diese Schwierigkeiten gibt es vor allem zwei Gründe.

Aber nun haben wir am Anfang des Satzes ein Element, von dem am Ende des Vorgängersatzes gerade die Rede war, und da können wir ebensogut oder eigentlich besser mit einer pronominalen Verkürzung anschließen:

Hierfür gibt es vor allem zwei Gründe.

Anders im Englischen. Die Anfangsstellung, bei der eine solche Pronominalisierung gerade recht ist, ist als konkave Figur eben nicht die im Englischen bevorzugte Informationsstruktur. Umgekehrt läßt die größere Distanz zwischen dem Vorgängerelement, dem Antezedenten, und den *Schwierigkeiten* in der Stellung am Satzende dort eine strukturelle Verkürzung in Form eines Pronomens weniger angemessen erscheinen. Lieber etwas ausführlichere und bereits eingeführte Information, dafür aber eine konvexe Figur.

Die Vorliebe für die konvexe Informationsstruktur läßt in der Endposition sogar Dinge erscheinen, die im Deutschen nicht der Rede wert sind, einfach weil sie zu unserer allgemeinen Kenntnis über die angesprochene Situation ohnehin gehören und auch im weiteren Textverlauf nicht wieder aufgegriffen werden. Eine weit verbreitete Erscheinung solcher redundanten Strukturen sind Infinitivergänzungen, die das ausbuchstabieren, was ohnehin für jeden Beteiligten klar ist. Wenn wir hören

The tea is too hot to drink.

dann fragen wir uns, wofür der Tee denn sonst zu heiß sein könnte. Wenn es etwas anderes, weniger Vorhersagbares wäre, Gurgelwasser etwa, oder Wadenwickel, dann würden wir die Erwähnung des Zwecks ja auch im Deutschen sinnvoll finden. Wenn wir sagen, daß der Tee zu heiß ist, dann versteht sich von selbst, daß er zum Trinken zu heiß ist. Wenn wir ausdrücklich sagen, daß er zum Trinken zu heiß ist, dann geben wir zu verstehen, daß er für irgend etwas anderes nicht zu heiß ist. Um so mehr, wenn wir für diese zusätzliche Angabe jene Position am Ende des Satzes verwenden, die im Deutschen eigentlich der wichtigsten Information vorbehalten sein sollte.

Das ist aber nun, wie wir wissen, im Englischen anders. Da kann am Ende auch weniger Wichtiges stehen, dem eigentlich Wichtigen nachfolgen — ja, die bevorzugte konvexe Struktur des Englischen kommt nur zustande, wenn dem wichtigen Element noch ein unwichtigeres folgt.

Hat das Verb nur *eine* Ergänzung, dann gibt es keine Position in der Mitte, sondern nur eine am Ende des Satzes. In diesem Fall besteht zwischen der englischen und der deutschen Informationsstruktur, abgesehen vom Verb, kein Unterschied.

Der Tee, von dem die Rede ist, ist bekannt. Damit steht ein niedriger Informationswert vor einem höheren, ganz so wie wir es im Deutschen erwarten. Aus der englischen Perspektive hätte man lieber die umgekehrte Anordnung, aber mit einer Umstellung ist da wegen der grammatischen Einschränkung nichts zu machen. Dagegen mit einer Strukturerweiterung, die die erwartete Werteabfolge und das konvexe Gleichgewicht zugleich herstellt: Die redundante Infinitivergänzung, die zur Bedeutung des Satzes nichts hinzufügt, was wir nicht ohnehin damit verbunden hätten, sichert dem Schwerpunkt die Position in der Mitte und stellt so, mit einem kleinen Trick, das natürliche Gleichgewicht der englischen Informationsstruktur auch in solchen etwas zu kurz geratenen Sätzen her.

Nachdem wir erst einmal auf redundante Informationselemente zur Komplettierung von irgendwie zu kurz geratenen Informationsstrukturen aufmerksam geworden sind, entdecken wir sie noch an vielen anderen Stellen. Da war z. B. die präpositionale Ergänzung in dem Satz über das Verhältnis zwischen Ozean und Erdkugel:

If the planet were scaled down to a ball of rocks of two meters in diameter, the oceans would render the surface just moist to the touch.

Weil die Übersetzung von *to the touch* nicht ohne größeren Aufwand möglich wäre, waren wir übereingekommen, das relativ unwichtige Element fallenzulassen — auch auf die Gefahr hin, daß der Leser nicht von sich aus an die Möglichkeit einer Berührung denkt. Wenn wir uns nun diese eher redundante Information aus der Perspektive der englischen Informationsstruktur ansehen, dann werden wir den Verdacht nicht mehr los, daß es dem Autor — unbewußt — weniger um Inhalt als um das Ausbalancieren der Informationsstruktur ging. Mit der präpositionalen Wortgruppe *to the touch* wird auch hier Redundanz im Interesse einer ausgewogenen Informationsverteilung eingesetzt. Und wieder entfällt der spezifisch englische Bedarf unter den Bedingungen des Deutschen, das den Satz ja gerade mit dem wichtigsten Element beenden möchte.

Die Verwendung redundanter Strukturen zur Komplettierung von Informationsstrukturen wird natürlich immer nur aus der Sicht der anderen Sprache erkennbar. In der Sprache, in der die redundanten Strukturen verwendet werden, geschieht dies unbewußt, aber durchaus nach Konventionen, die zu stereotypen Formen werden können. Das unreflektierte Ziel, die Informationsstruktur eines Satzes zu verbessern, wird in Abhängigkeit von der informationellen Charakteristik der jeweiligen Sprache verfolgt. Es handelt sich in diesem Sinne um konventionalisierte Redundanzen, die uns einmal eine konkave, ein andermal eine konvexe Informationsstruktur sichern helfen.

Der Eindruck von zuviel oder zuwenig entsteht dann immer nur bei jenen mißglückten Übersetzungen, in denen die besonderen Bedingungen für konventionalisierte Redundanzen in der Zielsprache gegenüber der Ausgangssprache nicht berücksichtigt werden, kurz in Übersetzungen, die glauben, dem Original durch denselben Grad von struktureller Explizitheit treu zu bleiben. Wir, im Vademecum, wissen jetzt aber, daß Information, die uns überflüssig erscheint, nicht selten wirklich überflüssig ist, einfach weil die Zielsprache das informationelle Gleichgewicht anders bestimmt als die Sprache des Originals. Wenn wir erst einmal wissen, wo die sprachspezifischen Redundanzen stecken, wird es uns ein Vergnügen sein, unsere Übersetzungen damit anzureichern oder sie davon zu befreien.

Der Parcours

PARALLEL VON LINKS NACH RECHTS

Wir sind überzeugt, daß der Erfolg guter Übersetzungen vor allem daher rührt, daß ihre sprachlichen Strukturen schneller und sicherer verarbeitet, besser verstanden werden können. Wo eine zügige Verarbeitung noch nicht gesichert ist, werden uns alle Veränderungen, einschließlich struktureller Erweiterungen, willkommen sein, wenn sie nur die Verarbeitung erleichtern. Nur, was heißt überhaupt »Verarbeitung«?

Wenn wir so, mit einem Blick auf die vorbeiziehende Landschaft, darüber nachdenken, scheint uns die Verarbeitung eines Satzes am besten mit einem Hindernisrennen vergleichbar zu sein. Wir wollen verstehen, was der Satz besagt, und das möglichst leicht, schnell und richtig, also möglichst ohne allzu großen Aufwand. Verschiedene Paraphrasen sind da wie verschiedene Parcoursstrecken: Trotz unterschiedlicher Einzelteile mögen manche Strecken die gleiche Anstrengung erfordern, dennoch gibt es, wie wir wissen, ziemlich große Unterschiede, und wenn wir die Wahl haben, entscheiden wir uns für die Paraphrase, mit der wir unsere Kräfte am ökonomischsten einsetzen können.

Was ist es, fragen wir uns, was eine solche Paraphrase vor den anderen auszeichnet, und wir wissen natürlich schon jetzt, daß diese Frage zu allgemein ist und uns, wenn wir nicht aufpassen, im Kreis herumführt. Wenn wir sagen, daß die am leichtesten zu verarbeitende Paraphrase jene ist, die uns mit unseren Kräften am besten haushalten läßt, so hört sich das nicht viel anders an als »leicht ist leicht, weil es leicht ist«.

Und doch bringt die Vorstellung vom ökonomischen Umgang mit den eigenen Kräften so etwas wie eine Zeitachse ins Bild; zwei Hindernisse, die auf einmal zu bewältigen sind, dürften insgesamt mehr Kraft erfordern als zwei einzelne Hindernisse.

So anschaulich und einleuchtend das Bild ist, seine Übersetzung in die Eigenschaften sprachlicher Strukturen erfordert mehr als Intuition und guten Willen, und schon beim erstbesten Satz, den wir uns unter dem Aspekt seiner Verarbeitbarkeit ansehen, wissen wir, daß es uns da im Vademecum an allen Voraussetzungen gebricht:

Wenn es einen Orkan gibt,

sagt der alte Mann bei Hemingway,

kann man das auf See schon Tage vorher am Himmel sehen.

Er hätte auch sagen können:

Wenn es einen Orkan gibt, kann man das schon Tage vorher am Himmel sehen, wenn man auf See ist.

Natürlich finden wir die zweite Version nicht so gut wie die erste und wissen auch gleich, warum: Schließlich stehen in der zweiten Version innerhalb desselben Satzes zwei *wenn*-Sätze, die voneinander durch nicht mehr als einen relativ gut überschaubaren Hauptsatz getrennt sind. Das ist — wir erinnern uns noch gut an unsere Deutschstunden — eine Wiederholung, die in einem »flüssigen Stil« vermieden wird.

Wir könnten uns ja jetzt darauf verstehen, den »flüssigen Stil« in der Verarbeitbarkeit der sprachlichen Struktur zu sehen, aber gerade eine Wiederholung kostet uns doch so gut wie gar nichts; daß wir es da etwa mit einem größeren Hindernis zu tun haben sollten, scheint ziemlich abwegig.

Gewiß, die Satzform präsentiert einige Elemente der Umstandsbestimmung explizit, die in der präpositionalen Gruppe *auf See* implizit bleiben. Was da leichter zu verarbeiten ist, ist schwer zu sagen. Das explizite *wenn* und *man* und *ist* bereitet uns wohl im Einzelnen nur geringe Mühe, aber natürlich müssen wir auch diese Wörter zuerst einmal, wenn schon nicht dem Namen, so doch der grammatischen Funktion nach, als Konjunktion, pronominales Subjekt und finites Kopulaverb im Präsens Singular identifizieren und dann mit ihren Bedeutungen als Konditionalrelation zwischen entsprechenden Lokalisierungen einer nicht näher spezifizierten Person oder Personengruppe und diese wiederum mit der im Hauptsatz behaupteten Möglichkeit verrechnen.

Glücklicherweise läuft das alles hinter unserem Rücken ab, aber daß sich das Ganze so, schrittweise, aus den Einzelteilen aufbaut, dafür haben wir genügend »Beweisstücke« — nicht zuletzt die, bei denen es mit dem Verstehen nicht so leicht und schnell und richtig klappt, wie es soll. Die Wissenschaft, die sich mit solchen Beweisstücken beschäftigt, heißt Psycholinguistik; sie ist als eine Disziplin zwischen Linguistik und Psychologie so spannend wie schwierig, obwohl sie sich mit gutem Grund bisher auf wesentlich einfachere Phänomene beschränkt hat als die, von denen hier die Rede ist.

So ausbuchstabiert, scheint unser Parcours in der expliziteren Paraphrase mit einer ganzen Reihe von Hindernissen besetzt zu sein, für deren Bewältigung wir doch mehr Kraft aufwenden müssen als für die Verarbeitung der beiden Wörter *auf See*. Dennoch müssen wir auch hier die impliziten Zusammenhänge erkennen und die Lokalangabe in die richtige Beziehung zu den anderen Informationselementen bringen, was letztendlich in der kürzeren Paraphrase ungefähr dieselbe Art von Einordnung ergeben müßte wie in der längeren.

Vielleicht ist der Aufwand für Wörter wie »wenn«, »man« und »ist«, deren Bedeutung doch recht bescheiden ist, in Wirklichkeit auch nicht größer als der, den wir für die Identifizierung der syntaktischen und semantischen Beziehungen der impliziten Relation zwischen der entsprechenden Wortgruppe und ihrer sprachlichen Umgebung brauchen. Aufschluß über die etwaigen Unterschiede in der Verarbeitbarkeit von mehr oder weniger expliziten sprachlichen Strukturen könnten wir uns nur von jenen ausgeklügelten psycholinguistischen Untersuchungen erhoffen, die z.B. ermitteln, wieviel Zeit wir für das Verstehen der einen oder anderen Variante benötigen. Dabei sind die Meßgrößen allerdings so verschwindend klein und können von so vielen Faktoren beeinflußt werden, daß man viel Geschick und noch mehr Glück braucht, um wissenschaftlich fündig zu werden.

KURZ ODER LANG, MITTE ODER ENDE?

Nun unterscheiden sich die beiden Paraphrasen nicht nur in der Explizitheit der Lokalbestimmung, sondern auch in deren Stellung in der Mitte oder am Ende des Satzes. Wenn wir die Explizitheit unabhängig von der Stellung bewerten wollen, müßten wir zwei weitere Paraphrasen in den Vergleich einbeziehen. Natürlich macht der Vergleich von jeweils zwei Paaren unter- und miteinander die Sache nicht einfacher, aber wenn wir einmal tief Luft holen, geht es schon:

Wenn es einen Orkan gibt,

kann man das schon Tage vorher am Himmel sehen, wenn man auf See ist.

kann man das schon Tage vorher am Himmel sehen, auf See.

kann man das auf See schon Tage vorher am Himmel sehen.

kann man das, wenn man auf See ist, schon Tage vorher am Himmel sehen.

Nach dem vierten Durchlauf sind wir einigermaßen sicher; wir würden die dritte, die Zielvariante, allen anderen Paraphrasen vorziehen, und auch die anderen könnten wir noch auf einer Präferenzskala anordnen: Mitte kurz vor Mitte lang vor Ende lang vor Ende kurz. Aber können wir für diese Präferenzen wirklich Schwierigkeiten bei der Verarbeitung geltend machen?

Was uns da zunächst einmal auffällt, ist die Asymmetrie in der bevorzugten Zuordnung von Explizitheit und Position: am Ende ist länger besser als kürzer, in der Mitte kürzer besser als länger. Wenn das auf Unterschiede in der Verarbeitbarkeit zurückgehen sollte, müßten wir sagen, eine kurze Struktur ist in der Mitte, eine lange am Ende leichter zu verarbeiten. Wenn wir Mitte und Ende etwas genauer bestimmen, heißt das eben, eine kurze Struktur ist innerhalb des Prädikats, eine lange außerhalb leichter zu verarbeiten.

Das scheint uns nun gar nicht so abwegig zu sein, aber schon ein Blick auf das englische Original bringt alles wieder durcheinander. Oder vielleicht doch nicht alles? Da wird ja nun aus Gründen, die noch genauer zu besichtigen sein werden, die Variante am Ende der in der Mitte vorgezogen, aber zumindest am Ende ist die Asymmetrie bei kurz und lang im Englischen ähnlich. Das lange Ende ist besser als das kurze:

> ... *you always see the signs of it in the sky for days ahead, if you are at sea.*

> ... *you always see the signs of it in the sky for days ahead, at sea.*

Und irgendwie leuchtet uns das auch ein. Auf der Suche nach dem richtigen Bezugspunkt für das kurze Ende müssen wir in der zweiten Paraphrase, ohne die explizite Hilfestellung des *if you are*, gewissermaßen im Rückwärtsgang, durch eine ganze Menge Ergänzungen hindurch, bis wir beim passenden Element angekommen sind, dem unspezifischen *you*.

Das mit dem kurzen Ende ist in der deutschen Fassung nicht ganz so aufwendig, da uns hier über die Bedeutung des benachbarten Verbs die Brücke zum wahrnehmenden Subjekt gegeben ist:

> ... *kann man das schon Tage vorher am Himmel sehen, auf See.*

Und trotzdem ist uns auch im Deutschen an dieser Stelle die lange Variante deutlich lieber. Sie gibt uns explizit an, wie der Nachtrag mit dem Satz verrechnet werden soll, dessen Interpretation wir eigentlich schon beim Verb abgeschlossen glaubten:

> ... *kann man das schon Tage vorher am Himmel sehen, wenn man auf See ist.*

In der Mitte des Satzes, wo der Bezugspunkt selbst noch naheliegt, ist aber genau diese explizite Hilfestellung für den Rückwärtsgang entbehrlich. Im Gegenteil, da wir die Interpretation des Hauptsatzes noch nicht abgeschlossen haben, scheint uns die kürzere Form nicht nur ausreichend

> ... *kann man das auf See schon Tage vorher am Himmel sehen.*

sondern besser als die längere:

> ... *kann man das, wenn man auf See ist, schon Tage vorher am Himmel sehen.*

Da nehmen wir nun einfach an, daß sich Teilsätze, also Sätze in anderen Sätzen, ganz allgemein im Inneren von Sätzen schlechter verarbeiten lassen als an den Rändern. Schließlich müssen wir, um einen Teilsatz zu interpretieren, die Analyse des Satzes, in den er eingebettet ist, unterbrechen, und das macht sich mitten drin bestimmt schlechter als am Rand.

DER RICHTIGE ANSCHLUSS

Wenn eine kurze Mitte wegen der satzinternen Verarbeitungsbedingungen besser ist als eine lange, warum ist dann gerade dies die schlechteste Version im Englischen?

> ... *you always see the signs of it in the sky, at sea, for days ahead.*

Sicher entsteht der besondere Mißklang dieser Variante schon mit dem direkten Aufeinandertreffen der beiden

Lokalbestimmungen: *in the sky, at sea.* Schließlich haben wir gerade die Zeichen *am Himmel* geortet und sehen uns im nächsten Schritt erst einmal genötigt, sie auch noch *auf See* unterzubringen. Und wo, bitte, sollten wir dann noch in dem ganzen Verwirrspiel die Zeitbestimmung einordnen?

Diese Frage stellen wir uns allerdings auch bei der expliziteren Paraphrase:

> ... *you always see the signs of it in the sky, if you're at sea, for days ahead.*

Obwohl die Bedeutung des Konditionalsatzes keinen Zweifel aufkommen läßt, daß die folgende Zeitbestimmung nicht dazu paßt, fühlen wir uns zunächst doch irgendwie gedrängt, den falschen Anschluß herzustellen.

Dieser mehr oder weniger starke Zwang zur falschen Anbindung gehört zu einer Erscheinung in der Verarbeitung von sprachlichen Strukturen, die sich in der psycholinguistischen Forschung größter Beliebtheit erfreuen. Sie gelten als Beweisstück für die Selbständigkeit der Sprachverarbeitung, die ihren eigenen, von der Grammatik unabhängigen Prinzipien folgt. Dazu gehört u.a. die Neigung, möglichst viel »unter demselben Hut« unterzubringen. Das kann dann eben leicht zu viel sein, wie im Fall der Zeitbestimmung, die nicht mehr unter den »Hut« des Konditionalsatzes gehört.

Meist kann man, wie in diesem Fall, den falschen Anschluß bei der Interpretation im nachhinein korrigieren. Wo dies nicht gelingt, befindet man sich dann endgültig auf dem »Holzweg«. Das Englische ermöglicht vor allem wegen seiner eingeebneten Flexionsmorphologie — eine Wortform für alle Gelegenheiten — viele Holzwegsätze.

Im Deutschen scheint die Gefahr der falschen Zuordnung zumindest in der Zielvariante, viel geringer:

> ... *kann man das auf See schon Tage vorher am Himmel sehen.*

Da wir die Bedeutung des Verbs an der Stelle noch nicht kennen, wo die erste Lokalangabe mit dem Objekt verrechnet werden könnte: *kann man das auf See,* müssen wir uns ohnehin mit Hypothesen über mögliche Zuordnungen mehr zurückhalten.

Wenn wir einen Satz von links nach rechts verarbeiten, erlaubt eine linksperiphere Sprache, wie das Englische, die Informationselemente in der Reihenfolge ihres Auftretens schrittweise aufeinander zu beziehen; man muß dann eben nur die passende Hutgröße wählen, um das jeweils nächste Element richtig unterzubringen.

Bei einer rechtsperipheren Sprache wie dem Deutschen ist der Blick zurück nur bedingt ergiebig. Wo immer, wie in diesem Fall, das bedeutungstragende Verb erst am Ende des Satzes steht, haben wir letzte Sicherheit über die Beziehung der Satzglieder untereinander erst mit dem Verb. Aber auch bei Zweitstellung des bedeutungstragenden Verbs stehen ja die Ergänzungen, deren Bedeutungen zuerst mit der Verbbedeutung verrechnet werden müssen, am weitesten rechts außen. Da müssen wir bei allem prognostischen Einfühlungsvermögen gewärtig sein, daß sich die Zusammenhänge im Verlauf der Verarbeitung noch anders entwickeln.

Dennoch, Hypothesen über die Zusammenhänge machen wir auch im Deutschen, und wenn wir in unserem Beispiel näher am Original bleiben, geraten wir auch in der Übersetzung in die Nähe eines Holzwegs. Wäre die sprachliche Form für das Objekt dem Original ähnlicher: *the signs of it, die Zeichen/Anzeichen davon/hierfür,* würde die nominale Wortgruppe auf die folgende Lokalbestimmung eine deutlich stärkere Anziehungskraft ausüben. Bei

> *... kann man die Zeichen hierfür auf See schon Tage vorher am Himmel sehen.*

lokalisieren wir die *Zeichen für den Orkan* erst einmal *auf See,* bis uns die zweite Lokalbestimmung die Sache neu durchdenken läßt.

Auch wenn wir die besonders lästigen Drehbewegungen einsparen, die uns das *hierfür* zwischen dem Objekt und der Lokalbestimmung abverlangt, und den sprachlichen Zusammenhang zum Orkan durch eine Paraphrase wie

> *... kann man seine Vorboten auf See schon Tage vorher am Himmel sehen.*

etwas übersichtlicher gestalten, drängt uns die lokale Nachbarschaft von Objekt und Ortsbestimmung in den interpretatorischen Holzweg. Wenn wir aber auf die explizite Erwähnung der Vorboten oder Anzeichen des Orkans verzichten und uns mit der pronominalen Referenz begnügen, verliert das Objekt trotz der lokalen Nähe seine Anziehungskraft. Die Zielvariante

> *... kann man das auf See schon Tage vorher am Himmel sehen.*

ist nicht nur leichter zu verarbeiten, weil sie kürzer ist, sondern auch, weil sie die Möglichkeit für den falschen Anschluß einschränkt.

DAS EREIGNIS, *DER* ORKAN

Wenn die pronominale Form so viel besser für die Verarbeitung ist, wäre sie dann nicht auch im Englischen vorzuziehen? Aber da stocken wir schon, ehe wir zur ersten Lokalbestimmung kommen. Der Satz

> *If there's a hurricane you always see it ...*

besagt nämlich nicht, daß ich die Zeichen für den herannahenden Orkan sehe, sondern den Orkan selbst — was natürlich *schon Tage vorher* nicht geht, abgesehen davon, daß wir damit im Widerspruch zur Aussage des Originals stehen.

Nun haben wir im Deutschen auch nicht *es*, sondern *das* gewählt, aber auch das demonstrative *this* weist eine gewisse Affinität zu *hurricane* auf, statt sich eindeutig auf den Sachverhalt, daß es einen Orkan geben wird, zu beziehen. Die falsche Zuordnungsmöglichkeit rächt sich spätestens bei der Lokalisierung:

If there's a hurricane you always see this in the sky for days ahead, if you're at sea.

Das Deutsche kann viel sorgloser mit seinem Pronomen umgehen, weil das grammatische Genus des Orkans gar keine Verwechslung zuläßt. Das pronominale Objekt, mit dem auf den Orkan statt auf das zukünftige Ereignis Bezug zu nehmen ist, müßte ja das grammatische Genus eines maskulinen Substantivs aufweisen:

Wenn es einen Orkan gibt, kann man ihn schon Tage vorher am Himmel sehen.

Das grammatische Genus, die Absonderlichkeit, auch unbelebte und abstrakte Dinge mit männlichen und weiblichen Formen zu belegen, begünstigt den Einsatz von Pronomina gerade unter dem Gesichtspunkt der Verarbeitbarkeit.

Pronomina sind ja gewissermaßen stenografische Kürzel in der Grammatik einer Sprache, durch die sich die Aktivierung der gesamten Bedeutung eines Wortes oder, wie im Fall des sich ankündigenden Orkans, eines Satzes, einsparen läßt. Aber wenn die Zuordnung nicht eindeutig ist, verkehrt sich die Einsparungsmöglichkeit in ihr Gegenteil, die längere Suche nach dem richtigen Bezug oder gar die Korrektur eines falschen Bezugs macht die Verarbeitung des Pronomens aufwendiger als die eines eindeutigen Substantivs, selbst wenn seine Einbettung in den syntaktischen Kontext noch weitere Mittel der strukturellen Verankerung benötigt.

So gesehen ist eben *the signs of it* letztendlich ökonomischer als das mißverständliche *this*. Im Deutschen aber, wo das stenografische Kürzel genügt, um an den Sachverhalt des vorangegangenen Satzes zu erinnern, können wir auf die explizitere Form verzichten. Der pronominale Vorteil ist uns um so willkommener, als er der folgenden Lokalbestimmung keinen falschen Anknüpfungspunkt bietet. Und an der Mittelposition der Lokalbestimmung war uns doch gelegen angesichts des ungleich größeren Verarbeitungsaufwands, den diese Bestimmung für uns am Ende des Satzes bedeutet.

Im Englischen fallen die Entscheidungen gerade umgekehrt. Da die pronominale Form ausscheidet, ist die Lokalbestimmung besser am Ende des Satzes plaziert und wird mit zusätzlichen strukturellen Mitteln für die richtige syntaktisch-semantische Einordnung ausgestattet.

Das Fazit ist verblüffend. Das Deutsche bevorzugt für beide Informationselemente, das Objekt und die Lokalisierung des ganzen Sachverhalts, zu dem das Objekt gehört, eine knappe und im Vergleich zum Englischen redundanzfreie Struktur, während das Englische strukturell eher ausschweifend ist und eine ganze Reihe der im Deutschen nur implizit gegebenen inhaltlichen Elemente an der Oberfläche sichtbar macht.

Wenn wir es nicht schon besser wüßten, könnten wir jetzt denken, das Englische mit seinen knappen, meist einsilbigen Wortformen leistet sich eben einiges an zusätzlichen Strukturen, was dem in seiner Vielsilbigkeit kurzatmigen Deutschen verwehrt ist. Wir wissen nun aber, daß der Grad der Explizitheit, den man sich leisten möchte, von den Hindernissen abhängt, vor die uns die Integration der Bedeutung eines solchen alternativen Elements in den jeweiligen syntaktisch-semantischen Zusammenhang stellt.

SYNTAKTISCHE SCHWELLEN

Schwierigkeiten bei der Integration ergeben sich, wie wir gesehen haben, vor allem aus der Suche nach dem richtigen Bezugselement, was für die Verwendung von Pronomen die Suche nach dem Antezedenten, dem Vorgänger, bedeutet, für die Verwendung von Modifikatoren die Suche nach dem syntaktischen Kopf, für den der Hut gedacht ist. Die Verarbeitbarkeit einer sprachlichen Struktur ist um so besser, je schneller das richtige Bezugselement gefunden werden kann. Unklarheiten oder gar falsche Zuordnungen verzögern die Verarbeitung.

Wer schon die einfachen grammatischen Zusammenhänge nicht kennt, kommt leicht bei ziemlich merkwürdigen Ergebnissen an. Wenn da vom Torre dei caduti in Bergamo die Rede ist, der

... si eleva (m. 45) sopra gli altri edifici limitati in altezza per non impedire la vista della città vecchia.

kann natürlich *limitati in altezza* nicht einfach von seiner Infinitivergänzung weg vor das Substantiv geschoben werden, ohne daß die ursprünglichen Zusammenhänge auf eine groteske Weise durcheinandergeraten:

Er ist 45 m hoch und überblickt die anderen verhältnismäßig kleinen Häuser, um die Aussicht auf die Altstadt nicht zu stören.

Natürlich würde uns in unserer eigenen Sprache so ein grammatischer Unfall nie zustoßen. Auch die aufs falsche Pferd gesattelten Partizipialstrukturen

Kaum auf den Platz gestoßen, entfaltet sich die majestätische Größe der Fassade.

hat man uns schon in der Schule ausgetrieben. Unsere Anschlußprobleme sind, wie wir uns eben in unserem Boot auf See klargemacht haben, von anderer, feinerer Art.

Kehren wir noch einmal zu unserem informationellen Parcours zurück. Bei der Wahl zwischen den längeren oder kürzeren Ausdrucksformen in ihren verschiedenen Positionen im Satz war dort noch ein anderer Typ von Schwierigkeiten aufgetreten, eine Art syntaktischer Schwellenbildung, die sich bei Einschüben oder Ausrahmungen von Strukturteilen bemerkbar macht. Bei eingeschobenen Teilen — wie zum Beispiel einem parenthetischen Satz in der Mitte des Prädikats

... kann man das, wenn man auf See ist, schon Tage vorher am Himmel sehen.

sind es die Ränder der eingeschobenen Struktur, die eine Schwelle zum Rest des Satzes bilden; bei Ausrahmungen wird der Teil des Satzes, über den ein Strukturteil hinausgeschoben wird — wie zum Beispiel das Verb vor einem Nachtrag am Satzende — zur Schwelle:

... kann man das schon Tage vorher am Himmel sehen — auf See.

Einschübe und Ausrahmungen, durch die eine fortlaufende Verarbeitung unterbrochen bzw. eine abgeschlossene Verarbeitung noch einmal geöffnet wird, stellen an uns besondere Anforderungen, die nur dann eine Berechtigung haben, wenn die gewöhnlichen Mittel erschöpft sind. Für sie bestehen, ebenso wie für den Anschluß an ein Bezugselement, in einer rechtsperipheren Sprache und in einer Sprache mit grammatischem Genus andere Bedingungen als in einer linksperipheren Sprache und in einer Sprache ohne grammatisches Genus.

Natürlich würden wir auf diese Unterschiede gar nicht aufmerksam werden, wenn wir nicht durch das Übersetzen in den Bannkreis der anderen Sprache gerieten. Ohne das Vorbild des Originals hätten wir die expliziteren Versionen für Objekt und Lokalbestimmung gar nicht in Erwägung gezogen. Wir hätten uns von der Strömungsrichtung unserer eigenen Sprache tragen lassen und entschieden all jene Alternativen über Bord geworfen, die ein zügiges Fortkommen behindern. In der Sprache des Originals gilt eine andere Strömungsrichtung, und dasselbe Selektionsprinzip bestimmt eine andere Zusammensetzung der sprachlichen Mittel als strömungsgerecht.

Explizitere Strukturen werden überall da als redundant empfunden, wo sie Schwierigkeiten für die Verarbeitung nicht ab- sondern aufbauen: Semantische und syntaktische Anschlüsse erschweren, indem sie falsche Hutgrößen suggerieren, unnötige Schwellen setzen oder Verwechslungen zwischen Vorgängern zulassen. So einfach, würde Valentin sagen, und man kann sich's doch nicht merken.

Die Probleme mit dem Merken beziehungsweise Anwenden stecken vor allem in der unüberschaubaren Zahl von lexikalisch-syntaktischen Kombinationsmöglichkeiten, die uns immer wieder vor neue Konfigurationen setzen. Sie stecken aber auch schon in unserer ganz natürlichen Neigung, sprachliche Strukturen so gut wie unbesehen herunterzuschlucken, um uns ihren Inhalt einzuverleiben. So wie Goldonis Diener zweier Herren das Stückchen

Brot, an dem er kaut, um damit einen Brief zuzukleben, partout nicht wieder herausbekommt. Und außerdem: Selbst wenn wir unseren sprachlichen Gegenstand schon nach allen Richtungen gedreht und gewendet und unter allen nur denkbaren Gesichtspunkten zerlegt haben — irgendeinen Aspekt, der unsere Generalisierung von neuem in Frage stellt, haben wir bestimmt immer übersehen.

DER WERT FÜRS GANZE

Mit einem Satz wie

There are two main reasons for these complexities.

sind die Beziehungen zwischen dem substantivischen Kopf und seiner Ergänzung an Ort und Stelle sofort entscheidbar. Dasselbe gilt für

Es gibt vor allem zwei Gründe für diese Schwierigkeiten.

so daß die rasche und eindeutige Verrechnung der Einzelteile ohne jeden Zweifel gesichert ist. Unabhängig davon ziehen wir eine kürzere und anders angeordnete Formulierung vor, weil sie, so lautete unsere Begründung, dem Schwerpunkt die ihm angemessene Endstellung im Satz sichert und den nun nicht mehr nötigen Grad an Explizitheit am Satzanfang abbaut:

Dafür gibt es vor allem zwei Gründe.

Aber warum sollte uns die Stellung des Schwerpunkts und die strukturelle Explizitheit überhaupt interessieren? Die syntaktisch-semantische Verarbeitbarkeit der Teilstrukturen des Satzes untereinander ist bereits mit der analogen Übersetzungsvariante gegeben; die informationell-pragmatische Forderung nach einem rechtsperipheren Schwerpunkt erscheint plötzlich als zusätzlicher Faktor, freischwebend, apodiktisch, mehr eine Sache des Glaubens.

Und dennoch — ehe wir uns auf Modifikatoren und ihre Köpfe, Pronomen und ihre Antezedenten eingelassen hatten, schien uns die Idee eines richtig plazierten Höhepunkts absolut überzeugend. Und wenn wir es uns in Ruhe überlegen, kann das Ideal einer raschen und richtigen Verrechnung der sprachlichen Strukturteile nicht nur für die Suche nach Köpfen und Antezedenten gelten, sondern muß ganz allgemein auf die Einordnung jedes Informationselements in das Ganze zutreffen.

Das Ganze, der Text, entsteht Schritt für Schritt aus den aufeinanderfolgenden Wörtern, Wortgruppen, Sätzen und Satzfolgen, und das Einzelne hat, wir wissen es wohl, je nach seiner Stellung innerhalb der sukzessiven Entwicklung des Ganzen einen höheren oder niedrigeren Informationswert. Da die Verrechnung der Einzelteile immer mit Blick auf das Gesamte erfolgt, muß uns daran gelegen sein, zugleich mit dem Einzelnen möglichst viel über seinen Wert für das Ganze zu erfahren. Die rasche und richtige Bewertung des Einzelnen für das Ganze ist folglich nicht weniger ein Maß für Verarbeitbarkeit als die rasche und richtige Zuordnung von Modifikatoren und Pronomen zu ihren jeweiligen Bezugselementen.

Der Informationswert von Teilstrukturen eines Satzes hängt, wie wir schon wissen, von der Funktion und Relevanz des Elements für den jeweiligen Textverlauf ab. Die Informationswerte innerhalb eines Satzes bilden relativ zueinander eine Hierarchie. Natürlich müßte sich diese Hierarchie letztendlich immer aus dem Zusammenhang errechnen lassen. Aber die Sache wird doch wesentlich beschleunigt, wenn es sprachliche Konventionen für die Projektion der Informationswertehierarchie auf die Satzstruktur gibt und ich schon von vornherein weiß, wo ich womit rechnen kann.

Diese Konventionen — das Eigenleben der Sätze — sind, auch das wissen wir schon aus vielen Beispielen, sprachspezifisch, weswegen analoge sprachliche Formen, allen voran analoge Positionen im Satz, keineswegs immer gleich bewertet werden. Die Sprachspezifik ist aber über ein denkbar einfaches Prinzip gesichert: der Schwerpunkt wird mit dem Verb verknüpft. Dies ist sicher eine recht »selektionsbegünstigte« Strategie, schließlich gibt es kaum Sätze ohne Verben, und während es von den anderen

Satzgliedern im Satz eben auch mehrere geben kann, haben wir pro Satz bzw. Teilsatz *ein* einfaches oder komplexes Verb.

Die Grundidee ist also denkbar simpel, sie ergibt aber, weil verschiedene Sprachen für das Verb unterschiedliche grammatische Positionen vorsehen, mitunter weit divergierende Informationsstrukturen, und da mit jeder Position auch gewisse Verarbeitungsnachteile verbunden sind, die möglichst ausgeglichen werden sollten, haben zielsprachlich angemessene Übersetzungen oft nur noch eine sehr entfernte Ähnlichkeit mit dem Original.

Schon ein kleiner Textabschnitt zeigt, wie verschieden zum Beispiel die Umstrukturierung ausfallen kann, die im Deutschen den Schwerpunkt am Ende des Satzes sichert. Das reicht von der Topikalisierung eines weniger relevanten Informationselements, wie in

Auf dem Lande sehen sie es nicht ...

über die lexikalische Neufassung des Schwerpunkts, der an derselben Stelle, aber innerhalb einer anderen sprachlichen Struktur erscheint, wie in

Sicher ist über dem Land auch die Form der Wolken nicht dieselbe.

bis zur Erweiterung der sprachlichen Struktur, etwa durch ein Modalverb, das den Schwerpunkt in die ihm angemessene Endposition verschiebt:

Wenn es einen Orkan gibt, kann man das auf See schon Tage vorher am Himmel sehen.

Die Möglichkeiten für die Umsetzung der einfachen Grundidee stecken gewissermaßen in einem doppelten Korsett: Da ist die zielsprachliche Informationsstruktur, die den Spielraum für die Veränderungen vorgibt, und da sind die verschiedenen Eigenschaften der Mittel, die uns in der Zielsprache zum Ausdruck des jeweiligen Gedankens mit seiner informationellen Gewichtung zur Verfügung stehen. Abstrakt gesehen, ist es die Menge aller möglichen Paraphrasen des Gedankens, aus der die für die Verarbeitung günstigste Struktur ausgewählt wird. Und wir rechnen jetzt lieber nicht nach, was die Menge der möglichen Kombinationen ergibt, da wir sonst vielleicht noch jede Hoffnung auf anwendbare Generalisierungen verlieren.

IM ZEICHEN DES GLEICHGEWICHTS

Mit dem richtig positionierten Schwerpunkt allein sind die Möglichkeiten für eine effiziente Verarbeitung rechts- oder linksperipherer Informationsstrukturen nicht erschöpft. Da ist ja noch das Prinzip des informationellen Gleichgewichts mit seinen konkaven und konvexen Strukturmustern, die notfalls sogar über konventionalisierte Redundanzen hergestellt werden.

Bisher messen wir die Verarbeitbarkeit sprachlicher Strukturen gewissermaßen an dem Zeitaufwand, den uns die Verrechnung kostet, das heißt die Integration einer Stelle in ihren syntaktischen, semantischen und informationellen Kontext. Unsicherheiten oder Fehlentscheidungen bei der Einordnung bedeuten einen größeren Zeitaufwand; wir ziehen Strukturen vor, die sie vermeiden helfen. Da wir nachweislich informationell ausgewogene Strukturen bevorzugen, wäre immerhin denkbar, daß auch solche Strukturen einen Verarbeitungsvorteil haben.

Wenn wir es uns recht überlegen, kann dieser Vorteil eigentlich nur darin bestehen, daß wir nicht zu viel Information auf einmal verarbeiten müssen, daß wir durch den Wechsel zwischen höheren und niedrigeren Informationswerten größere Teile der Informationsstruktur gewissermaßen in kleinere Stücke geschnitten bekommen. Dabei ist in der Tat unserem Gleichgewichtsorgan keine Struktur zu kurz; selbst auf die Mikrowelt der Silben bezogen, gibt es allerlei dehnende oder zusammenraffende Mechanismen, die für ein rhythmisches Gleichgewicht sorgen.

Wie immer das rhythmische Gleichgewicht motiviert sein mag und wieweit ihm selbst noch eine Aktie im informationellen Gleichgewicht zukommt, letzteres wird ganz offensichtlich auch wegen seiner Verarbeitungsvorteile geschätzt. Wichtig für das Vademecum ist, was wir uns bereits klargemacht haben — in einer rechtsperipheren Sprache heißt Gleichgewicht etwas anderes als in einer linksperipheren. Da wird dann eben aus

Sie sehen es nicht auf dem Lande ...
Auf dem Lande sehen sie es nicht ...

und aus

Es gibt vor allem zwei Gründe für diese Schwierigkeiten.
Dafür gibt es vor allem zwei Gründe.

Für eine ausgewogene Präsentation des Ganzen ist uns jeder Strukturteil recht. Da kommen uns zum Beispiel bei der Gewichteumverteilung auch die Mittel aus dem Einstellungsrahmen gelegen, die die Beziehung zwischen Hintergrund und Schwerpunkt modifizieren. Das Modalverb, *must,* das im Original den Gedanken des alten Mannes als Vermutung charakterisiert,

The land must make a difference too, in the shape of the clouds.

nimmt unter der Bedingung einer expliziten Negation im Deutschen eine andere Bedeutung an

Über dem Land muß auch die Form der Wolken nicht dieselbe sein.

und wird deshalb durch das kontextuell äquivalente Adverb *sicher* ersetzt. Obwohl wir das Adverb auch in einer mittleren Position des Satzes verwenden könnten,

Über dem Land ist sicher auch die Form der Wolken nicht dieselbe.

verhilft uns seine Topikalisierung

> *Sicher ist auch über dem Land die Form der Wolken nicht dieselbe.*

zur konkaven Struktur, die dem *Land*, und damit dem schon im vorigen Satz eingeführten niedrigsten Wert die Mittelposition reserviert.

Was da im Zeichen des Gleichgewichts an den Satzanfang verschoben werden kann, sind mitunter auch erstaunlich große Stücke, und die können wiederum aus syntaktischen Verankerungen gelöst werden, denen man solche Trennungsmöglichkeiten gar nicht zutrauen würde.

Nachdem uns der erste Satz der Erzählung *Cat in the Rain* mit zwei Amerikanern in einem Hotel bekannt macht, lesen wir

> *They did not know any of the people they passed on the stairs on their way to and from their room.*

und das heißt dann in der Übersetzung eben nicht

> *Sie kannten niemanden von all den Leuten, die sie auf dem Weg in ihr Zimmer auf der Treppe sahen.*

weil der Schwerpunkt auf *niemanden* liegt und wir auf die konvexe Struktur des Originals doch lieber verzichten. Es heißt aber auch nicht

> *Sie kannten von all den Leuten, die sie auf dem Weg in ihr Zimmer auf der Treppe sahen, niemanden.*

obwohl der Schwerpunkt jetzt, unseren Erwartungen entsprechend, am Ende steht; sondern es heißt

> *Von all den Leuten, die sie auf ihrem Weg in ihr Zimmer auf der Treppe sahen, kannten sie niemanden.*

weil damit die zweitwichtigste Information des Satzes am Anfang steht und, zusammen mit dem Schwerpunkt am Ende und den schwächeren Informationswerten in der Mitte, das von uns bevorzugte konkave Informationsmuster bildet.

Genaugenommen heißt der Satz in der Zielvariante

Von all den Leuten, die ihnen auf dem Weg in ihr Zimmer auf der Treppe begegneten, kannten sie niemanden.

aber die Änderung von *die sie sahen* zu *die ihnen begegneten* gehört in das Kapitel über Satzgliedwechsel und darf in diesem Zusammenhang unkommentiert bleiben.

Das Beispiel ist nicht ganz frei von Paradoxien. Wenn wir die Länge der vorgeschobenen Struktur in Rechnung stellen, müssen wir zugeben, daß fast der ganze Satz in der Position vor dem finiten Verb, im sogenannten Vorfeld, steht. Danach kommen nur noch zwei Pronomen. Aber alles, was im Relativsatz vor dem finiten Verb steht, wäre letztlich aus der Situation irgendwie erschließbar. Eigentlich hätte der Satz auch

Von all den Leuten dort kannten sie niemanden.

lauten können. Daß man, wenn man in einem Hotel wohnt, den anderen Gästen dieses Hotels im Hotel begegnet, entspricht unseren Vorstellungen von einem Hotelaufenthalt ohnehin.

Mit dem Relativsatz fängt schon der informationell schwache Teil der Struktur an, also eben das, was sich auf der rechten Seite des englischen Satzes, fast möchte man sagen, beliebig lang hinziehen kann. Nur nebenbei sei bemerkt, daß wir uns im Deutschen wegen der morphologischen Probleme die doppelte Richtungsangabe *in ihr Zimmer* und *aus ihrem Zimmer* ersparen. Im Englischen dürfte sie den Aspekt der Wiederholung anzeigen, was dem spezifischen Charakter des englischen Aspekts besser gerecht wird. Das konkave Muster der Informationsstruktur bleibt davon ohnehin unberührt.

Die Sorglosigkeit im Umgang mit relativ unwichtigen Informationselementen gegen das Satzende hin ist aus der deutschen Perspektive erstaunlich, und wenn dann noch all die nichtfiniten Ergänzungen hinzukommen, mit denen wir im Deutschen schon aus grammatischen Gründen viel sparsamer umgehen müssen, können wir uns ganz gut vorstellen, warum Übersetzungen aus Sprachen mit linksperipherer Verbstellung gelegentlich mit Mäuseschwanzsätzen aufwarten:

> *Unzählige Abbildungen der malerischen Stellen der Stadt, manchmal nach Phantasie variiert, werden so während des ganzen Jahrhunderts gemalt, besonders infolge der großen Nachfrage von seiten der Engländer, die den venezianischen Fremdenverkehr eröffnen.*

Aus der englischen Perspektive lassen sich ja auch solche Sätze besser lesen.

Wegweiser

PARTIKELN

Eigentlich haben wir allen Grund, uns nicht allzu laut über Mäuseschwanzsätze lustig zu machen. Die perspektivische Verjüngung von Analogvarianten zu linksperipheren Originalen hat natürlich ein Gegenstück in rechtsperipheren Originalen. Und das kann die Verarbeitung wesentlich empfindlicher stören, als es die geschweiften Varianten je vermögen. Wenn man zu lange, ohne irgendwelche informationellen Anhaltspunkte auf die Auflösung rechts außen warten muß, kann man sich auf seinem Weg durch den deutschen Satz ganz schön schwertun. Da kommen einem dann die kleinen Objekte aus dem Inventar für konventionalisierte Redundanzen recht gelegen. Immer vorausgesetzt, es sind die richtigen und sie stehen am richtigen Platz. Wo sie nicht hingehören — und das trifft dann vor allem Übersetzungen aus dem Deutschen — können sie erstaunlich stören.

Auch wenn es so aussieht, als ob wir jetzt Flöhe zählen wollten, Partikeln wie *überhaupt* und *gar*, *schon* und *gerade* gehören zu den Modifikatoren, die den Schwerpunkt zum Hintergrund in Bezug setzen und damit so etwas wie einen Schlüssel zur Informationsstruktur liefern. Wo wir einen solchen zusätzlichen Hinweis als redundant verwerfen oder als nützlich begrüßen und was alles in dieser Schlüsselfunktion verwendet werden kann, darauf hat jede Sprache andere Antworten.

So unscheinbar sie in den meisten Fällen sind, Partikeln sind schon allein deswegen ein mehr als abendfüllendes Thema, weil es von ihnen so viele und so viele verschiedene gibt. Und selbst wenn in der Zielsprache analoge Wörter zur Verfügung stehen sollten, werden ihnen vielfach noch andere Varianten vorgezogen, andere Wörter oder syntaktische Wegweiser oder eben auch Strukturen ganz ohne Wegweiser.

Zunächst einmal scheint da einfach die Länge der Struktur, die einen Wegweiser aufnehmen soll, eine gewisse Rolle zu spielen. Obwohl sie ja wirklich nur ein strukturelles Fliegengewicht darstellt, kann die Partikel der Struktur, in die sie eingebettet wird, mehr Gewicht verleihen.

La fonction n'expliquait rien.

haben wir gelernt —

Die Funktion erklärte gar nichts.

jedenfalls in der Welt der Existenz. Und daß das *nichts* noch durch ein *gar* verstärkt wird, kann uns nur recht sein, auch wenn es im französischen Original nicht dasteht. Was nicht etwa heißt, daß das Französische keine solchen Partikeln hätte. Schon der nächste Satz, der sagt, daß die Funktion uns allenfalls verstehen läßt, was eine Wurzel, nicht aber was gerade diese Wurzel ist, verneint nicht weniger entschieden mit *pas du tout:*

Elle permettait de comprendre en gros ce que c'était qu'une racine, mais pas du tout celle-ci.

Hier ist nun die Übersetzung etwas zurückhaltender und begnügt sich mit *nicht aber* anstelle von *aber überhaupt nicht:*

Sie ließ einen im großen ganzen verstehen, was eine Wurzel, nicht aber, was gerade diese Wurzel war.

Natürlich könnten wir die Partikeln in der Übersetzung analog zum französischen Original verwenden und statt der ersten Negation die zweite auf diese Weise hervorheben:

Die Funktion erklärte nichts: Sie ließ einen im großen ganzen verstehen, was eine Wurzel, aber überhaupt nicht, was gerade diese Wurzel war.

Wir haben aber deutlich den Eindruck, daß die Informationseinheit in dieser Fassung nach rechts kippt — sicher wegen der größeren Explizitheit, die der letzte Teilsatz im Deutschen hat.

Im Französischen ist ja von dem letzten Teilsatz erstaunlich wenig übriggeblieben. Daß die Verkürzung der koordinierten Sätze eine Art Kreuzstichmuster in beiden Sprachen ergibt, das im linksperipheren Französischen gewissermaßen links zurück, im rechtsperipheren Deutschen rechts vor verläuft, und daß dadurch die koordinierten Sätze zusammen mit ihrem Hauptsatz im Französischen eine konvexe, im Deutschen eine konkave Informationsstruktur bilden, ist sicher kein Zufall. Die kurze Form des Französischen ist aber im Deutschen schon deshalb nicht möglich, weil sie aus

Ich verstehe, was diese Wurzel ist.

Ich verstehe diese Wurzel.

macht, und das ist ja schließlich etwas anderes.

Nur, ganz kurz mag man es im Französischen eben auch nicht. Wörtlich steht da:

Sie ließ einen im großen ganzen verstehen, was das war, eine Wurzel, aber überhaupt nicht diese.

oder noch etwas mehr hervorgehoben:

. . . aber überhaupt nicht gerade diese.

Und das ist selbst für unsere partikelgewöhnten deutschen Ohren etwas üppig. Aber dann steht doch an dieser Stelle der Höhepunkt des ganzen Satzes, der ohne die Partikeln wirklich kaum auszumachen wäre:

Sie ließ einen im großen ganzen verstehen, was das war, eine Wurzel, aber nicht diese.

Die strukturelle Schwäche muß in einer linksperipheren Sprache, wo wir rechts außen ohnehin keinen Höhepunkt erwarten, ganz besonders irreführend sein. Das Französische hat hier, scheint es, guten Grund, strukturell noch etwas mehr zuzulegen als das Deutsche.

Genaugenommen ist die Geschichte noch komplizierter, das französische Original und die deutsche Übersetzung liegen noch weiter auseinander, als grammatisch nötig wäre. Und das betrifft nicht nur die Partikeln, sondern überdies die Verwendung einer gewissermaßen geklonten Syntaxstruktur: *ce que c'était qu'une*, die die konvexe Struktur des Französischen noch weiter verstärkt. Die Erscheinung ist wichtig genug, daß wir ihr nach den Partikeln ein eigenes Kapitel widmen werden.

Bisher wissen wir aber über Partikeln gerade einmal, daß sie zu kurz geratene Strukturen aufpäppeln können. Da die sprachlichen Strukturen von Original und Übersetzung schon aus grammatischen Gründen verschieden kurz sein können, fällt auch ein ansonsten analoger Partikelbedarf unterschiedlich aus.

TYPISCH DEUTSCH

Aber nun kommt der Hutmacher und sagt

I told you butter would not suit the works.

ehe ihm der Märzhase die Uhr wegnimmt und sie mißmutig in den Tee taucht. Und in der Übersetzung lesen wir

Ich habe dir ja gleich gesagt, Butter ist für das Uhrwerk nichts.

und finden nichts im englischen Original, was dem *ja gleich* auch nur von Ferne entsprechen könnte. Da haben wir eine Partikel, oder gleich zwei, ganz für uns im Deutschen. Typisch deutsch, hören wir unsere alte Englischlehrerin sagen, diese Liebe zu den nichtssagenden Wörtern, den bedeutungslosen Füllseln wie *ja* und *denn*, *etwa* und *eben*. Aber dann räumt sie natürlich ein, daß der Satz von Carroll im Deutschen ganz unmöglich so wie im Englischen heißen könnte:

Ich sagte dir, Butter ist für das Uhrwerk nichts.

Im Präsens Perfekt wird das schon erträglicher:

Ich habe dir gesagt, Butter ist für das Uhrwerk nichts.

Aber richtig gut wird es erst mit einer Partikel: *ja, doch,* oder gleich zwei: *ja gleich,* wie in der Übersetzung. Das ist eben, wird jetzt mancher denken, so eine umgangssprachliche Form des Deutschen, für die verrückte Teegesellschaft in *Alice* gerade recht, aber ohne tiefere Bedeutung für unsere Erwägungen zur Verarbeitbarkeit von Informationsstrukturen.

Allerdings finden sich auch anderswo Dialoge, und keineswegs nur im unverbindlichen Konversationston. So fragt der Türhüter am Ende der Erzählung Kafkas

Was willst du denn jetzt noch wissen? Du bist unersättlich.

und der Mann vom Lande beginnt seine Antwort mit:

Alle streben doch nach dem Gesetz.

Da ist ein *denn* und ein *noch* in der Frage, ein *doch* in der Antwort, aber in der englischen Übersetzung lesen wir:

»*What do you want to know now?*,« *asks the doorkeeper.* »*You're insatiable.*« »*Everyone strives to reach the law,*« *says the man.*

Und das klingt nun wirklich, zurückübersetzt ins Deutsche, ganz anders:

»Was willst du jetzt wissen«, fragt der Türhüter.

und:

»Alle streben nach dem Gesetz«, sagt der Mann.

Da ist nichts mehr von der jahrelangen Vertrautheit des ungleichen Paars, von der Gereiztheit des Türhüters, vom Verstehenwollen des Mannes, und wir können den englischen Leser, der keinen anderen Zugang zum Gesetz hat, nur bedauern. Aber natürlich kann der Übersetzer nicht aus seiner englischen Haut heraus. Wenn er doch einmal versucht, etwas Vergleichbares in die englische Übersetzung zu bringen, sehen wir ihr die Anstrengung deutlich an:

Das Gesetz soll doch jedem und immer zugänglich sein, denkt der Mann vom Lande.

und das wird im Englischen zu:

The law should surely be accessible at all times and to everyone.

Wir können sehen, daß das *surely* die Strenge der Forderung ins Nachdenkliche abmildert und damit der Bedeutung des *doch* in diesem Zusammenhang irgendwie näher kommt. Aber verglichen mit dem feinen Ton des *doch* erscheint das *surely* eher rechtschaffen-bieder.

Im Unterschied zu den Grad-Partikeln *schon* und *gar*, die auf Zeit oder andere, mehr oder weniger meßbare Vorstellungen Bezug nehmen, setzen Partikeln wie *doch* und *ja*, *denn* und *etwa* das, was gesagt wird, in Bezug zur Meinung anderer. Während die erste Gruppe, die Gradpartikel, im Englischen auch zur Verfügung stehen, wenngleich sie weniger verwendet werden, gibt es die zweite Gruppe, die Meinungspartikel, im Englischen so gut wie nicht. Was durch sie ausgedrückt wird, ist in englischen Texten nur noch implizit oder durch Umverteilung auf andere Ausdrucksmittel, zum Beispiel Adverbien, gegeben.

Das ist eine Einschränkung der Übersetzbarkeit, mit der wir als Übersetzer leben müssen, wenn wir aus dem Deutschen ins Englische übersetzen. Aber wenn wir aus dem Englischen ins Deutsche übersetzen, sollten wir unsere Möglichkeiten voll nutzen.

DIE RAFFINESSE
DER KLEINEN REDUNDANZ

Davon, daß Partikeln die Verarbeitung der Informationsstruktur eines Satzes spürbar erleichtern, kann man sich an deutschen Originalen immer wieder überzeugen. Wenn es in

Das Gesetz soll doch jedem und immer zugänglich sein, denkt der Mann vom Lande.

letztendlich auch erst das *und* ist, durch das wir im nachhinein erfahren, daß das Dativobjekt *jedem* — ebenso wie das Adverb *immer* — einen Schwerpunkt trägt, hat uns das *doch* schon vorab einen Hinweis gegeben. Da *das Gesetz*, wie wir wissen, im abstrakten und konkreten Sinn der Ort ist, auf den die Erzählung Bezug nimmt, können wir den Hinweis von *doch* gleich richtig als einen Hinweis auf den kommenden Schwerpunkt verstehen.

Das ist nicht immer so. Wenn es am Ende der Geschichte heißt

Alle streben doch nach dem Gesetz.

dann verteilen sich Hintergrund und Schwerpunkt gerade umgekehrt auf die von *doch* strukturierte Aussage.

Das heißt, daß *doch* und die anderen Meinungspartikel Wegweiser sind, die man nur auf dem Hintergrund des bereits erreichten Kenntnisstands entziffern kann. Den müssen wir natürlich bei der Verarbeitung sprachlicher Strukturen ohnehin einsetzen. Sehen wir uns einmal den raffinierten Mechanismus näher an, über den Partikelbedeutung und Hintergrundwissen zusammen Höhepunkte herausleuchten.

Wenn wir in

Was willst du denn jetzt noch wissen?

beim *denn* angekommen sind, wissen wir, daß nun der Schwerpunkt beginnen muß, weil wir die Struktur vor dem *denn,* daß der Mann etwas will, schon dem Hintergrund zugeordnet haben. Daß der Mann jetzt, vor seinem Tode, eine Frage an den Türhüter hat, wußten wir aus den vorangegangenen Sätzen der Erzählung.

Weniger klar ist, welchem der folgenden Elemente der höchste Informationswert zukommt. Zwar können wir am Schluß auch noch das *wissen* zum *wollen* in den Hintergrund abschieben, aber ob wir die Frage als *jetzt noch wissen* oder *jetzt n o c h wissen* verstehen sollen, erfordert doch einige Rechenkünste. Ein Schwerpunkt auf dem *noch*

Was willst du denn jetzt n o c h wissen?

würde — wegen der Bedeutung des *noch* — auch das *jetzt* in den Hintergrund schieben. Der Mann müßte also »jetzt« schon eine andere Frage gestellt haben. Da dies nicht der Fall ist, ergibt unsere Rechnung, daß der Schwerpunkt auf dem *jetzt* liegen muß — also gerade da, wo ihn uns das *denn* vermuten läßt:

Was willst du denn j e t z t noch wissen?

Natürlich sind alle diese Rechnungen, logisch gesehen, nicht ganz wasserdicht, und auf dem Hintergrund der Geschichte könnten wir — wie im Englischen — den Schwerpunkt auf *jetzt* auch ohne die zusätzliche Rechenhilfe erkennen. Im Deutschen ist uns aber die Raffinesse der kleinen Redundanz allemal willkommen.

NIMM NOCH EINS

Nur, das *ja* oder *denn* allein genügt uns nicht, da muß noch ein *gleich* und ein *noch* dazu:

Ich habe dir ja gleich gesagt ...
Was willst du denn jetzt noch ...

Aus der Sicht des Englischen dürfte der deutsche Satz so, mit lauter zusätzlichen Hinweisschildchen bestückt, kaum mehr zu überblicken sein. Aber während es für das *denn* keine Entsprechung geben dürfte, stünde für das *noch* immerhin ein *else* zur Verfügung:

What else do you want to know now?

Damit kommen wir aber bei der Interpretation mit dem betonten *noch* an, die wir gerade als unzutreffend aussortiert haben. Also, weg mit dem *else*. Der Verlust hält sich in Grenzen; im Rahmen der Geschichte sieht die Aufteilung in Hintergrund und Schwerpunkt für

What do you want to know now?
Was willst du jetzt wissen?

oder:

Was willst du denn jetzt wissen?

nicht anders aus als für:

Was willst du denn jetzt noch wissen?

Durch die Hervorhebung des *jetzt* wird dieser Fall von Wissenwollen zu anderen, früheren Fällen von Wissenwollen in Beziehung gesetzt. Da die früheren Fälle von Wissenwollen schon durch die Geschichte gegeben sind, kann sich der englische Übersetzer leichten Herzens mit dem *now* im Schwerpunkt begnügen und auf die doppelte Buchführung mit dem *noch* verzichten. Denn genau diese anderen, früheren Fälle von Wissenwollen sind es, die mit dem *noch* ausdrücklich vorausgesetzt werden. Wenn ich *noch etwas wissen* will, dann ist dies mindestens schon ein zweites, was ich wissen will.

Aber das *noch* reicht nicht nur in die Vergangenheit zurück, es sagt auch etwas über die Zukunft, darüber, daß dem Wissenwollen ein Ende gesetzt ist. Auch wenn uns die Erzählung an dieser Stelle schon den Tod des Mannes angekündigt hat, hat diese Bedeutung des *noch* in der Frage des Türhüters ihren eigenen Stellenwert. Da hat der englische Übersetzer zu guter Letzt nun doch noch das Nachsehen; er muß dem Autor etwas schuldig bleiben.

Dennoch bilden wir uns auf die semantischen Feinheiten des *noch* nichts ein. Schließlich hat uns das Englische gerade in den Bereichen, die unsere sprachlichen Zeitvorstellungen bestimmen, einiges voraus. Mit den strengen Differenzierungen von Perfekt und progressivem Aspekt, die es uns schon fast in jedem zweiten Satz auferlegt, können so einzelne Partikeln wie *noch* und *schon* wirklich nicht mithalten.

Und doch ist es bemerkenswert, wie sehr sie sich uns aufdrängen, so, daß wir uns oft nur mit Mühe von einem zweiten *noch* oder *schon* innerhalb desselben Satzes abhalten können. Was macht Partikeln wie *noch* und *schon* im Deutschen so attraktiv? Sollte es nicht gerade ihre Fähigkeit sein, Schwerpunkte sichtbar zu machen?

Sehen wir uns die Frage des Türhüters

Was willst du denn jetzt noch wissen?

unter diesem Gesichtspunkt noch einmal genau an. Wir hatten uns durch das *denn* ermutigt gesehen, die ihm folgenden Elemente, und damit zunächst einmal das *jetzt*, zum Schwerpunkt zu zählen. Auf *jetzt* folgt *noch*, und *noch* ist entweder selbst Schwerpunkt oder weist das ihm benachbarte Element als Schwerpunkt aus. Da wir, dem Hinweis des *denn* folgend, *jetzt* schon einmal, sagen wir versuchsweise, zum Schwerpunkt gezählt haben, wählen wir als nächstes einfach die Lesart des *noch*, die zu dieser Entscheidung paßt — also nicht das *noch*, das selbst Träger eines Schwerpunkts ist, sondern das *noch,* das neben einem Schwerpunkt steht. Kurz, wir verstehen das *noch* so, daß es unsere Entscheidung bekräftigt.

Damit hat *denn jetzt* als Schwerpunkt in die nähere Wahl gezogen, *noch* die Wahl auf *jetzt* eingeschränkt. Die beiden Partikeln haben das *jetzt* auf den Schild gehoben, das so, zwischen ihnen, nicht mehr zu schlagen ist, und wir sind froh, daß sie uns etwas von unserer Rechenaufgabe abgenommen haben.

DER FRÜHE HINWEIS

Daß Partikeln auf diese Weise die Verarbeitbarkeit sprachlicher Strukturen verbessern, muß den Leser einer Sprache verwundern, die, wie das Englische, solche Wegweiser viel seltener verwendet oder — wie im Fall von *ja, denn, doch* — gar nicht kennt. Aus der Perspektive des Englischen dürfte sich die Interpretationshilfe der Partikeln so umständlich und kompliziert darstellen wie die Beschreibung, mit der wir ihren Zusammenhang gerade zu erfassen versucht haben.

Da können wir, wie es scheint, im Deutschen Schlüssel zur Informationsstruktur erkennen und verwenden, denen andernorts gar keine Schlüsselrolle zukommt. Gewiß, es gibt *also, even* und *only* und noch einiges mehr, was Schwerpunkte bindet. Aber verglichen mit den deutschen Partikeln wird derlei doch sehr sparsam eingesetzt. Da könnten wir nun versucht sein, zu denken, daß es eben der nüchternen Natur des Engländers widerstrebt, solchen strukturellen Schnickschnack einzusetzen, um Zusammenhänge aufzuzeigen, die sich auch so herauslesen lassen. Aber dazu glauben wir zu sehr an das Eigenleben der Sprache, vor allem an das Magnetfeld ihres grammatischen Kerns. Was die Verarbeitbarkeit von sprachlichen Strukturen verbessern kann, ist im Magnetfeld der einen Sprache nicht unbedingt dasselbe wie in dem der anderen.

Mit diesem Glaubenssatz im Rücken mustern wir jetzt noch einmal unsere Grundannahmen über den grammatisch bedingten Unterschied zwischen deutschen und englischen Informationsstrukturen. Was könnte die Verwendung von Partikeln als informationelle Wegweiser in einer rechtsperipheren Sprache attraktiver machen als in einer linksperipheren?

Und siehe, auf dieser Abstraktionshöhe ist die Antwort ganz einfach: Wir wissen zwar in beiden Sprachen, wo der Schwerpunkt liegt, aber nur in der linksperipheren Sprache, wo er beginnt. In der linksperipheren Sprache hat das Verb selbst die informationelle Zeigefunktion, ob es nun selbst Schwerpunkt ist oder ihm unmittelbar vorausgeht.

In der rechtsperipheren Sprache sind wir ohne zusätzliche Hilfestellung darauf angewiesen, die Informationseinheit als Ganzes verarbeitet zu haben, um zu entscheiden, wo der Schwerpunkt beginnt — genauer, wo er begonnen hat, denn das können wir dann mit letzter Sicherheit nur retrospektiv entscheiden. Unter diesen Umständen ist es nicht verwunderlich, daß wir Partikeln, die den Schwerpunkt anzeigen, besonders favorisieren, gestatten sie uns doch, die Informationsstruktur mit ziemlicher Sicherheit schrittweise von links nach rechts zu verarbeiten.

Während es bei der Frage des Türhüters im Englischen

What do you want to know now?

nur noch darum geht, sich am Ende des Satzes für *know* oder *now* als Träger des Schwerpunkts zu entscheiden, wüßten wir bei einer partikellosen Paraphrase des deutschen Satzes

Was willst du jetzt wissen?

an der Stelle des *jetzt* noch nichts von der Entfernung zwischen Adverb und Verb, also auch nicht, daß das *jetzt* direkt vor dem Verb steht und deshalb als Träger des Schwerpunkts in Frage kommt. Erst wenn wir beim Verb angekommen sind, können wir uns die Frage nach dem Schwerpunkt stellen, was bedeutet, daß wir noch einmal einen Teil der bereits verarbeiteten Struktur überprüfen müssen. Das scheint bei dieser Differenz von einem Wort keine große Aufgabe zu sein, aber irgendwie ist das Prinzip, daß man immer erst die Tür hinter sich zumachen muß, ehe man weiß, daß man am Ende des Gangs angekommen ist, einem so leistungsstarken System wie der Sprache nicht angemessen. Da warten wir lieber nicht erst aufs Ende, um unsere Position zu bestimmen, sondern suchen uns schon unterwegs irgendwelche Anhaltspunkte — Elemente, deren Verarbeitung uns leichtfällt, weil sie im übrigen nur wenig zum Inhalt beitragen, die uns dafür aber bei der Verarbeitung der gewichtigen Strukturteile erneute Durchläufe ersparen.

WIE AUS *ALWAYS SCHON* WIRD

Die Partikelliebe ist bei einer rechtsperipheren Sprache besonders ausgeprägt, aber kleine Wegweiser sind auch andernorts willkommen. Dabei kann es wegen der entgegengesetzten Ausrichtung von Original und Übersetzung zu erstaunlichen Mutationen kommen. Wir sehen uns einen solchen Fall einmal bei einem guten alten Bekannten an.

Wenn der alte Mann, auf See, sich damit beruhigt, daß es keinen Orkan geben wird, weil nichts zu sehen ist, dann fällt die Beruhigung besonders nachdrücklich aus, weil man die Anzeichen des herannahenden Sturms *schon Tage vorher am Himmel sehen kann.* So deutlich ist dies allerdings erst in der deutschen Übersetzung, im englischen Original steht da nur *for days ahead,* was vielleicht eher so etwas wie *tagelang vorher* heißt.

Das *schon* hebt die Zeitangabe ebenso hervor wie das *gar* oder *überhaupt* die Negation, und es klebt so fest an Zeitangaben im Deutschen, daß man sich gar nicht vorstellen kann, wie man in einer anderen Sprache ohne *schon* auskommt. Natürlich sind die *Tage vorher* auch ohne das *schon* von derselben beruhigenden Dauer, doch wird ihre Bedeutung für den alten Mann mit dem *schon* schneller erkennbar. Noch ehe wir die Zeitbestimmung gelesen und verstanden haben, wissen wir, daß sie einen Schwerpunkt des Satzes bildet.

Wir wissen dies durch das *schon*, das, wie viele andere Partikeln, einen Strukturteil neben sich als Schwerpunkt auszeichnet. Ob es sich dabei um den höchsten Informationswert des Satzes handelt, wissen wir allerdings erst, wenn wir alles verarbeitet haben. Und da kommt dann doch dem Sehenkönnen eine für die Sturmwarnung noch grundsätzlichere Bedeutung zu, mit der verglichen die Zeitbestimmung nur einen sekundären Schwerpunkt darstellt.

Da es für den Vergleich der Wegweiser aus Original und Übersetzung wichtig ist, die Relevanz des Sehenkönnens auch wirklich sehen zu können, sollten wir uns noch einmal die Situation vergegenwärtigen, in der wir uns mit diesem Satz befinden:

Wenn es einen Orkan gibt,

heißt es da,

kann man das auf See schon Tage vorher am Himmel sehen.

und:

Auf dem Lande sehen sie es nicht, dachte er, weil sie nicht wissen, woran sie sich halten sollen. Sicher ist auch über dem Land die Form der Wolken nicht dieselbe.

Es ist der alte Mann, der mit sich selbst spricht, und natürlich weiß er schon alles, was er sich da sagt, oder kann es sich zumindest aufgrund dessen, was er schon weiß, ausdenken, aber daß er sich gerade jetzt an sein Wissen über die Anzeichen für Orkane erinnert, kommt nicht von ungefähr. Schließlich ist es die Jahreszeit für Orkane, und er hat, so weit weg vom Land, allen Grund, sich an ihre frühe Erkennbarkeit zu erinnern. Obwohl alles, was ihm dazu einfällt, zu seiner Beruhigung beiträgt, ist nichts so wichtig wie die Feststellung, daß man das Herannahen eines Orkans sehen kann. In dem bestätigenden, affirmativen *sehen* steckt die Bedingung, auf die sich der alte Mann selbst vor allem anderen aufmerksam machen möchte. Alles andere betrifft die Umstände, die das Sehenkönnen näher bestimmen. Da ist von den Dingen die Rede, die den alten Mann zu diesem Zeitpunkt umgeben, und da am Himmel nur Sommerwolken zu sehen sind, wird es — was für den alten Mann lebenswichtig ist — in den nächsten Tagen keinen Sturm geben.

Gemessen an der Wichtigkeit des ersten Gedankens, sind die beiden folgenden nur noch eine Draufgabe, mit denen der alte Mann seinen Glauben an sich selbst bekräftigt. Er denkt an das Unvermögen der anderen, das er aber noch im selben Atemzug mit objektiven Schwierigkeiten entschuldigt. Was er, der alte Mann, sehen kann, können die anderen aus subjektiven und objektiven Gründen nicht sehen.

Der Kontrast zwischen dem Sehen und dem Nicht-Sehen ist so das Kernstück des ganzen Abschnitts, das Sehen und das Nicht-Sehen die jeweils wichtigste Information des Satzes bzw. Teilsatzes, zu dem sie gehören.

In der Analogvariante war die Position des affirmativen Verbs noch linksperipher. Das finite *sehen* ging, wie das englische Verb, seinen Ergänzungen voraus:

Wenn es einen Orkan gibt, sieht man das auf See schon Tage vorher am Himmel.

Die Umstellung an die rechte Peripherie war auf dem Weg von der Analog- zur Zielvariante durch den Einschub des Modalverbs erfolgt. Lieber ein bißchen Redundanz, aber dafür den informationellen Höhepunkt da, wo er hingehört:

... kann man das auf See schon Tage vorher am Himmel sehen.

Mit der Zeitbestimmung enthält die Informationseinheit aber eben noch einen zweiten Schwerpunkt, auf den uns das *schon* hinweist. Wenn wir von der internen Hierarchie der Informationswerte im Rest absehen, können wir sagen, daß die Partikel nicht nur den sekundären Schwerpunkt anzeigt, der mit ihr gesetzt ist, sondern uns zugleich, auf unserem Weg von links nach rechts durch den Satz, auf die Schnittstelle zwischen Hintergrund und Schwerpunkt hinweist.

Im englischen Original beginnt der Schwerpunkt des Hauptsatzes mit dem Verb:

> *If there is a hurricane you always see the signs of it in the sky for days ahead, if you are at sea.*

Die Verarbeitung des Verbs haben wir aber womöglich schon hinter uns gebracht, ehe wir uns seiner Relevanz bewußt geworden sind. Schließlich kann das Verb, muß aber nicht, Teil des Schwerpunkts sein: formal dient es uns ja nur als approximativer Anhaltspunkt für eine linksperiphere Position des informationellen Höhepunkts im englischen Prädikat.

Aber halt, da war noch das *always* vor dem *see*, das wir in der Übersetzung ganz aus den Augen verloren haben. Genaugenommen haben wir es dem *schon* geopfert. Wenn wir es beibehalten wollten, müßten wir es nämlich gerade an der Stelle des *schon* in den Satz aufnehmen:

> ... *kann man das auf See immer/schon Tage vorher am Himmel sehen.*

Da drängt sich uns nun doch eine verblüffende Analogie auf, die nahelegt, daß das *always* und das *schon* in der englischen und deutschen Informationsstruktur eine vergleichbare Rolle spielen. Unabhängig davon, daß sie etwas anderes bedeuten und auch unabhängig davon, daß sie informationell jeweils einem anderen Strukturteil zugeordnet sind, scheinen beide im wesentlichen die Stelle zu markieren, an der sich in der Informationseinheit Hintergrund und Schwerpunkt trennen.

Die Trennung ist in beiden Sprachen nicht ganz gleich, da das pronominale Objekt, *das*, im Deutschen zum Hintergrund, das nominale Objekt im Englischen, *the signs of it*, zum Schwerpunkt gehört. Aber dafür gab es ja, wie wir schon wissen, gute Gründe, weswegen es uns jetzt nicht weiter überrascht, wenn das *always* einen Schwerpunkt einleitet, dem im Unterschied zur deutschen Fassung, auch das Objekt angehört.

Wenn wir unsere Entdeckung noch einmal im Licht der Verarbeitbarkeit betrachten, scheint uns auch der Unterschied zwischen den im Original und der Übersetzung jeweils hervorgehobenen Elementen ganz natürlich. Schließlich arbeiten wir uns ja durch die Informationsstruktur von links nach rechts und treffen damit zwangsläufig in einer linksdirektionalen Informationsstruktur zuerst auf den höchsten Wert des Schwerpunkts, auf den wir in der rechtsdirektionalen Informationsstruktur zuletzt treffen. Während also die Informationswertehierarchie der linksperipheren Informationsstruktur mit dem, sagen wir, primären Schwerpunkt beginnt, beginnt sie in der rechtsperipheren Informationsstruktur mit einem sekundären Schwerpunkt.

Na ja, zu so einer prästabilisierten Harmonie sind wir natürlich gekommen, weil wir die linguistischen Unterschiede pragmatisch vereinheitlicht haben, Partikel und Adverb in einen Topf geworfen und nahezu jede Art von struktureller Erweiterung, Verkürzung und Umstellung zugelassen haben, ja sogar die Trennlinie zwischen Hintergrund und Schwerpunkt ein klein wenig verschoben haben.

Dennoch sind wir mit dem Ergebnis ganz zufrieden. Es leistet nämlich genau das, was wir uns im Vademecum zum Ziel gemacht haben: die Unterschiede zwischen der Originalstruktur und der präferierten Übersetzungsvariante aus den sprachspezifischen Bedingungen für die Verarbeitbarkeit von Informationseinheiten zu erklären.

Business class

SPALTSÄTZE

Der lexikalische Hinweis auf Schwerpunkte ist — strukturell gesehen — sehr sparsam, in der Regel ein Wort und meistens ein kurzes. Semantisch ist diese Art von Wegweiser ziemlich raffiniert — aber da wir eben dem *eben* und *schon, noch* und *nur, doch* und *denn* immerzu begegnen, bedeuten sie für unseren Sprach-Rechner gerade mal soviel wie eine Funktionstaste: eine Berührung, und die semantisch-pragmatische Operation, die uns einen Schwerpunkt anzeigt, ist fertig. Zum Staunen desjenigen, für den Deutsch eine Fremdsprache ist, und zur Verzweiflung des armen Programmierers, der versucht, das raffinierte kognitive Programm sprachwissenschaftlich darzustellen.

Hinweise auf Schwerpunkte können aber auch auf der syntaktischen Ebene gegeben werden — und dann kommen sie strukturell gewissermaßen auf großem Fuß einher. Sie brauchen dann innerhalb eines Satzes soviel wie ein ganzes Abteil für sich allein: einen Satz im Satz, der eigentlich nur dazu dient, die Relevanz bestimmter Elemente unübersehbar herauszustellen. Da stehen dann für einige Informationselemente im Satz doppelt so viele Plätze zur Verfügung wie gewöhnlich, das grammatische Gepäck kann locker verteilt werden, und das Element, das hervorgehoben werden soll, hat viel freien Raum um sich in einer syntaktischen Struktur, die sich leicht verarbeiten läßt, da sie wenig mit Bedeutung belastet ist.

Für das Verb und seine nominalen Ergänzungen gibt es in der Business class strukturelle Stellvertreter, wie *ist* und *war, es* und *was,* die selbst kaum etwas zum Inhalt des Satzes beitragen, aber im Abteil die Plätze freihalten für das wichtige Element, den Schwerpunkt. Einen Schwerpunkt, muß man sagen, denn es gibt verschiedene Varianten der Business class: solche, die den höchsten Informationswert des Satzes transportieren und andere, die selbst nur einen sekundären Schwerpunkt enthalten, aber gerade dadurch darauf hinweisen, daß der eigentliche Höhepunkt im nächsten Abteil sitzt.

Ein Teil dieser syntaktischen Wegweiser ist traditionell unter dem Namen Spaltsatz bekannt, wobei die sogenannten echten Spaltsätze den Schwerpunkt meist selbst transportieren, die Pseudospaltsätze aber nur über den sekundären Schwerpunkt auf den Höhepunkt der Folgestruktur verweisen. Einige Varianten der Business-class-Strukturen sind noch relativ wenig oder gar nicht bekannt.

Vergleicht man Originale und Übersetzungen im Hinblick auf syntaktische Wegweiser, dann stellt man fest, daß sie im rechtsperipheren Deutschen kaum, dafür aber überaus fleißig in einer linksperipheren Sprache wie dem Englischen verwendet werden. Von den hübschesten Demonstrationsstücken werden wir uns jetzt ein paar vornehmen und sehen, was wir ihnen für das Vademecum an verallgemeinerbaren Einsichten abgewinnen können.

SCHWIERIGKEITEN AM SATZANFANG

Vor dem Gesetz steht, wir wissen es, ein Türhüter, der dem Mann vom Lande den Einlaß verwehrt:

Solche Schwierigkeiten hat der Mann vom Lande nicht erwartet.

lesen wir und finden die *Schwierigkeiten* in der englischen Übersetzung aufgespalten auf zwei Sätze:

These are difficulties the man from the country has not expected.

Statt *such* oder *these difficulties,* einer einfachen substantivischen Gruppe, hat der Übersetzer einen ganzen Satz gewählt: *These are difficulties.* Das, was im Originalsatz über die Schwierigkeiten ausgesagt wird: daß sie der Mann vom Lande nicht erwartet hat, steckt in der Übersetzung in dem Relativsatz, der diesem neugebildeten Hauptsatz beigefügt ist.

Obwohl die *Schwierigkeiten* als *difficulties* in der Übersetzung scheinbar nur einmal vorkommen, stehen sie nach den Regeln der englischen Grammatik nicht nur am Ende des Hauptsatzes, sondern auch, unsichtbar, am Anfang des Nebensatzes. In einer deutschen Rückübersetzung wird das ein wenig deutlicher, da der Nebensatz die *Schwierigkeiten* noch einmal durch ein Relativpronomen aufgreifen muß:

Dies sind Schwierigkeiten, die der Mann vom Lande nicht erwartet hat.

Wenn wir das Relativpronomen durch sein Bezugselement ersetzen und das finite Verb in die Hauptsatzstellung rücken

Diese Schwierigkeiten hat der Mann vom Lande nicht erwartet.

sind wir, abgesehen einmal vom Unterschied zwischen *diese und solche,* wieder beim Originalsatz angekommen.

Was hat den englischen Übersetzer nur veranlaßt, eine solche strukturelle Schleife vorzuschalten? Hätte eine einfache Erwähnung der *Schwierigkeiten* im Englischen nicht genügt:

Such difficulties has the man ...

— aber da stocken wir schon, denn diese Version ist nicht möglich im Englischen. Und nun sehen wir es plötzlich ganz deutlich: Am Anfang des deutschen Satzes steht ja ein Objekt. Es hat sich uns nur nicht zu erkennen gegeben, da *die Schwierigkeiten* als Subjekt und Objekt, im Nominativ und Akkusativ, gleich aussehen. Hätten wir anstelle des femininen ein maskulines Genus, wie zum Beispiel in

Einen solchen Fall hat der Mann vom Lande nicht erwartet.

wäre uns der kritische Punkt sicher schon früher aufgefallen.

Kritisch ist der Punkt eben deshalb, weil ein Objekt im Englischen nur unter ziemlichen Anstrengungen an den Anfang seines Satzes zu bringen ist. Von einigen Ausnahmen abgesehen, muß ja vor dem englischen Verb in jedem Fall erst einmal das Subjekt stehen. Während im deutschen Hauptsatz die Position am Satzanfang, vor dem finiten Verb, beliebig besetzt sein kann, entsteht im Englischen mit jedem anderen Satzglied am Satzanfang ein ziemliches Gedränge vor dem Verb. So auch hier. Die Analogvariante

Such difficulties the man from the country has not expected.

ist eine Übersetzung, auf die wir gerne verzichten.

Nun könnten wir natürlich das Objekt in seine grammatisch angemessene Position am Ende des Satzes bringen

The man from the country has not expected such difficulties.

aber damit stünden die beiden Schwerpunkte des Satzes, die Negation und das demonstrative *such,* auf derselben Seite. Da halten wir uns doch lieber wieder an die Abfolge im deutschen Original und verteilen die beiden Schwerpunkte auch im Englischen etwas gleichmäßiger über den Satz: den sekundären, die Substantivgruppe mit dem Demonstrativum, mehr links; den primären, die Negation mit dem Verb, mehr rechts — und sei es eben um den Preis von ein wenig struktureller Redundanz.

Die syntaktische Aufwertung der Substantivgruppe *these difficulties* zum Satz *these are difficulties* konfrontiert uns jedenfalls mit weniger Verarbeitungsschwierigkeiten als die Abfolge *such difficulties the man from the country:* Durch die Spaltung können die *difficulties* im Hauptsatz als Prädikativum und im Nebensatz als Objekt verwendet werden. Als Objekt stehen sie dabei — unsichtbar — am Anfang des Relativsatzes, und gegen diese Anfangsstellung hat nun selbst die englische Grammatik nichts. Noch nicht einmal, wenn wir das Objekt als Relativpronomen sichtbar machen:

> ... *which the man from the country has not expected.*

Die eingeschränkten Möglichkeiten für Satzglieder am Anfang englischer Hauptsätze führen so, scheint es, zu einer Strukturverdoppelung. Natürlich tun sie dies nur unter ganz bestimmten Bedingungen. Schließlich hätten die *Schwierigkeiten* auch durch eine Passivierung in die Anfangsposition geschoben werden können. Aber das hätte dann den *Mann vom Lande* in eine ziemlich ausgefallene Stellung am Ende des Satzes gebracht:

> *Such difficulties were not expected by the man from the country.*

Was immer die genaue Ursache hierfür sein mag, die Informationsstruktur des englischen Passivsatzes ist ebenso trostlos verrutscht wie die des deutschen Passivsatzes:

> *Solche Schwierigkeiten wurden vom Mann vom Lande nicht erwartet.*

Wir sind froh, wenn wir dieser Schräglage um den Preis von ein wenig struktureller Redundanz auch im Englischen entkommen können.

DAS GEWICHT DER ECONOMY CLASS

Was über die Schwierigkeiten mit Objekten am Anfang eines englischen Satzes gesagt werden kann, trifft auch auf viele Adverbialbestimmungen in dieser Position zu. Wenn der Vater in Kafkas Erzählung über seinen vierten Sohn sagt

Vielleicht durch diese allgemeine Anerkennung gewinnt sein Wesen etwas Leichtes, seine Bewegungen etwas Freies, seine Urteile etwas Unbekümmertes.

dann steht da am deutschen Satzanfang — abgesehen vom Einstellungsmodifikator *vielleicht* — eine kausale Adverbialbestimmung, die im Englischen an dieser Stelle mehr als unerwünscht ist:

Perhaps, by this universal appreciation his nature ...

Da sehen wir nun mit einer gewissen Bewunderung den Strukturverdoppelungs-Trick des Übersetzers, mit dem der syntaktische Klumpfuß vermieden wird:

Perhaps this universal appreciation is what makes his nature rather facile, his movements rather free, his judgements rather unconcerned.

Wenn wir uns die Sache genauer ansehen, entdecken wir, daß die syntaktische Begradigung eigentlich mit dem Wechsel des Verbs erfolgt ist. Indem der Übersetzer statt *gewinnen* — sagen wir *gain* — *makes* verwendet, kann er mit einem Satzgliedwechsel die Ursache für die Wesensveränderung ins Subjekt bringen:

... the appreciation makes his nature facile ...

Wozu aber dann noch die strukturelle Verdoppelung? Denn daß es sich auch hier um eine Aufspaltung der Substantivgruppe in Haupt- und Nebensatz handelt, steht außer Frage, auch wenn ihre Form ein wenig anders ausfällt als im vorigen Beispiel. In den Grammatiken gilt dieser Typ von Strukturschleifen als eine Variante der sogenannten *Pseudo-Spaltsätze* à la: *What he says is this — This is what he says.*

Eine Rückübersetzung ins Deutsche ergäbe in etwa:

Vielleicht ist diese allgemeine Anerkennung das, was sein Wesen leicht macht ...

oder:

Vielleicht ist es die allgemeine Anerkennung, die sein Wesen leicht macht ...

Vom Deutschen aus läßt sich natürlich überhaupt nicht einsehen, warum die englische Version nicht einfach mit

Diese allgemeine Anerkennung macht sein Wesen leicht ...

auskommen könnte. Da müssen wir uns erst wieder auf unseren Aussichtsturm mit der größeren Abstraktionshöhe begeben, von dem aus wir erkennen können, wie es um die Verteilung der Informationswerte im Satz bestellt ist. Und siehe da, auf der rechten Seite besteht der Schwerpunkt des Satzes gleich aus einer Reihung von drei aufeinander folgenden Schwerpunkten: ... *etwas Leichtes,* ... *Freies,* ... *Unbekümmertes.*

Diesem Schwergewicht steht auf der linken Seite eine einzige, durch ein Demonstrativpronomen hervorgehobene Substantivgruppe gegenüber: *diese allgemeine Anerkennung.* Da scheint es uns nun doch ganz natürlich, wenn der sekundäre Schwerpunkt in der Business class noch durch ein wenig strukturellen Ballast in ein besseres Gleichgewicht zum komplexen primären Schwerpunkt in der Economy class gebracht wird.

Mit dieser Einsicht ausgestattet, brauchen wir jetzt auch eine Besonderheit des deutschen Originals nicht länger zu verdrängen: Die normale Reihenfolge würde nämlich im Deutschen das finite Verb an zweiter Stelle erfordern und vor der Adverbialbestimmung nach dem finiten Verb erst noch das Subjekt:

Vielleicht gewinnt sein Wesen durch diese allgemeine Anerkennung etwas Leichtes ...

Nun können wir im Deutschen jedes Satzglied an den Anfang holen, also auch sagen:

Durch diese allgemeine Anerkennung gewinnt sein Wesen etwas Leichtes ...

Allerdings muß hierfür das *vielleicht* seine Anfangsposition räumen und an eine entsprechende Stelle ins Mittelfeld zurückkehren:

Durch diese allgemeine Anerkennung gewinnt sein Wesen vielleicht etwas Leichtes ...

Wenn *vielleicht* im Original der kausalen Adverbialbestimmung am Satzanfang vorangeht, dann läßt sich dies nur damit rechtfertigen, daß die kausale Adverbialbestimmung besonders hervorgehoben werden soll.

Und hierfür gibt es inhaltlich, wie wir gesehen haben, einen guten Grund, wenn wir zwischen dem komplexen primären und dem einfachen sekundären Schwerpunkt ein gewisses Gleichgewicht erreichen wollen. Was die Doppelvorstellung im Original bewirkt, bewirkt die Spaltsatzstruktur in der Übersetzung. Jede Sprache nach ihren Möglichkeiten?

EIN ANDERER STELLENWERT

Sehen wir uns einmal die unterschiedlichen Möglichkeiten der Business class im Englischen und Deutschen an einem Beispiel etwas genauer an. Wenn Humpty Dumpty zu Alice sagt

I shouldn't know you again if we did meet. You are so exactly like other people.

dann macht Alice in ihrer Antwort gleich zweifachen Gebrauch von den Möglichkeiten, die der englische Spaltsatz bietet:

The face is what one goes by, generally.

Das ist derselbe Typ von Spaltsatz, mit dem der englische Übersetzer im vorigen Beispiel das strukturelle Gleichgewicht zwischen den Schwerpunkten des Satzes verbessert hatte. Auch Alice bedient sich dieser Art von Business class, um mit besonderem Nachdruck gegenzuhalten; aber im Unterschied zum vorigen Beispiel ist das Gegengewicht nicht von der Satzstruktur selbst abzulesen, sondern nur implizit, durch den Zusammenhang zum vorangegangenen Textinhalt, gegeben.

Erinnern wir uns an die einschlägigen Details aus dem Gespräch zwischen Alice und dem Ei auf der Mauer. Alice geht, zu Recht, davon aus, daß sie überhaupt nicht so ist wie alle anderen — Humpty Dumpty brauche ja bloß ihr Gesicht anzusehen.

Das sieht er natürlich anders

Your face is the same as everybody has — the two eyes, so ... nose in the middle, mouth under. It's always the same.

was ihn dann noch zu dem Ratschlag veranlaßt:

Now if you had the two eyes on the same side of the nose, for instance, — or the mouth at the top — that would be some help.

Aber Alice hat, als sie vom Gesicht als einem Anhaltspunkt für das Wiedererkennen sprach, nicht an die Punkt-Punkt-Komma-Strich-Vorstellung gedacht. Sie hat vielmehr mit ihrer Erwiderung gleichzeitig den ersten beiden Behauptungen Humpty Dumptys

I shouldn't know you again if we did meet. You are so exactly like other people.

widersprochen: Er würde sie beim nächsten Mal sehr wohl wiedererkennen können, und sie sähe überhaupt nicht wie andere Leute aus. Er brauchte sich dabei nur ans Gesicht zu halten, also an das, woran sich normalerweise alle Leute wiedererkennen lassen.

Die Erwiderung von Alice steht gegen alles, was zuletzt gesagt worden war, und das kann die einfache Version des Satzes im Englischen

Generally, you go by the face.

offensichtlich nicht leisten. In dieser einfachen Form ist der Satz nur eine Antwort auf die Frage »Woran lassen sich Leute wiedererkennen?« und nicht ein Einspruch gegen die Behauptung, daß sich Alice nicht von anderen Leuten unterscheiden läßt.

Bemerkenswert ist, daß ein Spaltsatz alleine daran noch nichts ändern würde:

Generally, it is the face, one goes by.

What one goes by, generally, is the face.

In dieser Form setzt der Satz immer noch voraus, daß man Leute wiedererkennen kann, weil sie unterscheidbar sind.

Erst wenn ich den primären Schwerpunkt an den Satzanfang hole, wird Platz für einen zweiten Schwerpunkt am Ende des Satzes. Die Version

The face is what one goes by, generally.

rückt den Gedanken, daß man sich überhaupt nach etwas richten kann, aus dem Hintergrund in den Bereich des Schwerpunkts. Jetzt steht der primäre Schwerpunkt am Satzanfang und der zum sekundären Schwerpunkt aufgewertete Hintergrund am Satzende, also gerade in der dem Englischen angemessenen linksgerichteten Verteilung von Informationswerten.

Zusammen geben die Doppelsatzstruktur und die Voranstellung dem Satz von Alice so viel Nachdruck, daß wir uns veranlaßt sehen, unsere Verarbeitungsroutine in eine andere Gangart umzuschalten, durch die wir die unmittelbar vorangegangene Sottise besser überspringen und das weiter zurückliegende Anschlußstück schneller ausfindig machen können. Das ist natürlich der Satz

I shouldn't know you again.

an den sich

The face is what one goes by.

mit nicht viel mehr als einem Zwischengedanken anschließen läßt:

> If you want to recognize me again: *the face is what one goes by.*

An dieser Stelle unserer Überlegungen finden wir nun die strukturelle Zugabe des Englischen mit ihrer besonderen Möglichkeit der Hervorhebung so wohlbegründet, daß wir die Enthaltsamkeit der deutschen Übersetzung gar nicht mehr verstehen können. Im Deutschen steht da nämlich nur ein einfacher Satz ohne separates Abteil:

> *Im allgemeinen richtet man sich da nach dem Gesicht.*

Kein Spaltsatz, keine Anfangsstellung für den primären Schwerpunkt — wie soll man sich da über die Impertinenz des letzten Satzes von Humpty Dumpty hinweg zügig zum passenden Anschlußstück hindurchfinden?

Nun, davon, daß der armen Alice im Deutschen keine solchen Doppelstrukturen zuzumuten sind, können wir uns ganz schnell überzeugen:

> *Das Gesicht ist es, wonach man sich im allgemeinen richtet.*

Oder, ohne die Voranstellung:

> *Es ist das Gesicht, wonach man sich im allgemeinen richtet.*

Ja, selbst wenn wir den Schwerpunkt ans Ende des ganzen Satzes bringen wollten

> *Wonach man sich im allgemeinen richtet, ist das Gesicht.*

— das Ergebnis ist jedesmal eine so unnatürlich gespreizte Ausdrucksweise, daß wir sie nicht einmal dem besserwisserischen Humpty Dumpty zuschreiben möchten.

Die einfache Satzstruktur mit dem Schwerpunkt am Ende ist gerade richtig, und wenn wir den Modifikator an den Satzanfang nehmen, ist die Informationsstruktur genauso ausgeglichen, wie wir uns dies wünschen.

Im allgemeinen richtet man sich da nach dem Gesicht.

Vielleicht würden wir das *da* vor dem primären Schwerpunkt nicht unbedingt brauchen, aber da es uns der Übersetzer nun schon einmal anbietet, verstehen wir es als einen Hinweis auf die strukturelle Grenze zwischen Hintergrund und Schwerpunkt.

Wie läßt sich der Unterschied zwischen den englischen und deutschen Bedürfnissen erklären? Da ist zunächst einmal die entgegengesetzte Ausrichtung der Informationsstruktur in beiden Sprachen. So ähnlich die Möglichkeiten des Deutschen mit den Spaltsatzstrukturen aussehen mögen — die Analogvariante

Das Gesicht ist es, wonach man sich im allgemeinen richtet.

ordnet die Informationswerte gerade gegen die Erwartung im Deutschen an: also links außen statt rechts außen. Das hebt den Schwerpunkt besonders hervor und schiebt das Folgende noch mehr in den Hintergrund.

Aber die umgekehrte Abfolge

Wonach man sich im allgemeinen richtet, ist das Gesicht.

ist — auch wenn die Schwerpunkte hier besser verteilt scheinen — keinen Deut besser. Wenn wir uns die Sache genauer ansehen, ergeben die Schwerpunkte links und rechts außen zwar eine schöne konkave Figur, aber auf Kosten des eigentlichen sekundären Schwerpunkts in der Mitte. Das Fragepronomen am Satzanfang verweist ja nur auf den Schwerpunkt am Satzende und die Doppel-Unterstellung, daß Alice überhaupt nicht wiedererkennbar, weil nicht unterscheidbar sei, bleibt unwidersprochen.

Wenn wir die Lupe wieder ablegen, könnten wir sagen: Wenn zwei das gleiche tun, ist es nicht dasselbe. Die Möglichkeiten des Spaltsatzes sind in einer linksperipheren Sprache andere als in einer rechtsperipheren.

Aber dann scheint uns ja das Deutsche im Unterschied zum Englischen überhaupt ganz gut ohne Spaltsätze auskommen zu können. Da sind auf der einen Seite die

Möglichkeiten — wie wir sie in den beiden ersten Beispielen besprochen haben —, andere Satzglieder als das Subjekt durch die Position am Satzanfang hervorzuheben. Und dann gibt es, wie wir schon wissen, die vielen Möglichkeiten der Hervorhebung durch Partikeln. Selbst dem winzigen *da* in unserem Beispiel ist eine gewisse gliedernde Kraft, durch die dem Hintergrund noch im nachhinein mehr Relevanz zukommt, nicht abzusprechen. Wir werden uns ein besonders eindrucksvolles Übersetzungsbeispiel für hie Partikel, dort Spaltsatz später noch unter einem anderen Gesichtspunkt ansehen; zunächst einmal nehmen wir es aber mit einem Gegenbeispiel, einem deutschen Spaltsatz, auf.

DAS IST ES JA GERADE

Gelegentlich hilft gerade die schwerfälligere Struktur des Spaltsatzes auch im Deutschen, genügend Abstand zum vorangegangenen Gedanken herzustellen. Die Antwort auf Alices höflichen Hinweis

> *The face is what one goes by, generally.*
>
> *That's just what I complain of.*

weist auch in der deutschen Übersetzung eine Spaltsatzstruktur auf:

> *Das ist es ja gerade, was ich an dir auszusetzen habe.*

Ohne den Spaltsatz würde nämlich

> *Das habe ich ja gerade an dir auszusetzen.*

direkt mit dem Gesicht von Alice in Beziehung gebracht werden können statt mit einem Sachverhalt dazu — was natürlich die einzige Möglichkeit für die Verwendung von *aussetzen* ist. Wir können nämlich nicht sagen

Er hat an Alice ihr Gesicht auszusetzen.

wohl aber:

Er hat an Alice auszusetzen, daß ihr Gesicht gerade diese Form hat.

Aber vielleicht würde Humpty Dumpty seinen Satz

You are so exactly like other people.

im Deutschen einfach nur mit

Das ist es ja gerade ...

wieder aufgreifen und damit dann ohne das Verb, dessen Bedeutung sich mehr oder weniger ohnehin aus dem *ja* und seinem Hinweis auf die vorangegangene Kritik erschließen läßt.

Wenn wir es recht bedenken, so hat das Englische gerade diese Möglichkeiten, an vorangegangene Meinungen zu erinnern, nicht. Und *that's it* oder *that's just it* ist eben ohne den Hinweis einer Meinungspartikel in seiner Bedeutung wesentlich weniger variabel.

Da kommen wir zuletzt noch bei dem kühnen Gedanken an, die konventionalisierte Redundanz des Spaltsatzes steckte in diesen Fällen nicht im Haupt- sondern im Nebensatz: Nicht am Anfang, sondern am Ende wird noch etwas von den impliziten Informationselementen ausbuchstabiert. Letztere sind dann zwar nicht ganz so offensichtlich wie Infinitivergänzungen vom Typ

The tea is too hot to drink.

aber weglaßbar sind sie eben doch auch. Diese Entdeckung machen wir aber erst anhand des deutschen

Das ist es ja gerade.

Im Englischen läßt sich die Spaltsatzstruktur nicht durch den Verzicht auf die Spezifik der Information in der Economy class, sondern nur durch den Verzicht auf die Hervorhebung in der Business class zurücknehmen:

I complain of just that.

Ohne den Spaltsatz kommt uns die Äußerung schon fast wie ein *understatement*, eine Untertreibung vor, und das ist doch erstaunlich, da uns hier auch im Englischen mit der Partikel *just* zumindest noch ein lexikalischer Hinweis auf einen Schwerpunkt gegeben ist.

Natürlich könnten wir jetzt einfach sagen, daß der Satz in dieser Form unidiomatisch ist, daß er in dieser Form dem englischen Sprachgebrauch nicht entspricht. Aber dann geht es uns ja im Vademecum um die allgemeinen Unterschiede zwischen den jeweils bevorzugten Sprachstrukturen, und da müssen wir zugeben, daß sich die Kritik Humpty Dumptys derselben Struktur bedient wie der Hinweis von Alice, auf den sie folgt. So verschieden die Sätze

The face is what one goes by.

und

That's just what I complain of.

aussehen, sie haben beide das Objekt nach der Präposition zum Satz aufgewertet und nach vorne geschoben. Damit haben sie nicht nur ihren primären Schwerpunkt: *the face* bzw. *that* zusätzlich hervorgehoben, sondern auch den Hintergrund des Satzes zu einem Teilsatz erweitert und so als sekundären Schwerpunkt gekennzeichnet.

So gesehen hat auch *I complain of* einen zusätzlichen Nachdruck erhalten, nicht anders als *what one goes by*. Aber im ersten Fall ist der Inhalt des sekundären Schwerpunkts de facto schon bekannt und läßt sich damit im Deutschen mit Hilfe des *ja* in ein Pronomen verkürzen.

Oder sagen wir lieber, ließe sich in ein Pronomen verkürzen, denn in Wirklichkeit haben wir an der voll übersetzten Ausgangsstruktur nichts auszusetzen. Vor die

Wahl zwischen zwei gleich gute Paraphrasen gestellt, werden wir uns immer für die entscheiden, die dem Original formal näher ist. Wenn

Das ist es ja gerade.

im gleichen Kontext tatsächlich dasselbe besagen sollte wie

Das ist es ja gerade, was ich an dir auszusetzen habe.

würden wir vielleicht den kürzeren Satz dem längeren vorziehen, wären da nicht das Original

That's just what I complain of.

und unsere Maxime, die einen Verlust an Oberflächenäquivalenz nur zuläßt, wenn es die angemessene Verwendung der Mittel der Zielsprache erfordert.

PROBLEME BEIM ZÄHLEN

Das Phänomen der Business class ist nicht auf Spaltsätze beschränkt. Bekanntlich beginnen viele englische Sätze mit *there is/there are*, ohne daß wir uns im Deutschen allzu oft veranlaßt sähen, das analoge *es gibt* zu verwenden. Natürlich finden sich auch im Deutschen, und dann in der Regel mit Umstellungen zugunsten ausgewogener Informationsstrukturen, Sätze wie:

There were big palms and green benches in the public garden.
In den öffentlichen Anlagen gab es große Palmen und grüne Bänke.

Aber meist halten wir uns dabei lieber an ein spezifischeres Verb und verzichten auf das expletive *there*. So zum Beispiel im berühmten Kapitel über die verrückte Teeparty, das im Original mit

There was a table set out under a tree in front of the house.

beginnt, aber in der Übersetzung mit:

Unter einem Baum vor dem Haus stand ein gedeckter Tisch.

Hier ist aus dem *sein* ein *stehen* geworden, das *es* ist verschwunden. Dabei ist, nebenbei bemerkt und ganz im Sinne unserer informationellen Erwartungen, so ziemlich alles, was aus der Sicht der deutschen Grammatik nicht niet- und nagelfest ist, von rechts nach links gewandert — jede Ergänzung um ihren Bezugspunkt herum: die Ortsbestimmung vor das finite Verb, das Partizipialattribut vor sein Substantiv.

Nicht selten wird jedoch in ähnlichen Fällen, wo sich noch, wie hier, in greifbarer Nähe ein weiteres, bedeutungstragendes Verb findet, letzteres anstelle der Kopula verwendet. Dies macht dann natürlich aus einer Doppelsatzstruktur die eines einfachen Satzes. Da ist zum Beispiel die Geschichte von der *Katze im Regen,* die im Original mit dem Satz

There were only two Americans stopping at the hotel.

beginnt, in der deutschen Übersetzung aber mit:

Nur zwei Amerikaner wohnten im Hotel.

Ziemlich kurz, finden wir. Zu kurz?

Vielleicht sollten wir in diesem Fall nun doch einmal auf Benjamin hören — der sagt: »*Die Interlinearversion ... ist das Urbild oder Ideal aller Übersetzung*« — und näher am Original bleiben? Aber Benjamin sagt dies in bezug auf den heiligen Text, und sicher brauchen wir die Erzählung Hemingways nicht zu den großen Schriften zu rechnen, um derentwillen der Übersetzer, wie zum Beispiel Hölderlin in seinen Sophoklesübersetzungen, die »*morschen Schranken der eigenen Sprache*« »*bricht*«. Was gewännen wir schon für das Deutsche, wenn wir es gerade hier den syntaktischen Strukturen des Englischen »*anverwandelten*«?

Es gab nur zwei Amerikaner wohnend im Hotel.

Das postnominale Partizipialattribut steht uns nun einmal im Deutschen nicht zur Verfügung; die Analogvariante ist grammatisch inakzeptabel. Aber auch angesichts der pränominalen Variante

Es gab nur zwei im Hotel wohnende Amerikaner.

die ja etwas ganz anderes besagt als der Originalsatz, greifen wir lieber zu einer Paraphrase ohne Partizip.
Wie wäre es mit einem Relativsatz?

Es gab nur zwei Amerikaner, die im Hotel wohnten.

Nein, das gefällt uns nicht. Hat der Satz denn nun so dieselbe Bedeutung? Genaugenommen sind wir nicht einmal sicher, was die Relativsatzvariante bedeutet. Wohnten andere Amerikaner anderswo? Gab es noch andere Amerikaner im Hotel, die nicht zu den Gästen zählten?
Im englischen Original

There were only two Americans stopping at the hotel.

geht es viel deutlicher um die Leute, die im Hotel wohnten, von denen eben zwei Amerikaner waren. Auch die strukturell verkürzte Übersetzung

Nur zwei Amerikaner wohnten im Hotel.

würden wir eher so verstehen. Nur die Variante mit dem Relativsatz

Es gab nur zwei Amerikaner, die im Hotel wohnten.

können wir nicht richtig interpretieren.

Im Unterschied zum Englischen verwendet das Deutsche hier zwei finitite Verben, und es sieht ganz so aus, als müßten wir zumindest auf eines von beiden verzichten. Entweder beschränken wir uns auf den Aufenthalt im Hotel und lassen das *there are* fallen

Nur zwei Amerikaner wohnten im Hotel.

oder es ist uns mehr nach einer existentiellen *Es-war-einmal*-Variante zumute und wir verzichten auf das zweite, das spezifischere Verb:

Es gab nur zwei Amerikaner im Hotel.

Vergleichen wir die beiden Varianten im Zusammenhang mit dem nächsten Satz, der über die beiden Amerikaner weiterspricht

They didn't know any of the people they passed on the stairs on their way to and from their room.

so erscheinen uns die personae dramatis mit der ersten Version nachdrücklicher eingeführt zu sein als mit der zweiten, die doch mehr von der Situation im Hotel im allgemeinen handelt. Da stehen wir nun, voller Tatendrang, überzählige Strukturen zu entfernen, aber wissen gar nicht, wie wir zählen sollen.

EINE EXISTENTIELLE VARIANTE

Nicht zu übersehen ist, daß bei Übersetzungen von Sätzen mit dem expletiven *there* im deutschen Satz oft deutliche Verschiebungen von rechts nach links bevorzugt werden, unabhängig davon, ob das *there* und die Kopula nun wirklich überzählig sind oder nicht. Meist sind es Verschiebungen, die das Ende des Satzes für den Schwerpunkt freigeben. Im Satz über die beiden Amerikaner ist es aber der Schwerpunkt selbst, der nach links wandert:

There were only two Americans stopping at the hotel.

Daß wir hier erst gar nicht in Versuchung kommen, die Ortsbestimmung am Ende des Satzes für den Schwerpunkt zu halten, verdanken wir unter anderem der Partikel vor dem Subjekt. Wörter wie *nur* haben ja, wie wir wissen, die Eigenschaft, Schwerpunkte an sich zu binden, genauer gesagt das Element, meist das folgende, das ihnen zugeordnet ist, gegenüber den anderen hervorzuheben. Dabei schneidet sich das *nur* — nicht anders als das *noch* und das *schon* — aus der Bedeutung des Satzes seinen eigenen Schwerpunkt heraus. Aus der Perspektive des *nur* wird die Menge der Amerikaner, die im Hotel wohnten, zum Hintergrund, und die Tatsache, daß es nicht mehr als zwei waren, zum Schwerpunkt.

Aber dann haben wir neben der informationellen Ordnung, die das *nur* in den Satz bringt, auch noch die Wertehierarchie, die dem Satz im Textzusammenhang zukommt. Da waren, wie der zweite Satz sagt, noch andere Leute im Hotel, aber sie kannten sie nicht:

They didn't know any of the people they passed on the stairs on their way to and from their room.

Sie, das ist ein amerikanisches Ehepaar — die Hauptpersonen der Geschichte, und der erste Satz stellt sie uns am Ort des Geschehens vor.

Damit sind die beiden auch aus der Sicht des nächsten Satzes Schwerpunkt ihres Satzes, und weil wir an den linksperipheren Schwerpunkt englischer Prädikate glauben, finden wir es nur recht und billig, wenn sich die beiden Amerikaner im Englischen in der Mitte des Satzes befinden, der sie einführt.

Gerade diese Position sichert ihnen das redundante *there*:

There were only two Americans stopping at the hotel.

Ohne das *there* müßte der Schwerpunkt entweder direkt am Anfang des Satzes stehen

Only two Americans were stopping at the hotel.

oder am Ende:

At the hotel were only two Americans.

So gesehen ist das *there* natürlich gar nicht redundant. Es gibt der Informationsstruktur die bevorzugte konvexe Form, und erst wenn wir es analog ins Deutsche übernehmen, wo konvex nicht gefragt ist, wird es redundant.

Aus der deutschen Sicht ist aber nicht nur das *there* redundant, für uns hatte der kleine Satz ja auch noch ein Verb zuviel. Um die Kopula und das Partizip unterzubringen, brauchen wir im Deutschen sogar zwei komplette Teilsätze, womit der Eindruck von Redundanz noch verstärkt wird. Wir finden entschieden, daß *ein* Verb wirklich genügt.

Und überhaupt. Das Englische könnte seine konvexe Informationsstruktur auch ohne ein zweites Verb erreichen. Der Satz

There were only two Americans at the hotel.

sollte doch eigentlich für den Anfang dieser und anderer Geschichten ausreichen?

STRUKTURELLE ARBEITSTEILUNG

Nun könnte einer sagen, das Englische hat eben diese vielen Möglichkeiten der nichtfiniten Ergänzungen mit Partizipien und Infinitiven und nutzt sie. Schließlich handelt es sich um ausgesprochen elegante Mittel zur Verkürzung von Satzstrukturen, wo das, was ohnehin erschließbar ist, einfach weggelassen wird. Was bei der Interpretation wie zu ergänzen ist, regelt die Grammatik, die uns zum Beispiel sagt, daß es einmal das Subjekt eines passiven Satzes ist:

There was a table set out under a tree.

oder das Subjekt eines aktiven Satzes:

There were only two Americans stopping at the hotel.

oder sein Objekt:

The tea is too hot to drink.

Mit den vielen strukturellen Sparmöglichkeiten des Englischen können wir im Deutschen nicht mithalten.

Aber dann fällt unser Blick auf das Beispiel mit dem Tee, der zum Trinken zu heiß ist, und die feinen Sparmöglichkeiten verwandeln sich unterderhand in konventionalisierte Redundanzen, aus Mitteln der Strukturverkürzung in Mittel der Strukturerweiterung. Während uns die Nützlichkeit von Strukturverkürzungen unmittelbar einleuchtet, scheinen uns zusätzliche Strukturen von Natur aus überflüssig.

Tatsächlich sind wir in der Business class aber schon eine ganze Weile dabei, uns den informationellen Vorteil von Strukturerweiterungen klarzumachen. Ein Mehr an Struktur kann den Schwerpunkt in die gewünschte Position bringen. Das Subjekt als Träger des Schwerpunkts im Satz über die Amerikaner wird durch das *there* mehr nach rechts, das Prädikativum im Satz über den Tee durch *to drink* mehr nach links geschoben.

Um den Schwerpunkt an seinen bevorzugten Platz zu bringen, sollte aber *ein* Mittel genügen. Wenn das *there* die beiden Amerikaner schon in die richtige Position gebracht hat

There were only two Americans at the hotel.

dann müßten wir uns damit doch schon zufriedengeben können. Schließlich steht auf der rechten Seite noch eine Lokalbestimmung, die das Gleichgewicht ohnehin gewährleistet. Warum also das Partizip?

Der Fall ist keine Ausnahme. Wir erinnern uns an all die vielen Partizipien, die wir bei unseren Übersetzungen aus dem Englischen ins Deutsche ohne Skrupel fallengelassen haben, da sie zur Bedeutung ihres Satzes nichts beigetragen haben, was wir damit nicht ohnehin verbunden hätten.

Und was, in der Tat, sagt die Version mit dem Partizip

There were only two Americans stopping at the hotel.

was nicht aus der Version ohne das Partizip

There were only two Americans at the hotel.

auch herauszulesen wäre?

Natürlich, die beiden Amerikaner könnten sich zum Beispiel nur auf einen Espresso im Hotel verabredet haben. Aber über die verschiedenen Aspekte ihres Hotelaufenthalts berichtet die Geschichte in der Folge ohnehin. Schon im nächsten Satz ist von ihrem Zimmer die Rede, und der Zeitpunkt des Aufenthalts dehnt sich auf eine unbestimmte, aber deutliche Weise aus: auf die vielen Gelegenheiten, bei denen ihnen auf ihrem Weg durch das Hotel andere Leute begegnen:

They didn't know any of the people they passed on the stairs on their way to and from their room.

Immerhin setzt das Partizip diese zeitliche Lokalisierung schon mit dem ersten Satz:

There were only two Americans stopping at the hotel.

Und wenn wir auf dieser Grundlage den zweiten Satz von Anfang an als eine Folge von Ereignissen interpretieren können, trägt dies sicher dazu bei, daß sich seine sprachlichen Strukturen rascher verarbeiten, also besser lesen lassen.

Aber dann müssen wir uns ja für die Verarbeitung des Partizips zusätzlich anstrengen, um so mehr, als wir es nun nicht mehr mit einem einfachen, sondern mit einem komplexen Satz zu tun haben. Und daß der semantische Gewinn den syntaktischen Aufwand lohnt, können wir nicht so recht glauben.

Wenn es nicht gerade ein Dichter wäre, dem wir da die Worte in den Mund zählen, könnten wir ja einfach die Nachlässigkeit des Autors im Umgang mit den sprachlichen Mitteln für das überzählige Partizip verantwortlich machen. Und überhaupt, so auf die Goldwaage gelegt zu werden, verdienen vielleicht nicht einmal die Sätze eines Dichters.

Wir sind ja schließlich ausgezogen, um die bestmögliche Übersetzung zu finden, und was da im Deutschen vorzuziehen ist, darüber haben wir uns schon geeinigt. Gerade das spezifischere *wohnen* erspart uns das redundante Expletivum, unabhängig davon, ob wir den Schwerpunkt am Ende oder am Anfang des Satzes bevorzugen.

Die Variante mit dem Schwerpunkt am Anfang stünde allerdings auch dem Englischen zur Verfügung, wenn es dem Autor nun doch um das spezifischere Verb zu tun wäre:

Only two Americans were stopping at the hotel.

Aber wenn es nun das spezifischere Verb *und* der Schwerpunkt in der Satzmitte sein soll, dann braucht es hierfür das expletive *there und* die Kopula, also just die sprachliche Struktur, die im Original verwendet wird.

Dies bedeutet, daß es nicht so sehr das Partizip, sondern das finite Verb im Satz ist, also die Kopula selbst, die zusammen mit dem expletiven *there* als konventionalisierte Redundanz in einem solchen Fall die dem Englischen angemessene Struktur sichern hilft. Das Partizip ist dabei nur der Rest der spezifischen Bedeutung des Prädikats.

Da haben wir also im englischen Satz so etwas wie eine Arbeitsteilung bei den sprachlichen Mitteln in einen, sagen wir einmal, pragmatisch-informationellen und einen spezifisch-semantischen Strukturteil: das Expletivum mit der Kopula, die den Anfang des Satzes vor einem Schwerpunkt füllen und damit gleich als Hinweis auf den Schwerpunkt verstanden werden können — das Partizip, das nach dem Schwerpunkt das eigentliche Verb des Satzes nachliefert. Und dieses Arrangement kennen wir inzwischen schon ziemlich gut. Das ist die Business class vom Typ »echter Spaltsatz, existentielle Variante«, mit dem Höhepunkt in der Mitte, vor einer schwächer besetzten Economy class, deren finites Verb zum Partizip geschrumpft ist.

Die Neigung des Englischen zur Business class ist wirklich bemerkenswert. Wir werden darauf zurückkommen — aber jetzt besichtigen wir zur Abwechslung einmal eine Figurensammlung von ganz anderer Art.

Weichenstellung

UNGEWOLLTE PERSONIFIZIERUNG

Auch auf dem Gebiet der Architektur schreitet die Stadt weiter,

heißt es über Venedig, und obwohl »das Leben weitergeht« und »ein Bau vorankommt«, sehen wir die Bewegung lieber ohne Kothurn, wie majestätisch das Objekt der Entwicklung auch immer sein mag. Das *Schreiten* überlassen wir lieber Königen und Mannequins, hochaufgerichtet und würdevoll, und wenn es ums *Weiterschreiten* geht, dann würden wir nicht einmal den langbeinigen Storch in Betracht ziehen, dem das *Schreiten* an sich auf den Leib geschrieben scheint.

In anderen Varianten sind wir da großzügiger und begnügen uns schon mit der allerallgemeinsten Vorstellung des unaufhaltsamen Vorankommens, wenn die Sache langsam, aber unausweichlich vor sich geht. Da *schreiten* dann Prozesse *voran,* und beileibe nicht nur erfreuliche, wie »die Arbeit an einem Buch«, sondern auch »Krankheiten« oder der »Verfall einer Stadt«, sagen wir zum Beispiel Venedigs, auf dem Gebiet der Architektur. Nur die Stadt selbst taugt auch in diesem Fall nicht als Subjekt.

Nun sind wir, wie es scheint, ins Kleingedruckte der Sprache geraten, mit dem wir uns im Vademecum ausdrücklich nicht befassen wollten, die Eigenschaften der einzelnen Wörter: *weiterschreiten, voranschreiten* — ihre zufälligen Fixierungen auf den einen oder anderen Anwendungsbereich: auf Personen, Dinge, Prozesse, Sachverhalte, etc.

Daß die konzeptuellen Wege übers Land in jeder Sprache ganz anders verlaufen, haben wir uns im Prinzip schon klargemacht. Natürlich ist das Prinzip, nach dem die Wege angelegt werden, in jeder Sprache das gleiche. Aber daß wir alle eine Bewegungsform von einer Klasse, sagen wir, »Menschen«, auf eine andere, wie zum Beispiel »Prozesse«, übertragen können, hilft uns beim Übersetzen des einzelnen Wortes mit seinen Eigenarten wenig. Die Peinlichkeit eines übersetzerischen Fehlgriffs wird auch dadurch nicht abgemildert, daß wir uns, zum Beispiel, ein Weiterschreiten der Stadt auf dem Gebiet der Architektur sogar genau in dem vom Autor gewünschten Sinne vorstellen können. Nur daß dabei eben über den gewollten Sinn hinaus noch dieser ungewollte, groteske Effekt zustande kommt. Weil die Stadt für uns kein Prozeß, sondern ein Ding ist, verstehen wir ihr Weiterschreiten auf dem Gebiet der Architektur nicht als einen Prozeß der Ausbreitung, sondern als Fortbewegung von einem Ort zum andern, und dies eben aufrecht und majestätisch, langsam und unbeirrbar.

Mit seinem Fehlgriff hat uns der Übersetzer die Karikatur einer Stilfigur beschert, die wir in anderen, beabsichtigten und geglückten Zusammenhängen als *Personifizierung* zu schätzen wissen. Da können wir dann mühelos die Dinge dieser Welt, zum Beispiel in einer Welt hinter den Spiegeln, anders zusammensetzen und über den Schöpflöffel sagen:

The soup ladle was walking up the table towards Alice's chair and beckoning to her impatiently to get out of its way.

Der Schöpflöffel kam über den Tisch auf Alice zugeschritten und bedeutete ihr mit einer herrischen Geste Platz zu machen.

In einer solchen Welt, in der sich nicht die Wörter, sondern die Dinge geändert haben, auf die sich die Wörter beziehen, ist eben alles möglich. Auch die Feststellung

It's ridiculous to leave all the conversation to the pudding.

also:

Es ist lächerlich, dem Pudding die ganze Unterhaltung zu überlassen.

die den Pudding gleich zweimal ins Reich der Personen befördert: als Dativobjekt zu *überlassen* und als logisches, implizites Subjekt zu *Unterhaltung*. Wie das Beispiel übrigens zeigt, sind Personifizierungen, und das gilt auch von den ungewollten, keineswegs auf das Verhältnis zwischen Subjekt und Prädikat eingeschränkt. Die meisten Personifizierungen, mit denen wir es beim Übersetzen zu tun haben, sind allerdings weniger phantastisch und werden von uns als Metaphern, als Vergleich, in eine Welt des Als-ob eingeordnet. Da *lächelt uns der Garten zu,* und *die Dinge* können *wie Gedanken auf halbem Wege stehenbleiben* und *sich vergessen, vergessen, was sie denken wollten*...

Daß Dinge so aussehen, als ob sie etwas denken wollten und damit mit willensbegabten Individuen vergleichbar werden, können wir uns schon leichter vorstellen, als daß Schöpflöffel auf uns zuschreiten oder daß wir uns mit einem Pudding unterhalten. Daß *eine Funktion* etwas *erklären* könnte, daß sie *uns etwas verstehen läßt,* das finden wir nun schon ganz und gar selbstverständlich. Auch wenn wir das *erklären können* vorrangig für uns selbst beanspruchen würden, gegen *Funktionen* im Subjekt zu *erklären* haben wir nichts einzuwenden.

Auch das paraphrasenartige *verstehen lassen* können wir auf *Funktionen* beziehen; aber wenn uns die *Funktion* etwas zu verstehen *erlaubt,* fühlen wir uns unmerklich hinübergleiten in die Welt der ungewollten Personifizierungen. Und wenn gar das *Medikament* das *Herz ermutigt, gleichmäßiger zu schlagen,* oder *klinische Versuche verschiedene Interferonarten miteinander vergleichen,* sind wir endgültig wieder dort gelandet, wo *Venedig auch auf dem Gebiet der Architektur weiterschreitet*.

Wo die Grenze zwischen Bedeutungsübertragung und Methaper, gewollter und ungewollter Personifizierung verläuft, erscheint an sich schon rätselhaft genug. Aber wenn wir nun noch feststellen müssen, daß die ungewollten Personifizierungen Analogvarianten sind, zu denen es in einer anderen Sprache tadellose Originale gibt, sehen wir jede Hoffnung auf verallgemeinerbare Zusammenhänge dahinschwinden. Da stand eben nicht nur im französischen Original über die Funktion:

Elle permettait de comprendre ce que ...

Über ein Medikament findet sich im Englischen tatsächlich

The drug encourages the heart to beat more regularly.

und über Untersuchungen zur Wirkung von Interferon:

Clinical experiments have compared various types of interferons.

Nun brauchen uns ja im Vademecum die drastischen Fälle ungewollter Personifizierung überhaupt nicht zu beunruhigen: Solche Übersetzungen würden wir, in unserer eigenen Sprache, ohnehin nicht in Betracht ziehen. Allenfalls könnte uns daran noch interessieren, was in der Zielvariante den unerwünschten Effekt vermeiden hilft. Und da entdecken wir neben anderen Verben, wie *lassen*

Das Medikament läßt das Herz regelmäßiger schlagen.

in der Übersetzung

In klinischen Versuchen wurden/hat man verschiedene Interferone miteinander verglichen

eine Umverteilung der Satzglieder, die uns auf unseren Streifzügen im Vademecum schon wiederholt begegnet ist.

DER SATZGLIEDWECHSEL

Was im englischen Subjekt steht, erscheint in der deutschen Zielvariante mit einer Präposition als Adverbialbestimmung. Nicht

Klinische Versuche vergleichen etwas,

sondern:

In klinischen Versuchen wurde/hat man etwas verglichen.

Ein ähnlicher Schritt, wir erinnern uns, führte uns von der Analogvariante

The land must make a difference too, in the shape of the clouds.

wo das *Land* im Subjekt stand, zu einer Zielvariante mit Adverbialbestimmung:

Sicher ist auch über dem Land die Form der Wolken nicht dieselbe.

Und in der entgegengesetzten Richtung gab es die Adverbialbestimmungen der deutschen Originale, die mit Hilfe von Spaltsatzstrukturen in der englischen Übersetzung zum Subjekt avancierten:

Nur aus Widerwillen beschäftigt sie sich mit mir ...

It is only disgust ... that drives her to be preoccupied with me ...

Durch diese allgemeine Anerkennung gewinnt sein Wesen etwas Leichtes ...

This universal appreciation is what makes his nature rather facile ...

Wenn wir vom Deutschen ins Englische blicken, scheint uns der Verzicht auf das Adverbial geradezu unumgänglich. Eine Analogvariante *through this universal appreciation* müßte ja nach den Regeln der englischen Grammatik gleich vom Subjekt gefolgt werden, und

> *Through this universal appreciation his nature gains something facile ...*

kann uns mit seiner kopflastigen Struktur nur gründlich mißfallen.

Während im deutschen Satz beliebige Satzglieder vor dem finiten Verb in seiner zweiten Position im Satz erscheinen können, ist diese Position, wie wir ja schon wissen, im Englischen prinzipiell dem Subjekt vorbehalten. Was immer da noch zusätzlich an den Anfang des englischen Satzes soll, es muß sich mit dem Subjekt in den Raum vor dem Verb teilen. Jedes weitere Satzglied wird an dieser Stelle, wie wir uns leicht klarmachen können, für die Verarbeitung der sprachlichen Strukturen recht hinderlich.

Der zusätzliche Aufwand ist noch größer, als man annehmen würde, wenn man die durch das Komma angedeutete Schwelle zwischen Adverbial und Subjekt in Rechnung stellt. Wenn da ein Satz über den Einsatz von Raumfähren bei der Industrialisierung des Weltalls lautet

> *On each trip, the shuttle will take into space only 30 t of material.*

so würden wir den schwerfälligen Auftakt jederzeit zugunsten der leichteren Version

> *Each trip will take into space only 30 t of material.*

aufgeben und finden es nur natürlich, daß es gerade diese, die kürzere Version ist, die uns das englische Original anbietet.

Die Überraschung kommt dann eher im Deutschen, wo uns die Analogübersetzung des Originals

> *Jeder Flug befördert nur 30 t Material ins Weltall.*

deutlich weniger gelungen scheint als die längere Paraphrase:

Mit jedem Flug werden nur 30 t Material ins Weltall befördert.

Damit stehen wir aber nun vor einem Rätsel, das die Gültigkeit unserer Verarbeitbarkeitsthese ernsthaft in Frage zu stellen scheint. Bisher waren wir davon ausgegangen, daß für das, was uns eine Paraphrase einer anderen vorziehen läßt, also für ihre rasche und sichere Verarbeitbarkeit, neben guten — informationellen, semantischen und syntaktischen — Anschlußmöglichkeiten, auch die Ökonomie der Struktur ausschlaggebend sei. Aber die Analogvariante mit dem Subjekt am Satzanfang

Jeder Flug befördert nur 30 t Material ins Weltall.

enthält keine Schwierigkeiten für den semantischen oder syntaktischen Anschluß ihrer Strukturteile. Statt dessen konfrontiert uns die Paraphrase

Mit jedem Flug werden nur 30 t Material ins Weltall befördert.

nicht nur mit einer längeren, sondern überdies auch mit einer abgeleiteten syntaktischen Struktur: mit einem Satz im Passiv.

Das bedeutet eine ganze Menge zusätzlichen Verarbeitungsaufwand, und außer daß uns die längere Paraphrase besser gefällt, können wir diesen extra Aufwand mit nichts rechtfertigen. Selbst die Idee des Gleichgewichts, mit der wir ansonsten so manche redundante Struktur verteidigt haben, hilft hier nicht weiter. Schließlich befinden sich die Strukturteile der zweiten Paraphrase, abgesehen vom Verb, im selben Verhältnis zueinander wie die der ersten Paraphrase.

Wenn wir die Sache etwas genauer inspizieren, stellen wir fest, daß die Reihenfolge in Wirklichkeit gar nicht analog ist. Zwar scheint sich an der Oberfläche nur die

Form der Satzglieder und das Genus des Verbs geändert zu haben. Dabei hat uns das Passiv die — nennen wir es einmal so — *Adverbialisierung* des Subjekts ermöglicht. Mit seiner Hilfe sind die *30 t Material,* das Objekt der Beförderung, zum grammatischen Subjekt avanciert. Aber dieses Subjekt steht nun gerade nicht am Anfang des Satzes. Dort steht die zum Adverbial »degradierte« Beförderungsform:

Mit jedem Flug werden nur 30 t Material ins Weltall befördert.

Die Vorstellung, daß ein Adverbial eines deutschen Originals im Englischen zum Subjekt »avanciert«, daß ein englisches Subjekt im Deutschen zum Adverbial »degradiert« wird, geht unbewußt von einem hierarchischen Konzept der Satzglieder aus, die dem Subjekt gegenüber den anderen festen oder freien Ergänzungen des Verbs einen ranghöheren Platz zuordnet.

In dieser Hierarchie spiegelt sich die Reihenfolge, in der sich uns bei der normalen Verarbeitung der sprachlichen Strukturen, also von links nach rechts, der syntaktische Parcours der Satzglieder bietet. Wir beginnen, ob wir uns nun in einer SVO- oder SOV-Sprache befinden, mit dem Subjekt, und das Objekt erwarten wir rechts oder links neben dem Verb, und das Adverbial wiederum rechts oder links vom Objekt.

Das ist, die Grammatiker mögen es uns verzeihen, eine Vereinfachung der Sache, die natürlich in soundso vielen Fällen danebentrifft, aber im Moment macht sie uns auf den entscheidenden Punkt der Passiv-Variante mit dem Adverbial am Satzanfang aufmerksam. Sie unterscheidet sich von der aktiven Paraphrase mit Subjektanfang nicht nur in der Art, wie sich die Elemente, von denen die Rede ist, auf die Satzglieder verteilen — nennen wir es den *Satzgliedrahmen* — sie unterscheidet sich auch durch eine Veränderung in der Abfolge der Satzglieder.

Wir haben es hier mit einer Umstellung zu tun, die im Vergleich zwischen Original und Übersetzung dadurch verdeckt ist, daß das Subjekt des Aktivsatzes und das

Adverbial des Passivsatzes an derselben Stelle, am Satzanfang, stehen und auf dasselbe Element, die Flüge von Raumfähren, Bezug nehmen. Nach der grammatischen Grundreihenfolge müßte nämlich auch der Passivsatz mit dem Subjekt beginnen:

Nur 30 t Material werden mit jedem Flug ins Weltall befördert.

Aber so fänden wir doch den Schwerpunkt und das Gleichgewicht der Informationsstruktur gröblich mißachtet. Auch ohne etwas vom Kontext zu wissen, können wir sehen, daß — was auch die Partikel *nur* anzeigt — *30 t Material* der Schwerpunkt des Satzes ist. Und da auf *jedem Flug* noch ein sekundärer Schwerpunkt liegen muß, ist es im Hinblick auf die deutsche Informationsstruktur nur natürlich, daß wir die entgegengesetzte Reihenfolge bevorzugen:

Mit jedem Flug werden nur 30 t Material ins Weltall befördert.

Hier steht die wichtigste Information nach der weniger wichtigen — wenn wir einmal davon absehen, daß am Ende des Satzes noch die Richtungsbestimmung *ins Weltall* folgt, die im Zusammenhang mit den vorher erwähnten Raumfähren nur als struktureller Anker für das direktionale Bewegungsverb dient. Da sind wir bei der Zielvariante angekommen und können uns, zufrieden, entspannen.

Bis uns einfällt, daß ja gerade diese Reihenfolge auch der Aktivsatz bieten würde:

Jeder Flug befördert nur 30 t Material ins Weltall.

Also was, fragen wir uns jetzt schon gereizt, gewinnen wir denn nun wirklich mit der längeren Version?

Der ganze zusätzliche Aufwand von Adverbialisierung, Passivierung und Umstellung, der die längere Version gegenüber der kürzeren charakterisiert, bringt uns scheinbar nur dorthin, wo die kürzere von Anfang an ist. Da wir aber unsere zentrale These von der besseren Verarbeitbarkeit bevorzugter Paraphrasen nicht so schnell aufgeben wollen, fragen wir uns doch noch einmal, ob es vielleicht einen anderen Aspekt gibt, unter dem die syntaktisch aufwendigere Paraphrase leichter verarbeitet werden kann als die einfache. Diesen Aspekt gibt es tatsächlich. Aber dafür müssen wir uns nun erst einmal wieder auf größeren Abstand zu unserem Gegenstand begeben.

AM SATZANFANG

Erfahrene Übersetzer wissen es: Englische Sätze fangen ganz generell viel häufiger mit Subjekten an als deutsche Sätze. Man tut also gut daran, wenn man bei Übersetzungen aus dem Englischen ins Deutsche andere Satzglieder an den Satzanfang holt — sei es durch Umstellung oder sei es durch einen Satzgliedwechsel mit verdeckter Umstellung. Unklar ist, unter welchen konkreten Bedingungen der Unterschied wirksam wird oder gar, was eine systematische Erklärung für das Phänomen sein könnte.

Einen Teil der Fälle können wir im Vademecum immerhin schon unter der Rubrik informationelles Gleichgewicht, konvexe oder konkave Informationsstruktur, abheften — aber gerade das war uns ja im letzten Fall nicht möglich gewesen. Genaugenommen war es allerdings nur im Deutschen nicht möglich. Im Englischen war ja die Wahl zugunsten des Subjekts vor allem wegen der Kopflastigkeit der Struktur mit dem Adverbial am Satzanfang erfolgt.

Rekapitulieren wir noch einmal kurz die systematischen Hintergründe. Als konfigurationelle Sprache, also als eine Sprache, die grammatischen Relationen durch die relativen Stellungen der Satzglieder zueinander und nicht durch Kasusformen ausdrückt, hat das Englische beschränkte Möglichkeiten, Satzglieder an den Anfang eines Satzes zu »bewegen«, zu *topikalisieren*. Da das Subjekt vor allem durch seine Stellung vor dem Verb identifizierbar ist, wird eben vor dem Verb das Subjekt erwartet.

Satzanfang und Subjekt müssen aber trotzdem nicht zusammenfallen. Grammatisch gesehen, kann vor dem Subjekt sehr wohl noch ein anderes Satzglied, zum Beispiel ein Adverbial, stehen. Dennoch werden Subjektanfänge vorgezogen, und um diese Präferenz zu erklären, hatten wir die grammatischen Parameter durch den pragmatischen Aspekt der Verarbeitbarkeit ergänzt. Es ist unser Interesse an einer möglichst raschen und richtigen Interpretation der sprachlichen Strukturen, das uns im Englischen ein anderes Satzglied am Satzanfang, und das heißt eben ein weiteres Satzglied vor dem Subjekt, vermeiden läßt.

Für den deutschen Satzanfang läßt sich nichts Vergleichbares sagen. Ob nun das Subjekt oder das Adverbial vor dem finiten Verb steht, es ist immer nur ein Satzglied, das vor dem finiten Verb zu verarbeiten ist.

Nur, wenn wir uns nun gerade auf diese Anschlußstelle konzentrieren, dann fühlen wir uns durch die Verbindung *jeder Flug befördert* plötzlich irgendwie, und sicher nur ganz von ferne, an die Beispiele der ungewollten Personifizierung erinnert.

Auf die Verbindung *mit jedem Flug werden* trifft dies nicht zu. Daß die Versuchung zur personifizierten Interpretation in dieser Paraphrase ausbleibt, ist nicht nur das Verdienst des Hilfsverbs *werden*, es ist vor allem die explizite Form der Adverbialbestimmung mit ihrer Präposition, die uns von der falschen Interpretation abhält. Die Bedeutung der Präposition läßt keinen Zweifel, daß es sich bei *Flug* um eine Umstandsbestimmung und nicht um ein willensbegabtes Subjekt handelt. Die sprachliche Form des Adverbials ist spezifisch genug, um eine Fehlinterpretation im Sinne einer ungewollten Personifizierung zu vermeiden. Das topikalisierte Adverbial stellt so bereits am Anfang des Satzes die Weichen für die Interpretation richtig.

Nun könnten wir uns mit dem Bild der frühzeitigen Weichenstellung zufriedengeben, wenn nicht die Sache selbst, die Möglichkeit der personifizierenden Fehlinterpretation bei der Verarbeitung von Subjekt und Verb noch der Erklärung bedürfte. Wenn die Möglichkeit der

Personifizierung aus der Abfolge Subjekt/Verb alleine erklärbar wäre, warum kommt dann dieser Effekt nicht auch im Englischen zustande?

Zunächst einmal müssen wir zugeben, daß die Annahme, das Englische sei frei von Personifizierungsversuchungen, nicht mehr als eine Vermutung ist. Wenn wir dennoch glauben, daß wir mit dieser Vermutung recht haben, dann wohl vor allem wegen der vielen Beispiele, wo wir im Englischen Subjekte und im Deutschen Adverbiale haben. Wie sich diese Subjekte lesen, sagen uns jene Fälle, wo auch im Deutschen Subjekte anstelle von Adverbialen zugelassen sind.

Wenn wir zum Beispiel den Satz

In der Kiste befinden sich Bücher.

mit seiner Paraphrase

Die Kiste enthält Bücher.

vergleichen, dann können wir an der Subjektversion auch nicht den leisesten Schatten einer Personifizierung entdecken. Gerade so klar und ohne die geringste Versuchung zur Personifizierung dürften sich im Englischen jene Subjekte darbieten, deren Analogübersetzungen im Deutschen Anlaß zur Fehlinterpretation geben.

Daß analoge sprachliche Strukturen in verschiedenen Sprachen unterschiedlichen Verarbeitungsbedingungen unterliegen, ist uns im Vademecum nun wirklich kein neuer Gedanke mehr. Schließlich sind die analogen Strukturen ja immer Teil eines andersgearteten Gesamtsystems. Der wichtigste Punkt, der das Deutsche von den meisten anderen germanischen Sprachen und dem Französischen unterscheidet, ist die rechtsperiphere Ausrichtung seiner Informationsstruktur, in Übereinstimmung mit der rechtsperipheren Position des Verbs.

Am Anfang des deutschen Satzes ist eine ganze Menge mehr möglich als in den anderen Sprachen. Um das zu verstehen, sollten wir zunächst davon ausgehen, daß normalerweise auch im Deutschen das Subjekt den Anfang bildet. Nur, je mehr Ergänzungen ein Satz hat, desto weiter rücken Subjekt und Verb im Deutschen auseinander, und das ist, wenn man die Bedeutung des Verbs für die Interpretation des Satzes bedenkt, kein geringer Verarbeitungsnachteil. Letzte Sicherheit über die Richtigkeit einer Interpretation haben wir so erst, wenn wir das Ende des deutschen Satzes erreicht haben. Da sind, das haben wir uns schon im Zusammenhang mit dem Schwerpunkt klargemacht, frühe Hinweise willkommen.

Sprachen wie das Englische, bei denen Subjekt und Verb — unabhängig davon, wie viele Ergänzungen noch folgen — nebeneinander stehen, machen es ihren Benutzern leichter. Abgesehen von der Frage der Hutgröße, weiß man in einer solchen Sprache gleich nach dem Subjekt, wie man die folgenden Ergänzungen in den Satz integrieren soll.

Dies eröffnet für das Subjekt linksperipherer Sprachen weitaus größere Spielräume als für das Subjekt rechtsperipherer Sprachen.

ROLLENERWARTUNG UND BEDEUTUNGSÜBERTRAGUNG

In unmittelbarer Nachbarschaft zum Verb kann sich das Subjekt wesentlich größere Freiheiten erlauben in Hinblick auf die Rolle, die es im Satz spielen soll. Wir bekommen ja gleich im nächsten Integrationsschritt die Bestätigung oder Korrektur unserer Annahmen.

In einer rechtsperipheren Sprache liegen die Dinge genau entgegengesetzt, und Unsicherheiten oder gar Fehler in der Interpretation werden bei der Verarbeitung des Satzes unter Umständen noch eine längere Zeit mitgeschleppt, ehe wir die nötige Sicherheit oder Gelegenheit zur Korrektur erhalten. Weil dies ein Verarbeitungsnachteil ist, sollten wir, um die Menge der Fehlinterpretationen möglichst gering zu halten, den Spielraum unseres Subjekts von Anfang an einschränken.

Aus dieser Art von Einschränkungen ergibt sich, so scheint es, für den deutschen Wortschatz, im Vergleich zum Wortschatz einer Sprache wie dem Englischen, eine Art grammatisch-pragmatischer Bremse für Bedeutungsübertragungen. Während das Verb *compare* im Englischen mühelos von der Klasse der Personen auf Ereignisse wie *Versuche* übertragen werden kann

Clinical experiments have compared ...

ist die Übertragungsmöglichkeit für das Deutsche blokkiert. Was wie ein Zufall aussieht, hat Methode. Der Wortschatz einer Sprache verändert sich gerade so, daß sich dadurch, im Rahmen der grammatischen Eigenschaften der jeweiligen Sprache, die syntaktischen Strukturen besser verarbeiten lassen.

Auch die entgegengesetzte Tatsache, daß das Englische von solchen Bedeutungsübertragungen mehr Gebrauch macht als das Deutsche, läßt sich auf diese Weise leicht erklären. Der Nachteil, den uns die feste Position des Subjekts vor dem Verb für die Vorstellung von anderen Satzgliedern, wie zum Beispiel Adverbialen, einbringt, läßt uns den Vorteil derselben Konstellation — die Interpretationshilfe des Verbs für das Subjekt — voll nutzen. Was sich am Anfang des deutschen Satzes leichter als Adverbialbestimmung verarbeitet, verarbeitet sich im Englischen leichter als Subjekt. Bedeutungsübertragungen im Wortschatz zu einem Prädikat wie *compare* oder *bring*, zum Beispiel, erweitern den Bereich des englischen Subjekts und damit den Spielraum für die Rollen, die ihm im Satzzusammenhang zukommen können.

Da gibt es so etwas wie prototypische Zuordnungen, die dem Subjekt für bestimmte Konfigurationen, also in Abhängigkeit vom Prädikat und seinen anderen Ergänzungen, die eine oder andere Rolle zuschreiben. Umstandsbestimmungen für Ort, Zeit, Instrument sind Rollen, die wir weniger oft ins Subjekt projizieren. Die prototypische Subjektrolle ist für uns der Handlungsträger — wenn es denn um Handlungen geht. Material ins Weltall bringt vor allem der Mensch, allenfalls noch das Transportmittel, das er dafür benutzt. Gegenüber dem Ingenieur als Handlungsträger stellt aber die Raumfähre als Transportmittel im Subjekt zu *befördern* bereits eine Bedeutungsübertragung dar, und der Flug von Raumfähren schließlich verschiebt den Anwendungsbereich des Prädikats um eine weitere Stufe in der konzeptuellen Hierarchie von Mensch über Gegenstand zu Ereignis.

Aber die Schwelle für solche Bedeutungsübertragungen ist eben sprachspezifisch unterschiedlich hoch, weswegen analoge Übersetzungen, wie bei

> *Clinical experiments have compared ...*
> *Klinische Versuche haben ... verglichen*

ungewollte Personifizierungen ergeben. In solchen Fällen befinden wir uns schon aus grammatischen Gründen auf dem stilistischen Holzweg und müssen zusehen, daß wir in der Zielvariante durch einen entsprechenden Satzgliedwechsel wieder auf den richtigen sprachlichen Weg gelangen.

Aber auch in all jenen Fällen, wo die ungewollte Personifizierung nur noch ganz von ferne ihre Schatten wirft, wo wir einfach den Eindruck haben, die Rolle würde einem anderen Satzglied besser anstehen, können wir uns mit gutem Gewissen auf den Satzgliedwechsel einlassen. Wir brauchen im Deutschen nicht nur den frühen Hinweis auf den Schwerpunkt, wir brauchen auch zuverlässige Anhaltspunkte, die uns die Rolle eines Satzglieds auf Anhieb richtig interpretieren lassen.

GEWOLLT ODER UNGEWOLLT?

Welche der Formen ich für diesen Satzgliedwechsel wähle und wann unter Umständen, wie bei

> *The drug encourages the heart ...*

schon die Wahl eines anderen Verbs genügt, hängt von den konkreten Bedingungen des einzelnen Falls ab. Wenn

> *Elle [la fonction] permettait de comprendre ...*

mit *ließ uns,* anstelle von *erlaubte uns zu verstehen* übersetzt wird, dann fällt die Umstrukturierung so kostengünstig aus, weil das deutsche Verb *lassen* in diesem Punkt einen dem französischen *permetter* vergleichbaren Spielraum hat.

Wenn aber die Beschränkungen für das deutsche Subjekt nicht durch die Wahl eines anderen Verbs umgangen werden können, werden zusätzliche Umstrukturierungen nötig, andere Verben oder wenigstens andere Formen desselben Verbs zusammen mit einem entsprechenden Wechsel der beteiligten Satzglieder:

These measurements have shown ...
Bei diesen Messungen hat sich gezeigt/herausgestellt ...

Low gravity allows us to control these processes.
Aufgrund der niedrigen Schwerkraft lassen sich diese Prozesse beherrschen.

Plants have evolved two strategies.
Bei den Pflanzen haben sich zwei Mechanismen herausgebildet.

What tells the growth cones where to go?
Wodurch wird das Wachstum gesteuert?

Wie bitte? Das geht nun wirklich zu weit! Da ist ja vom Original überhaupt nichts mehr zu sehen. Was immer *growth cones* heißen mag — Wachstumszonen von Nervenzellen? — also gut, Wachstumszonen, denen irgend etwas sagt, wohin es geht, also wahrscheinlich, in welche Richtung sie wachsen sollen —, der Autor des englischen Texts hat doch eine Stilfigur gewählt! So wie der Autor des französischen Texts über die *Dinge, die Gedanken, die sich vergessen, die vergessen, was sie denken wollten.*

Und überhaupt! Vielleicht hat das Englische einfach mehr Spaß an solchen Stilfiguren, die doch den Text viel lebendiger machen, als ihn die langweilig korrekten Adverbiale je machen könnten. Also:

What tells the growth cones where to go?
Was sagt den Wachstumszonen, wohin es geht?

und nicht einfallslos trocken:

Wodurch wird das Wachstum gesteuert?

Der Einwand ist in der Tat nicht leicht zu entkräften. Auch wenn wir uns streng an das Kriterium der zielsprachlichen Angemessenheit halten wollen: Die Stilfigur der Personifizierung ist ein Fall von sprachlicher Mehrfachpackung, die uns auch in der Zielsprache zur Verfügung steht, und wir waren ja übereingekommen, auf Oberflächen-Äquivalenz nur dann zu verzichten, wenn dies im Interesse der zielsprachlichen Angemessenheit notwendig sein sollte.

Die wichtigste Frage, um die es hier geht, ist zunächst eine Frage an das Original. Handelt es sich im Sinne des Autors um die Stilfigur einer Personifizierung? Oder handelt es sich um eine stilistisch neutralisierte Form der Bedeutungsübertragung im englischen Wortschatz? Natürlich wären wir nur im ersten Fall verpflichtet und befugt, von den Personifizierungsmöglichkeiten der Zielsprache Gebrauch zu machen.

Im zweiten Fall müßten wir den Personifizierungseffekt auf dem Konto der Differenz zwischen Ausgangs- und Zielsprache verbuchen. Es wäre ein Fall von unechter Personifizierung, ein falscher Freund auf dem Gebiet der semantischen Rollen, die wir den Satzgliedern der Analogvariante zuordnen.

Die Absicht des Autors herauszufinden, versuchen wir lieber gar nicht erst bei der geringen Relevanz, die der Sache im Textverlauf zukommen dürfte. Aber den Textverlauf sehen wir uns schon an und den Texttyp, um unsere Vermutung über die Relevanz einer möglichen Personifizierung zu überprüfen:

Electrical studies could be the starting point for explaining all the controls of a number of critical, hitherto mysterious events in morphogenesis.

One of the most spectacular of these mysteries is the formation of the nervous system. The questing, migratory tips of nerve cells — growth cones — creep throughout the body, often for distances that are immense compared with the size of the nerve cell, to innervate their various target organs. What tells the growth cones where to go? Here we leave the domain of changes within individual cells, and enter extracellular space. For many years it was proposed that nerve migration might be guided electrically, by voltages within the embryo ...

Da geht es also um Wachstumsprozesse, hier vor allem um das Wachstum von Nervenzellen, das durch elektrische Spannungen ausgelöst wird. Und wir sind am Ende nicht schlauer als am Anfang: Nervenzellen sind irgendwo im Grenzbereich zwischen willensbegabten Subjekten und blinden Naturkräften angesiedelt und deshalb in der Tat als eine Art Handlungsträger konzipierbar.

In einer Sprache, die — wie das Englische — dem Subjekt möglichst viele Rollen auferlegen soll und kann, dürfte von der Möglichkeit der Bedeutungsübertragung gerade in einem solchen Fall gerne Gebrauch gemacht werden. Auf jeden Fall ist in einer solchen Sprache der konzeptuelle Weg von der Personifizierung zur neutralisierten Bedeutungsübertragung wesentlich kürzer als in einer Sprache — wie dem Deutschen —, wo die Verarbeitbarkeit der Strukturen erst durch klare Rollenzuordnungen verbessert wird.

In einer Sprache, in der die Distanz zwischen Personifizierung und neutralisierter Bedeutungsübertragung größer ist, hat dann aber auch die Stilfigur einen anderen Stellenwert, tritt deutlicher hervor gegenüber der stilistisch neutralen Verwendung von Sprache. Wenn aber die Stilfigur der Personifizierung im Deutschen einen anderen Markiertheitsgrad hat, dann ist die mögliche Analogie zwischen Original und Übersetzung trügerisch.

Selbst wenn es sich im Original um die Stilfigur einer Personifizierung handelte, würden wir beim Übersetzen auf die Analogvariante verzichten, weil die Personifizierung in der Zielsprache einer zusätzlichen Legitimation bedürfte. Diese scheint uns im Text des Dichters, der über die Existenz der Dinge in unserer Erfahrung nachdenkt, gegeben, nicht aber im Text über die Bioelektrizität, der uns über das Wachstum von Nervenzellen unter dem Einfluß elektrischer Spannungen informiert. Da finden wir die Variante

Wodurch wird das Wachstum gesteuert?

stilistisch angemessener.

POSTSCRIPTUM

Auf die Doppelsatzstruktur der Analogvariante, die von

Was sagt den Wachstumszonen, wohin es geht?

übrigbleibt, wenn man den personifizierenden Teil abzieht

Was ist es, das das Wachstum steuert?

verzichten wir im Vademecum leichten Herzens, da wir nach Partizipien und Spaltsätzen mit der konventionalisierten Redundanz von Doppelsatzstrukturen schon gut vertraut sind.
Im Original

What tells the growth cones where to go?

bekommen die Schwerpunkte der beiden Teilsätze, *what* und *where*, durch die Doppelsatzstruktur ihre linksperiphere Position. Der primäre Schwerpunkt auf dem *where* ist, wo er im Englischen sein soll: in der Mitte, zwischen den beiden Verben.
In der Zielvariante

Wodurch wird das Wachstum gesteuert?

wurde aus dem analogen *sagen, wohin es geht* also: *wohin sie wachsen sollen,* die im Deutschen bevorzugte konkave Informationsstruktur. Die beiden Schwerpunkte: *wodurch* und *gesteuert* liegen am Anfang und Ende des Satzes, der primäre Schwerpunkt, *gesteuert,* steht wie gewünscht rechts außen.

Dies ist ein willkommener Bonus des Satzgliedwechsels, den wir mit der Passivierung erzielt haben. Die Entpersonifizierung hätten wir auch ohne den Satzgliedwechsel erreichen können. Die Frage

Was steuert das Wachstum?

ist jedenfalls in puncto Rolleninterpretation gegenüber *Was sagt ihnen, wohin es geht/sie wachsen sollen* neutral. Allerdings ist diese Version so kurz, daß wir wenigstens die Wachstumszonen wieder ins Bild bringen möchten:

Was steuert die Wachstumszonen?

Aber auch so mißfällt uns das Ergebnis noch aus mehreren Gründen, allen voran die falsche Plazierung des Schwerpunkts in der Mitte des Satzes. Da machen wir doch lieber, wie in der Zielvariante, noch zusätzlich von der Passivierung Gebrauch, die uns ein Adverbial anstelle des Subjekts *und* die konkave Informationsstruktur sichert.

Wie es scheint, haben wir im Vademecum nun schon ganz schön an Fahrt gewonnen.

Ein preiswertes Angebot

WORTARTENWECHSEL

The question is

sagt Humpty Dumpty,

which is to be master.

und wir sagen:

Die Frage ist, wer hier der Herr ist.

oder, demokratisch und emanzipiert:

Die Frage ist, wer hier der Stärkere ist.

Aber wenn wir lesen

Es fragt sich nur, wer der Stärkere ist.

sind wir auch damit zufrieden. Und wenn wir *Die Frage ist* und *Es fragt sich* gegeneinanderhalten, dann finden wir die Paraphrase mit dem Reflexivverb, nennen wir sie die »verbale« Paraphrase, vielleicht sogar besser als die analoge nominale Form.

Der Eindruck, daß die Analogvariante und damit das Original nominal und die Paraphrase verbal sind, trifft die Sache allerdings nur teilweise. Neben der nominalen Form, *the question,* steht ja noch das Kopulaverb, *is;* und neben dem reflexiven Verb, *fragt sich,* steht noch das expletive Pronomen *es.* Aber die Spezifik des Fragens wird im Original durch ein Nomen, in der Übersetzung durch ein Verb ausgedrückt, die restliche Struktur ist durch Elemente aufgefüllt, die eigentlich nur noch grammatische Bedeutungen transportieren. »Master« der Struktur ist ganz offensichtlich das Wort mit der spezifischeren Bedeutung, und das läßt uns eben die Strukturen von Original und Paraphrase trotz ihrer kategoriell analogen Zusammensetzung aus nominalen und verbalen Elementen das eine Mal als nominal und das andere Mal als verbal empfinden.

In einem so winzigen Satz läßt sich der Unterschied ohne die Vademecum-Brille fast gar nicht wahrnehmen. In längeren Sätzen sind damit in der Regel deutlichere Unterschiede verbunden. Zunächst einmal deckt aber die Komplexität eines Beispiels wie des folgenden die Ähnlichkeit mit dem ersten Beispiel für jedes ungeübte Auge weitestgehend zu. Da heißt es in einem Text über Vulkanausbrüche

> *The suspicion that volcanic eruptions are the primary source of aerosols in the upper atmosphere has been around for many years.*

was analog, als nominale Struktur, so klingt:

> *Die Vermutung, daß Vulkanausbrüche die Hauptursache für Aerosole in den höheren Schichten der Atmosphäre sind, gibt es schon seit vielen Jahren.*

Aber wir können das alles viel weniger nominal sagen:

> *Seit vielen Jahren vermutet man schon, daß die Aerosole in den höheren Schichten der Atmosphäre vor allem aus Vulkanausbrüchen stammen.*

Statt um die *Frage* in Humpty Dumptys Satz geht es jetzt um eine *Vermutung,* und die existiert außerdem schon über einen längeren Zeitraum. Aber der Kategorienwechsel vom Nomen zum Verb, von *Vermutung zu vermuten,* funktioniert auch innerhalb dieses zeitlichen Rahmens; statt der zwei pronominalen Verankerungen des *es fragt sich* brauchen wir bloß eine: *man vermutet;* und für unseren kleinen Freund, das *schon,* findet sich ohnehin immer ein Platz: *Die Vermutung gibt es schon seit vielen Jahren — man vermutet schon seit vielen Jahren — seit vielen Jahren vermutet man schon.*

Schließlich ist da auch noch die andere Reihenfolge: während das nominale Element am linken Rand steht, steht das verbale weiter rechts. Die Differenz betrug bei Humpty Dumpty gerade einmal ein Pronomen, bei der *Vermutung* ist es immerhin — durch die Topikalisierung der Zeitbestimmung — eine präpositionale Wortgruppe. Das kann aber noch ganz andere Dimensionen annehmen.

Der Nebensatz des zweiten Beispiels liefert uns das dritte Demonstrationsstück für einen nominal-verbalen Wechsel. Hier kommt die lokale Distanz zwischen den Positionen der nominalen und verbalen Elemente erst richtig zur Geltung. Wenn wir den Nebensatz einmal zu Vergleichszwecken aus seiner Einbettung herauslösen, dann steht da in der nominalen Variante

... *daß Vulkanausbrüche die Hauptquelle für Aerosole in den höheren Schichten der Atmosphäre sind.*

und in der verbalen:

... *daß Aerosole in den höheren Schichten der Atmosphäre vor allem aus Vulkanausbrüchen stammen.*

Zunächst einmal müssen wir die äquivalenten Elemente orten. Der Weg von der nominalen zur verbalen Form ist hier ganz offensichtlich weniger direkt als in den ersten beiden Fällen, wo es im Prinzip dasselbe Wort ist, das einmal als Nomen, ein andermal als Verb erscheint. Der Kategorienwechsel vom Nomen zum Verb verläuft im Nebensatz über die lexikalische Paraphrasenbeziehung zwischen zwei Wortgruppen: *für etwas Quelle sein* und *aus etwas stammen.*

Gewissermaßen im Schlepptau des Wechsels vom Nomen zum Verb verändert sich bei der Übersetzung auch der Modifikator des Nomens: *primary* beziehungsweise *Haupt-;* er wird zum Modifikator des Verbs: *vor allem.*

Noch folgenreicher ist der Unterschied im Satzgliedrahmen, der mit den lexikalischen Paraphrasen assoziiert ist. Wenn *a die Quelle für b ist,* dann *stammt b aus a.* Wenn also *Vulkanausbrüche die Quelle für Aerosole* sind, dann *stammen Aerosole aus Vulkanausbrüchen.*

Mit dem Satzgliedwechsel ändert sich die Abfolge der Elemente, und da die *Aerosole* mitsamt ihrem Modifikator, nämlich *die Aerosole in den höheren Schichten der Atmosphäre* zum Subjekt des Satzes werden, wird so der lokale Abstand zum Verb und seiner Ergänzung deutlich sichtbar.

Was uns bei der kleinen Differenz zwischen der nominalen und verbalen Position der ersten beiden Beispiele noch entgangen ist, im dritten Fall ist es kaum mehr zu übersehen. Die nominale Paraphrase ist linksperipher, die verbale rechtsperipher ausgerichtet. Schau an, das kommt uns doch irgendwie bekannt vor.

DER ZWEITE NACHBAR

Daß der Wechsel vom Nomen zum Verb mit einem Positionswechsel von links nach rechts verbunden ist, ist im rechtsperipheren Deutschen nichts Besonderes. Schließlich ist die Grundposition des Verbs rechts außen, und jede Ergänzung zum Verb steht links davon, das Subjekt allemal. Aber was läßt uns die verbale, rechtsperiphere Variante der mehr linksgerichteten, nominalen vorziehen? Selbst in der Miniausgabe fanden wir doch *es fragt sich, wer* bei genauerem Hinsehen besser als *die Frage ist, wer.* Im Fall des komplexen Satzes war der Gewinn schon auf den ersten Blick sichtbar.

Der entscheidende Punkt ist auch diesmal wieder die Stellung des Schwerpunkts. Wenn wir den Kontext befragen, finden wir Vulkanausbrüche als eine der Quellen für Aerosole eingeführt, aber daß sie, wie man schon seit Jahren vermutet, die Hauptquelle für Aerosole sind, erfahren wir erst mit diesem Satz:

NASA has been involved in recent years with a special study of aerosol particles in the atmosphere, as part of its contribution to the US National Climate Program. These tiny dust particles, from windblown soil, forest fires, volcanic eruptions or other sources have long been thought to contribute to the balance of the Earth's climate, either by blocking heat from the Sun so that the Earth cools, or, some argue, by trapping infrared heat below the aerosol layers and contributing to a warming »greenhouse effect«. The suspicion that volcanic eruptions are the primary source of aerosols in the upper atmosphere has been around for many years.

Gemessen an der Relevanz, die den Vulkanausbrüchen als Hauptquelle für Aerosole im Text zukommt, ist dabei die Mitteilung über die Vermutung und ihre zeitliche Dauer eher eine Seitenstruktur des Ganzen.

In der nominalen Variante befindet sich der Schwerpunkt ungefähr in der Mitte des Satzes, also in der für linksperiphere Sprachen typischen Position. Wegen der Länge der restlichen Struktur erinnert uns die Analogvariante

Die Vermutung, daß Vulkanausbrüche die Hauptursache für Aerosole in den höheren Schichten der Atmosphäre sind, gibt es schon seit vielen Jahren.

• von Ferne an die Mäuseschwanzsätze. Nur der sekundäre Schwerpunkt auf den *vielen Jahren* verhindert in diesem Fall die vollkommene perspektivische Verjüngung. In der verbalen Variante

Seit vielen Jahren vermutet man schon, daß die Aerosole in den höheren Schichten der Atmospäre vor allem aus Vulkanausbrüchen stammen.

steht der Schwerpunkt dagegen am Ende und damit in der bevorzugten Position einer rechtsperipheren Sprache.

Die nominale Version des englischen Hauptsatzes vermeidet demgegenüber den rechtsperipheren Schwerpunkt.

Es ist auch gar nicht so einfach, eine passende verbale Variante mit einem passenden Modifikator im Englischen zu finden:

> *For many years it has been suspected that aerosols in the upper atmosphere originate in/result mostly? from volcanic eruptions.*

Da haben wir sie wieder, die Einschränkung der lexikalischen Möglichkeiten durch die sprachspezifischen Rollenerwartungen, wo die Frage *»which is to be master«*, sprich: Subjekt, in einer linksperipheren Sprache anders beantwortet wird als in einer rechtsperipheren. Ausschlaggebend hierfür ist die Nachbarschaft zum Verb. Es ist, wie wir uns klargemacht haben, die unterschiedliche Entfernung zum Verb, die den Spielraum für das Subjekt im Deutschen und Englischen anders gestaltet hat.

Aber die Nachbarschaft zum Verb ist nicht nur für die Frage der Rolleninterpretation entscheidend, sie ist schließlich das Leitmotiv in allen unseren informationsstrukturellen Überlegungen zu den Unterschieden zwischen Analog- und Zielvarianten. Wir haben den Schwerpunkt mit dem Verb beziehungsweise seiner Grundstellung assoziiert. Aus dieser Grundprämisse haben wir, unter Hinzuziehung eines Gleichgewichtsprinzips, allerlei strukturelle Figuren einschließlich diverser konventionalisierter Redundanzen herauspräpariert.

Die letzte der Figuren, die wir betrachtet haben, hatte uns aus dem Bereich der Informationswerte in den Bereich der semantischen Klassen und Rollen und ihrer Projektion auf den Satzgliedrahmen geführt. Auf welche Weise die beiden Bereiche miteinander verzahnt sind, hatten wir uns im Rahmen von Weichenstellungen an einem einfachen und einem komplexen Beispiel klargemacht. Und jetzt, wo wir uns mit dem Wortartenwechsel befassen, sehen wir, daß er einfach ein weiteres Mittel ist, um die zielsprachliche Angemessenheit in diesen beiden Bereichen zu sichern.

Die Wahl der verbalen Paraphrase trägt im Haupt- und Nebensatz dazu bei, daß der Schwerpunkt der Informationseinheit die Position rechts außen einnehmen kann. Die Wahl der nominalen Version im Englischen sichert dem Schwerpunkt die Position neben dem Verb in der Satzmitte.

»Neben dem Verb« heißt aber bei genauerem Hinsehen in unserem Beispiel im Nebensatz rechts, im Hauptsatz links vom Verb. Im Nebensatz ist der Schwerpunkt eine Ergänzung zur Kopula, im Hauptsatz steckt der Schwerpunkt in einer Ergänzung zum Subjekt und steht damit vor dem finiten Verb und seinen Ergänzungen.

Auch gut, sagen wir uns, wir haben den Schwerpunkt mit dem Verb assoziiert, und wenn er nun einmal mit dem Subjekt erscheint, ändert sich an dieser Relation noch gar nichts. Zumindest im Englischen. Schließlich steht dort das Subjekt prinzipiell neben dem Verb, und es ist ja das englische Original, dessen nominale Version den Schwerpunkt mit dem Subjekt präsentiert.

Während das Verb in einer SOV-Sprache wie dem Deutschen nur einen Nachbarn hat, hat es in einer SVO-Sprache wie dem Englischen zwei. Die größeren semantischen Freiheiten, die sich für das englische Subjekt aus seiner Nachbarschaft zum Verb ergeben, haben wir schon ausführlich im Rahmen von Weichenstellungen abgehandelt. Daß aber die Nachbarschaft zwischen Verb und Subjekt auch für den Schwerpunkt von Interesse ist, entdecken wir erst jetzt durch den Vergleich zwischen nominalen und verbalen Paraphrasen. Mit jeder deutschen Übersetzung, die ihren rechtsperipheren Schwerpunkt nicht einfach durch Umstellung und Satzgliedwechsel erzielt, sondern darüber hinaus noch vom nominal-verbalen Wechsel profitiert, verstärkt sich unser Eindruck: Durch seine Nähe zum Verb hat das Subjekt auch auf der Ebene der Informationsstruktur einen größeren Spielraum. Das linksperiphere, konfigurationelle Englische, mit seiner »stabilen« Subjekt-Verb-Nachbarschaft, kann es sich eben viel leichter leisten, den Schwerpunkt nicht nur mit dem einen, sondern auch mit dem anderen Nachbarn des Verbs, also nicht nur mit den prädikativen Ergänzungen, sondern auch mit dem Subjekt zu assoziieren.

In der Phonologie nennt man ein Subjekt, das einen Akzent trägt, ein »prominentes Subjekt«. Wir werden jetzt diesen suggestiven Namen — ohne seine Einschränkung auf die Lautform — in unser informationelles Kabinett übernehmen.

Daß wir uns im Fall eines prominenten Subjekts beim Übersetzen gerne noch weiter weg bewegen von der Analogvariante und, wie an diesem Beispiel zu sehen war, über die Änderung von Reihenfolge und Satzgliedrahmen hinaus zusätzlich noch einen Wechsel vom Nomen zum Verb akzeptieren, ist also wieder auf den generellen Unterschied zwischen englischen und deutschen Informationsstrukturen zurückzuführen.

Warum aber der Autor des Originals hier überhaupt von der Möglichkeit des Englischen für prominente Subjekte Gebrauch macht, soll vorerst dahingestellt bleiben. Die im Englischen bevorzugte, konvexe Informationsstruktur wäre ja schon ohne die Nominalisierung im Hauptsatz gewährleistet. Wie zum Beispiel in

It has been suspected for many years that volcanic eruptions are the primary source of aerosols in the upper atmosphere.

oder auch:

For many years it has been suspected that volcanic eruptions are the primary source of aerosols in the upper atmosphere.

Wir müssen die Frage aber bei den nächsten Beispielen für prominente Subjekte im Auge behalten.

EIN SUBJEKT MEHR ODER WENIGER

Aber, was im Alter übrigbleibt, sind Reste ...

heißt es in der Erzählung *Eine kleine Frau:*

But the things that survive in old age are residues ...

Der Unterschied zwischen Original und Übersetzung ist wieder einmal mit bloßem Auge kaum wahrnehmbar. Aber wo in der Übersetzung die Subjekte von Haupt- und Nebensatz zusammentreffen: *the things that,* steht im deutschen Original nur ein Pronomen: *was.* Dafür ist dann aber gleich der Teilsatz als Ganzes zu einem Subjektsatz avanciert.

Irgendwelche *Dinge* brauchen wir da nicht. Wir brauchen ja auch das Subjekt nicht im Plural, den kann sich das finite Verb immer noch bei den prädikativen *Resten* holen. Im Englischen, wo das nicht möglich ist, halten wir uns eben an die *things.* Sie sind in ihrer fast vollständigen Bedeutungslosigkeit doch noch ein relativ preiswertes Transportmittel für den Plural am Subjekt.

Daß die Formen des Subjekts mit denen des Verbs übereinstimmen müssen, ist eine grammatische Regularität im Englischen, die mit unseren Überlegungen nichts zu tun hat. Dennoch ist vielleicht auch an einer solchen Bedingung die größere Signifikanz des Subjekts für den Satz abzulesen. Im Englischen haben wir jedenfalls zwei nominale Elemente für zwei Subjekte, *things* und *that;* im Deutschen gibt es da nur ein nominales Element, *was.* Das *was* ist das Subjekt zum Verb *übrigbleiben,* mit dem es dann gemeinsam das Subjekt zur Kopula bildet.

Irgendwie scheint sich damit aber doch der nominale Charakter des Subjekts aufzulösen. Was uns noch fehlt, ist zumindest ein *das* vor dem *was* — aber das wurde, wie uns die Grammatiker sagen, ins *was* »inkorporiert«. *Das, was bleibt,* ist eben, *was bleibt,* und was bleibt, ist eben auch der nicht ganz korrekte Eindruck, daß da im Englischen ein Subjekt mehr und im Deutschen ein Subjekt weniger steht.

Dieser Eindruck verstärkt sich noch, wenn das Subjekt im deutschen Satz nur noch verbaler Natur ist — wenn es zum Beispiel nur aus einem reflexiven Verb im Infinitiv besteht.

So bliebe mir eigentlich doch nur übrig ... mich ... zu ändern.

sagt Kafka, und sein Übersetzer macht daraus:

So the only thing left for me to do would be to change myself...

Wörtlich also:

So wäre das einzige Ding, das mir zu tun übrigbliebe, mich zu ändern...

Da haben wir nicht nur ein nominales Subjekt, sondern auch noch einen Spaltsatz, der in seinem Nebensatz das Subjekt — unsichtbar — wiederholt: *the thing that is left for me*.

Ja doch, das vorige Beispiel war auch ein Spaltsatz, aber da war die Business class schon im deutschen Original eingerichtet. Jetzt kommt sie erst auf dem Weg ins Englische in den Satz. Das *only* wurde um *thing* erweitert und damit zum Ansatzpunkt für eine nichtfinite Ergänzung, mit der zusammen es Subjekt vor dem Kopulaverb eines Spaltsatzes ist.

Den werden wir uns der besseren Übersicht halber erst einmal ohne Konjunktiv und ohne die zweite Ergänzung ansehen:

... the only thing left for me is to change myself ...

Die analoge Variante ohne den Spaltsatz und damit ohne seinen nominalen Kopf ist aus irgendwelchen Gründen, die noch grammatisch dingfest gemacht werden müßten, nicht in Ordnung. Wir können aber für den Spaltsatz schon einmal aus informationellen Gründen votieren. Da uns die wichtigen Bestandteile der Gleichung zwischen Original und Übersetzung — hie Partikel, dort Spaltsatz — nicht mehr ganz unbekannt sind, hängen wir jetzt für einen Moment unsere Betrachtung zur Bedeutung nominaler Subjekte im Englischen an den Nagel und versuchen erst einmal, den informationellen Zusammenhängen nachzuspüren.

SPALTSATZ GEGEN PARTIKEL

Abgesehen vom grammatischen Defekt hätte eine analoge Variante

So it would only be left for me to change myself...

dem *eigentlich doch* des Originals nichts entgegenzusetzen. Das heißt, die Übersetzung entspräche eher einem Ausgangssatz:

So bliebe mir nur übrig, mich zu ändern...

Daß der Ich-Erzähler nur schrittweise und widerstrebend zu dieser Schlußfolgerung gelangt, die er — wie wir dem *eigentlich* entnehmen können — wieder entkräften wird, bleibt in der einfacheren englischen Version unausgedrückt.

Natürlich baut der Konjunktiv, das *would,* seine Reserven auch in den einfachen Satz. In

It would only be left for me...

bleibt ebenso wie in

Es bliebe mir nur übrig...

ein Schlupfloch offen. Den Ausschließlichkeitsanspruch des *nur* schwächt der Konjunktiv auf die Möglichkeit des anderen ab.

Und jetzt sehen wir auch schon, was der Spaltsatz in der englischen Übersetzung leistet. Er nimmt das *only* und das *would* auseinander und macht jedes für sich auf seine Weise deutlicher sichtbar. Da das *only* ohnehin einen Schwerpunkt markiert, ist es vor allem das *would,* das durch den Spaltsatz aufgewertet wird.

Während das *would* im einfachen Satz im Schatten des *only* wenig Beachtung findet, hat es im Spaltsatz zwischen den beiden Infinitiven allein schon deswegen eine stärker hervorgehobene Position, weil es zwischen den Satzgrenzen der beiden nichtfiniten Ergänzungen steht.

So the only thing left for me to do | would be | to change myself . . .

Da ist ein Schwerpunkt am Anfang und einer am Ende des Satzes, und das *would* hat sein eigenes syntaktisch-strukturelles Podest in der Mitte zwischen den beiden Schwerpunkten.

Das Podest wird vor allem durch den Spaltsatz geliefert, der seinerseits auf die Einführung eines strukturellen Ankers angewiesen ist: auf das *thing*. Wenn wir es damit gut sein ließen, wäre der Sockel für das *would* eine Stufe niedriger:

So the only thing left for me would be to change myself.

Die Übersetzung enthält aber noch eine infinitivische Ergänzung nach dem Muster *too hot to drink:*

The only thing left for me to do . . .

und wenn wir so, hinter dem *do* angelangt, endlich richtig Luft holen müssen, kann das *would* davon nur profitieren.

Nun bleibt uns eigentlich nur übrig, den Übersetzer für die Treffsicherheit zu bewundern, mit der er das subtile Zusammenspiel der semantischen und informationellen Eigenschaften der Partikeln im deutschen Original durch die von ihm gewählte Version einer Spaltsatzstruktur ins Englische umgesetzt hat.

Aber: Spaltsätze leben von Nomen. In der klassischen Variante, etwa bei den Schwierigkeiten, die der Mann vom Lande nicht erwartet hatte, ohnehin, aber auch in Pseudospaltsätzen, die das nominale Element immerhin noch in Form des Pronomens *what* enthalten. Wenn wir einen Spaltsatz haben wollen, brauchen wir ein Nomen, und wenn der Ausgangssatz kein passendes Nomen bereithält, nehmen wir eben eine möglichst kostenneutrale Variante aus dem abstrakten Umfeld der Satzbedeutung. *Things* passen fast überall, und andere preiswerte Angebote lassen sich auch noch finden.

PROBLEMLÖSUNG

Spaltsätze richten wir uns vor allem dann ein, wenn wir einen Schwerpunkt, und sei es auch nur einen sekundären, eigens hervorheben möchten. Da befinden wir uns nun doch in einer paradoxen Lage mit unserer nominalen Ersatzform, den kostenneutralen *things,* die wir als eine Art strukturelles Stützelement in den Spaltsatz einbauen, aber eben gerade an der Stelle, zu deren Hervorhebung die ganze Business class eingerichtet ist. Wir müssen da noch etwas übersehen haben.

In der Tat. Da steht das *only* vor dem *thing* und weist das Nomen, ob es nun eine bestimmte Bedeutung hat oder so gut wie keine, unmißverständlich als Schwerpunkt aus. Wenn wir uns die Sache noch einmal genau ansehen, dann steckt ja auch das Nomen unter einem Hut mit der Partizipialgruppe, die ihm folgt, und *the only thing left for me to do* ist ja auch semantisch kein Pappenstiel. Da haben wir in der Tat einen Schwerpunkt des Satzes vor uns, auch wenn der eigentliche Höhepunkt *to change myself* erst noch kommt.

Wir schieben das Nomen in den Satz als Stützelement für andere wichtige Elemente, die ohne diese Stütze weniger gut oder gar nicht stehen können. Die Bedeutung, die das Nomen selbst in seiner bedeutungslosesten Form für den Spaltsatz hat, ist eine Sache der Grammatik und könnte uns im Vademecum ziemlich gleichgültig sein, wenn es nicht die vielen Fälle gäbe, in denen wir die englische Spaltsatzstruktur mit ihrem redundanten Nomen in der deutschen Übersetzung wieder loswerden wollen.

Der folgende Satz aus einer Abhandlung über Gentechnologie ist hierfür ganz typisch:

The major problem limiting all the applications of these new techniques is that there is at present little control over the activity of the foreign genes after they have been inserted.

Das ist als analoge Spaltsatzvariante im Deutschen ziemlich unschön:

> *Das Hauptproblem, das alle die Anwendungen dieser neuen Techniken einschränkt, ist, daß ...*

auch pränominal:

> *Das größte, alle Anwendungen dieser neuen Techniken einschränkende Problem ist, daß ...*

oder ein wenig verkürzt:

> *Das größte, den Einsatz der neuen Techniken einschränkende Problem ist, daß ...*

Das Ganze läßt sich erst eindrucksvoll verbessern, wenn man auf den Spaltsatz und seinen nominalen Kopf, *das Problem*, verzichtet:

> *Der Einsatz der neuen Techniken wird hauptsächlich dadurch eingeschränkt, daß ...*

Der Verlust an Bedeutung ist nicht der Rede wert, da das Problem ja beschrieben und damit als solches erkennbar ist, ob wir es nun ein *Problem* nennen oder nicht.

Alle spezifischeren Bedeutungselemente des Subjekts bleiben der Satzstruktur erhalten, wenn auch in kategoriell veränderter Form. Aus dem *major* wird ein *vor allem*, welches das zum finiten Verb avancierte Partizip modifiziert. Das Objekt des Partizips, *der Einsatz der neuen Techniken*, ist zum Subjekt des Satzes geworden. Die Verbindung zum Nebensatz sichert ein pronominales Adverb, *dadurch*.

Die Übersetzung des Nebensatzes selbst ist noch einmal ein schönes Demonstrationsstück für den Wechsel vom linksperipheren nominalen zum rechtsperipheren verbalen Ausdruck:

> *... that there is at present little control over the activity of the foreign genes after they have been inserted.*

> *... daß sich bisher das Verhalten der fremden Gene nach der Übertragung kaum kontrollieren läßt.*

Daß sich die Übersetzung dabei auch des redundanten Expletivums *there is* entledigt, das für die konvexe, aber nicht für die konkave Figur taugt, ist für uns im Vademecum nun schon selbstverständlich.

Immer wieder überrascht sind wir aber von der Neigung des Englischen zu linksperipheren nominalen Schwerpunkten. Die verbale Paraphrase mit *control* ließe allerdings kaum einen Platz für den Temporalsatz:

> *... that the activity of the foreign genes can hardly be controlled after they have been inserted/after being inserted.*

Und wenn wir erst den ganzen Satz auf diese Weise, verbal, umbauen wollten, kämen wir bei einer ziemlich verunglückten Struktur an:

> *All the applications of these new techniques are at present mainly limited by fact that the activity of the foreign genes can hardly be controlled after they have been inserted.*

Dann doch lieber noch einen Teilsatz und ein prominentes Subjekt mit wenig Inhalt im Kopf:

> *The major problem limiting all the applications of these new techniques is that there is at present little control over the activity of the foreign genes after they have been inserted.*

EINE BESONDERE BEDINGUNG

Gelegentlich begegnen wir auch Fällen, in denen schon ein Nomen da ist, um zum prominenten Subjekt aufzusteigen, aber es bietet nicht die richtigen Anschlußstücke für die restliche Struktur. Dann bekommt das Ganze einfach noch einen anderen Kopf — gratis, aus dem Fundus, der zur Szene paßt.

Da haben wir zum Beispiel in der Erzählung über den *Hungerkünstler* den Fall eines deutschen Spaltsatzes:

> *Und nun waren es besonders die Kinder, denen der Hungerkünstler gezeigt wurde.*

Da Spaltsätze im Deutschen einen gewissen Seltenheitswert haben, sollten wir uns die Zeit nehmen und erst einmal den Gründen für diesen Spaltsatz nachgehen.

Ohne die Verdoppelung der Struktur ist der Satz

> *Und nun wurde besonders den Kindern der Hungerkünstler gezeigt.*

vielleicht noch grammatisch akzeptabel, aber durch Passiv und Subjekt-Objekt-Umstellung gewunden wie ein Schneckenhaus und kaum mehr verstehbar.

Gewiß, wir könnten den Satz auch mit den *Kindern* im Schwerpunkt am Ende paraphrasieren:

> *Und nun wurde der Hungerkünstler besonders | vor allem den Kindern gezeigt.*

Gegen diese Version gäbe es an sich nichts einzuwenden, wäre da nicht der vorangegangene Satz und alle die vielen anderen Sätze, die diesem Satz noch innerhalb derselben Informationseinheit vorangegangen sind:

> *Damals beschäftigte sich die ganze Stadt mit dem Hungerkünstler; von Hungertag zu Hungertag stieg die Teilnahme; jeder wollte den Hungerkünstler zumindest einmal täglich sehn; an den spätern Tagen gab es Abonnenten, welche tagelang vor dem kleinen Gitterkäfig saßen; auch in der Nacht fanden Besichtigungen statt, zur Erhöhung der Wirkung bei Fackelschein; an schönen Tagen wurde der Käfig ins Freie getragen, und nun waren es besonders die Kinder, denen der Hungerkünstler gezeigt wurde; ...*

Das *und* verbindet zuletzt zwei Sätze, die beide mit einer Zeitbestimmung beginnen und ihr wichtigstes bedeutungstragendes Verb im Passiv haben. Würden wir auf den Spaltsatz verzichten, so wäre die Struktur beider Sätze weitgehend parallel:

> *An schönen Tagen wurde der Käfig ins Freie getragen, und nun wurde der Hungerkünstler den Kindern gezeigt ...*

Was für sich alleine genommen grammatisch einwandfrei war, wirkt in der Koordination merkwürdig verrutscht.

Da ist von zwei Ereignissen die Rede, die scheinbar aufeinander folgen. Nur das *nun* paßt nicht so gut in die zeitliche Abfolge, und es soll ja auch gar nicht hineinpassen, denn der Satz mit den *Kindern* schließt in Wirklichkeit an all die anderen Sätze dieser Informationseinheit an, in denen die Besichtigung des Hungerkünstlers zum Hintergrund der Informationsstruktur gehört. Wer wann und wie lange beziehungsweise unter welchen Bedingungen den Hungerkünstler ansehen kam, bildet jeweils den Schwerpunkt in den vorangegangenen Sätzen.

Dies würde auch für den Satz über die *Kinder* zutreffen, wenn nicht gerade im Satz davor von etwas anderem die Rede gewesen wäre. Der Satz über die *Kinder* wird zunächst einmal in bezug auf den Satz über den *Käfig* interpretiert, und da entsteht dann der Eindruck, daß *ins Freie tragen* und *den Kindern zeigen* die einander gegenübergestellten Schwerpunkte sind. Tatsächlich gehört *zeigen* aber zum Hintergrund des Satzes über die *Kinder,* und nur die *Kinder* sind sein Schwerpunkt.

Die Verwendung des Spaltsatzes hält uns davon ab, den Satz über die *Kinder* parallel zum Vorgängersatz zu interpretieren. Indem er *die Kinder* für sich alleine in einem Hauptsatz präsentiert: *und nun waren es die Kinder,* unterbricht er die Parallelität der Passivstrukturen durch ein aktives Verb und erleichtert uns durch die Aufteilung der Information auf die Doppelsatzstruktur den Rückgriff auf die früheren Sätze und damit die Identifizierung von Hintergrund und Schwerpunkt.

DER TRICK MIT DEM NOMEN

Daß die englische Übersetzung hier auch von einem Spaltsatz Gebrauch macht, überrascht uns nicht, schon weil die Möglichkeiten der informationellen Fehlinterpretation analog sind:

> *On fine days the cage was set out in the open air, and then it was the children's special treat to see the hunger artist.*

Die spaltsatzlose Version

> ... *and then the hunger artist was shown to the children* ...

hätte überdies noch Probleme mit der Übersetzung von *besonders*. Die Paraphrase

> ... *and then the hunger artist was shown especially to the children* ...

fordert uns durch den Modifikator kurz vor dem Satzende ziemlich abrupt zur Revision unserer informationellen Interpretation auf — denn natürlich haben wir an dieser Stelle *was shown* schon, parallel zu *was set out*, als Teil des Schwerpunkts verstanden.

Die zweite Möglichkeit des englischen Passivs mit den *Kindern* im Subjekt stünde übrigens vor demselben Dilemma. Die Abfolge

> ... *and then the children were shown the hunger artist* ...

muß schon sehr gegen den Strich verarbeitet werden, wenn wir die Version

> ... *and then especially the children were shown the hunger artist* ...

überhaupt zulassen wollen.

Aber auch die Spaltsatzstruktur, die uns die Identifizierung von Hintergrund und Schwerpunkt erleichtert, erfordert noch ihren zusätzlichen Obolus. Die Version:

> *It was especially the children the hunger artist was shown to.*

stört uns in mehr als einer Hinsicht. Da ist der Singular der Kopula *was*, der zwar zum Singular des Pronomens *it*, aber dann nicht zum Plural des Subjekts *Kinder* paßt. Und das *especially* ist auch in dieser Fassung schwer zu verarbeiten, von den beiden an der Teilsatzgrenze aufeinanderstoßenden nominalen Wortgruppen ganz zu schweigen.

Da können wir den Übersetzer nur bewundern, wie er beiden Schwierigkeiten durch die Einführung eines zusätzlichen Nomens — *treat* — begegnet. Als strukturelles Anschlußstück für eine infinitivische Ergänzung hilft *treat* außerdem noch bei der sprachlichen Struktur des Hintergrunds sparen. Die Übersetzung

> *... and then it was the children's special treat to see the hunger artist ...*

vermeidet nicht nur alle Klippen der Analogvariante, einschließlich des Wechsels vom aktiven Hauptsatz zum passiven Nebensatz, sondern macht dabei zugleich den informationellen Unterschied zwischen Schwerpunkt und Hintergrund deutlicher sichtbar.

Aber da sind nun nicht mehr die Kinder im Schwerpunkt, sondern die Vorführung, die sie bekommen, und so viel übersetzerische Freiheit hätten wir uns selbst dann doch nicht herauszunehmen gewagt. Immerhin geht es um den Schwerpunkt des Satzes und nicht um irgendein Element aus dem Hintergrund. Nur, wie sonst hätten wir der besonderen Bedingung des *besonders* gerecht werden können? Preiswertere Nomen für die syntaktische Verbindung von Business und Economy class ließen sich zwar finden:

> *Dann waren die Kinder an der Reihe ...*

und

> *Then it was the children's turn to see the hunger artist ...*

beläßt den Schwerpunkt inhaltlich im wesentlichen da, wo er im Original ist. Aber das notwendige Anschlußstück für *besonders* beziehungsweise *especially* bekommen wir mit dieser näheren Paraphrase nicht. Das liefert uns erst *treat*, und so nehmen wir also in unsere Liste mit *only thing*, *major problem* und dergleichen noch ein *special treat* als besonderes Sammlerstück auf.

Daß unter besonderen Bedingungen selbst Schwerpunkte nicht ungeschoren bleiben, gibt uns zu denken.

Aber dann hatten wir den Sophistereien ja schon zu Beginn des Vademecums abgeschworen und trösten uns jetzt damit, daß *besonders* selbst ein Teil des Schwerpunkts ist und die Brücke von einer *besonderen Vorführung für Kinder* zu *es waren besonders die Kinder, denen etwas vorgeführt/ gezeigt wurde,* wirklich ganz leicht zu überqueren ist.

HYPOTHESEN OHNE SUBJEKT

Wenn wir — aus welchen Gründen immer — einen Spaltsatz brauchen, dann brauchen wir ein Nomen, und wenn noch keines da ist oder das, was da ist, nicht das richtige ist, dann schlagen wir eine Brücke aus unserem Modell der Szene in die umliegenden Bereiche und suchen uns etwas Preisgünstiges aus. Auch im Schwerpunkt, wissen wir jetzt, kommt das Ganze vor den Einzelheiten.

Umgekehrt zögern wir nicht, das preiswerte Element fallenzulassen, wenn es sich in der anderen Sprache als konventionalisierte Redundanz entpuppt. Aber mitunter erweist es sich als angebracht, die eine Form der Redundanz gegen eine andere auszutauschen. Genaugenommen haben wir diesen Fall bereits bei den lexikalischen und syntaktischen Wegweisern durchexerziert, die ja jeweils nur in der anderen Sprache als überflüssig und störend empfunden werden. So unterschiedlich die sprachlichen Ausdrucksmittel da auf beiden Seiten sind, sie sind immerhin noch durch die gleiche Funktion, Schwerpunkte auszuweisen, miteinander verbunden.

Gelegentlich sind aber die konventionalisierten Redundanzen in Original und Übersetzung durch nichts anderes aufeinander zu beziehen, als daß sie eben die jeweils sprachspezifische Form sind, in der eine Satzstruktur komplettiert wird.

Theorists have tried two schemes.

heißt es da in einem Text über Supernovae, und die *theorists* erinnern uns gleich an eine ganze Armee von *professionals,* die sich als Subjekte im Englischen größter Beliebtheit erfreuen:

Astronomers now have several lines of approach in their search for the answer to this vexed question.

It also provides unusual conditions in which engineers could make goods which are difficult or impossible to produce on Earth.

First, scientists discovered that there is not one interferon in man but a whole family ...

Last April surgeons operated and removed the suspect tissue.

Alle diese Leute im indefiniten Plural haben ein merkwürdiges zweidimensionales Leben, das sie die Übersetzung ins Deutsche nur in seltenen Fällen überstehen läßt. Wer sonst als die einschlägigen Wissenschaftler, Techniker und Ärzte paßt denn in die Szene, die mit dem jeweiligen Satz gesetzt ist. Natürlich könnte es ein ganz bestimmter Gelehrter oder Chirurg sein, der da denkt oder handelt; aber das wäre dann eine andere Mitteilung. Die erwähnten Professionen sind hier wirklich nichts anderes als Lückenfüller, von der Art der kostengünstigen Subjekte in den Spaltsätzen. Nur daß es eben hier um Personen geht und auch immer gleich im Plural: irgendwelche aus der genannten Berufsgruppe, in der unbestimmten, indefiniten Variante, die durch das Fehlen des Artikels angezeigt wird.

Da haben wir schon den ersten Unterschied zum Deutschen. Wir sagen

Im April haben ihn dann Chirurgen operiert.

nur, wenn die Operation auch von anderen Personen hätte durchgeführt werden können. Aber auch die definite Variante verbessert nichts.

Im April haben ihn dann die Chirurgen operiert.

ist ohne kontextuelle Legitimation für das Subjekt nicht verwendbar.

Da finden wir ein unspezifisches *man*

Im April hat man ihn dann operiert.

ungleich besser; noch lieber ist uns in den meisten Fällen eine Passivvariante:

Im April wurde er dann operiert.

Allenfalls kommt die Disziplin gelegentlich noch in Form einer Adverbialbestimmung zu ihrem Recht:

In der Astronomie geht man bei der Beantwortung dieser schwierigen Frage gegenwärtig verschiedene Wege.

Daß das Englische den Berufsstand als eine Art indefinites Pronomen verwendet, mag mit den Besonderheiten des pronominalen Paradigmas zusammenhängen. Das deutsche *man*, zum Beispiel, ist viel uneingeschränkter verwendbar als das *one* oder als die spezifischeren Pronomen, *they*, *you* und *we*, die dem *one* in vielen Fällen noch vorgezogen werden. Wir können jedenfalls schon einmal festhalten, daß die *theorists* das Inventar der *things* und *problems*, aus denen sich preisgünstige Subjekte rekrutieren lassen, um ein interessantes Angebot erweitern.

Da wir auch in diesen Fällen keinen Grund sehen, das Deutsche dem Englischen »anzuverwandeln«, entledigen wir uns der »Hochschulabsolventen« ebenso entschlossen wie aller anderen *dummies*. Indefinite Pronomen, Adverbiale, Passiv — da steht uns für die besonderen kontextuellen Bedingungen Diverses zur Verfügung, was den Hinweis auf die spezielle Disziplin beibehält oder aufgibt — je nachdem, ob er sich im Kontext erübrigt oder noch gebraucht wird.

Dabei haben wir im Deutschen sogar die Möglichkeit, subjektlose Sätze zu nutzen. Wenn wir im sogenannten unpersönlichen Passiv andere Satzglieder an die Stelle des expletiven *es* an den Anfang des Satzes stellen und zum Beispiel statt

Es wird viel getrunken an solchen Abenden.

An solchen Abenden wird viel getrunken.

sagen.

Zeitbestimmungen, die an die Stelle des expletiven Subjekts treten können, finden sich immer, und wenn sie mit dem Original nicht explizit gegeben sein sollten, dann lassen sie sich mindestens ebenso leicht erfinden wie bestimmte Subjekte. Schließlich steht jeder Sachverhalt in einem zeitlichen Verhältnis zu anderem; dies läßt sich dann eben auch in einer Adverbialbestimmung sichtbar machen.

Auf diese Weise bekommen wir zum Beispiel die *Hypothesen* aus der Analogvariante zu

Theorists have tried two schemes.

sagen wir:

Theoretiker haben mit zwei Hypothesen gearbeitet.

ohne ein Subjekt, dafür aber mit einem Adverbial präsentiert:

Bisher wurde mit zwei Hypothesen gearbeitet.

Da hat sich die konventionalisierte Redundanz des englischen Subjekts in die konventionalisierte Redundanz eines deutschen Adverbials verwandelt.

In beiden Fällen werden kontextuelle Implikaturen genutzt, um die sprachliche Struktur des Satzes zu vervollständigen. Aber was da paßt, ist eben nicht nur inhaltlich bestimmt, sondern von den speziellen strukturellen Eigenschaften der jeweiligen Sprache. Es ist der linksperiphere konfigurationelle Typ des Englischen, der den informationellen und semantischen Spielraum für Subjekte erweitert, aber eben zugleich auch einen größeren Bedarf an Subjekten — und seien es *dummy*-Subjekte — erzeugt. Es ist der rechtsperiphere, linksverzweigende Typ des Deutschen, der den informationellen und semantischen Spielraum für Subjekte einschränkt und uns so oft Adverbiale — und seien es *dummy*-Adverbiale — am Satzanfang bevorzugen läßt. Die Freiheiten des Übersetzers sind faszinierend, aber sie sind nicht willkürlich, sondern unter dem Gesichtspunkt der Verarbeitbarkeit zweckmäßig, in Abhängigkeit vom grammatischen Typ seiner Sprache geregelt.

KASSENSTURZ

Wie es aussieht, haben wir jetzt eine ganze Menge kleinerer Münzen zusammengesammelt und sollten sie — auch weil wir allmählich in die Grenzbereiche gelangen — wo dies möglich ist, gegen ein paar größere Scheine eintauschen.

Zum Thema Wortartenwechsel haben wir uns erneut mit Subjekten beschäftigt, diesmal überwiegend unter dem Stichwort »prominente Subjekte«. Wir hatten die prominenten Subjekte auffallend oft in der Business class geortet, wo sie nicht selten als bloße Schibboleths den strukturellen Haken für die mit ihnen assoziierten sekundären oder auch primären Schwerpunkte liefern. Dabei haben wir Business class und prominente Subjekte vorwiegend als Präferenzen des Englischen kennengelernt, das damit etwas von seiner eingeschränkten Beweglichkeit kompensiert. Im Deutschen sind wir auf Spaltsätze und prominente Subjekte weniger angewiesen, weil wir ja mühelos auch andere Satzglieder topikalisieren und dadurch entsprechend hervorheben, beziehungsweise ins — konkave — Gleichgewicht bringen können.

Zu den anderen Satzgliedern gehören vor allem auch Adverbialbestimmungen, gelegentlich sogar — wie im letzten Beispiel — bloße Schibboleths zur Komplettierung von Satzstrukturen. Am besten war die Sache mit Adverbialen, auch längeren, bis hin zu Adverbialsätzen, im Englischen rechts außen. Da waren wir *auf See* und *auf dem Lande, seit vielen Jahren* und *an diesem Abend, im allgemeinen* und *nach einer Übertragung* ... doch meist gut aufgehoben. Gerade diesen Platz konnten die Adverbiale im Deutschen nicht beanspruchen. Sie standen statt dessen mehr in der Mitte, meistens am Anfang — und am Anfang wurden sie dann noch um die vielen Adverbiale vermehrt, die im Englischen Subjekten entsprachen: *durch diese Anerkennung, in klinischen Versuchen, mit jedem Flug* ... Wenn wir uns für einen Moment einmal von der anderen Sprache lösen, läßt sich sagen, im konkaven Wasserzeichen — Gleichgewicht und frühe Weichenstellung vereint — beginnt der deutsche Satz häufig mit Adverbialen:

Noch fünf Monate nach dem Vulkanausbruch war der Schwefel in der ostwärts um die Erde ziehenden Rauchwolke des Vulkans nachweisbar ...

Aber ohne den Blick auf die andere Sprache mit ihrer Fixierung auf Subjekte — »leere« Köpfe wie zum Beispiel *studies* inklusive — können wir gar nicht richtig ermessen, was das heißt:

Studies of the volcano's plume showed that it [sulphur] could still be identified for five months after the eruption as it moved eastward around the world ...

Viel konventionalisierte Redundanz, würden wir sagen, im Dienste einer konvexen Informationsstruktur. Gut im Englischen.

Grenzverschiebungen

SO NICHT

Was gut für eine Sprache ist, braucht es noch lange nicht für eine andere Sprache zu sein. Das gilt auch für Satzgrenzen. Und wem da zum Beispiel das Deutsche, gemessen an einem italienischen Original, zu lang und schwerfällig scheint, weil es seine Subjekte im Hauptsatz durchaus braucht und auch im Nebensatz fast nichts durch Partizipien einsparen kann, der baut sich die Satzfolgen in seiner Übersetzung einfach anders zusammen. Da lesen wir dann über den Palazzo della Ragione in Bergamo:

Dieser Palast ist eines der ältesten Stadthäuser und stammt aus dem Jahr 1199, wird auch Palazzo dei Nodari oder Palazzo vecchio genannt. Er wurde in einer Nacht im Jahr 1513 von spanischen Soldaten verbrannt und im Jahr 1583 von Pietro Isabello wieder aufgebaut, dem wir hauptsächlich die Fassade mit eleganten Dreibogen verdanken können. Über dem Säulengang steht der geflügelte Löwe von St. Markus.

So ganz geglückt scheint das dem Übersetzer dann doch nicht zu sein, und auf italienisch liest es sich in der Tat anders:

Forse uno dei prime palazzi del Comune sorto in Lombardia, se ne ha testimoniana fin dal 1199, è detto anche Palazzo dei Nodari o Palazzo Vecchio. Fu incendiato una notte del giugno 1513 durante un assedio. La sua ricostruzione, iniziata nel 1538, fu affidata a Pietro Isabello, cui si deve in particolare la facciata, ornata dalle eleganti trifori e dalla loggia sormontata dal leone di San Marco.

Analog hätten wir also in etwa:

Palazzo della Ragione

vielleicht eines der ältesten Stadthäuser der Lombardei, erstmalig 1199 erwähnt, auch Nodari Palast oder Palazzo Vecchio genannt. Wurde niedergebrannt in einer Nacht des Juni 1513 während einer Belagerung. Mit dem Wiederaufbau, der 1538 begann, wurde Pietro Isabello beauftragt, dem wir insbesondere die Fassade verdanken, geschmückt mit eleganten Triforien und einer Loge, gekrönt vom Löwen des Sankt Markus.

Ein bißchen lang ist das ja — vor allem der letzte Satz —, aber der kritische Punkt ist natürlich in allen drei Sätzen die Reihenfolge. Und wenn wir die erst in Ordnung gebracht haben, so daß der wirkliche Höhepunkt jeweils am Satzende steht, ist — wie gleich zu sehen sein wird — gegen die Satzfolge selbst nichts mehr einzuwenden.

Wir füllen die Struktur mit dem grammatisch Nötigen auf, korrigieren die inhaltlichen Fehler, die dem Übersetzer unterlaufen sind und machen von Erweiterungen und Verkürzungen nicht mehr Gebrauch als die bessere Verarbeitbarkeit erfordert:

Der Pallazzo della Ragione

auch Nodari Palast oder Palazzo Vecchio genannt — erstmalig 1199 erwähnt — ist vielleicht eines der ältesten Stadthäuser der Lombardei. Der Palast war in einer Nacht im Juni 1513 während einer Belagerung niedergebrannt worden. Mit seinem Wiederaufbau, der 1538 begann, wurde Pietro Isabello beauftragt, dem wir vor allem die Fassade mit den eleganten Triforien und der vom Markuslöwen gekrönten Loge verdanken.

Keine Satzverknüpfung, keine Satztrennung — also keine Verschiebung der Satzgrenzen —, aber Umstellungen in jedem Satz, die aus der ganz offensichtlich linksperipheren Informationsstruktur des Italienischen die rechtsperiphere Informationsstruktur des Deutschen machen.

Die mißglückte Übersetzung aus dem Katalog verdiente keine weitere Beachtung, wenn es nicht wirklich Fälle gäbe, die erst durch die Trennung oder Verknüpfung von Sätzen den Ansprüchen einer Zielsprache genügen würden. Und wenn wir Grenzverschiebungen im Prinzip zulassen wollen, müssen wir uns fragen lassen, warum wir sie in der Geschichte vom Palazzo Vecchio ablehnen.

Die Antwort könnte kurz ausfallen, da ja für die zielsprachliche Angemessenheit der Übersetzung offensichtlich keine weitergehenden Veränderungen benötigt werden; zu Gratis-Abstrichen an Äquivalenz und Analogie gegenüber dem Original sind wir nach der Translationsmaxime, die wir uns selbst vorgegeben haben, nicht berechtigt.

Aber dann sehen wir uns hier zu Grenzverschiebungen auch deshalb nicht veranlaßt, weil sie die Übersetzung nicht nur unnötig weit vom Original entfernen, sondern überdies falsche Informationseinheiten bilden.

Sicher, die Informationen über die Zerstörung und den Wiederaufbau des Palastes ließen sich nebeneinander in einer Informationseinheit unterbringen. Aber schon, daß die Nacht 1513 das ganze Ereignis umfaßt, das Jahr 1538 nur den Anfang des Wiederaufbaus: *la sua ricostruzione, iniziata nel 1538* ... läßt eine Koordination nicht ganz angemessen erscheinen. Und dann fügt der Übersetzer auch noch die spanischen Brandstifter gratis hinzu und setzt damit die beiden Ereignisse in einen klaren Kontrast zueinander: Der Palast wurde in einer Nacht 1513 von spanischen Soldaten niedergebrannt und im Jahr 1538 von Pietro Isabello wieder aufgebaut.

Denkbar wäre das ja, aber die Tatsachen — nachzulesen im Original — waren anders. Und außerdem gerät die schöne Gegenüberstellung schon im nächsten Schritt aus dem Takt, denn da kommen nun noch die Fassade mit den eleganten Triforien und wir selbst, die dankbaren Besucher des Palastes, ins Bild. Etwas gequetscht das Ganze, in einem Relativsatz, in dem — und da hat der

Übersetzer recht — die Loge mit dem Löwen von Sankt Markus nun wirklich keinen Platz mehr hat. Die beiden bekommen dann eben einen Satz für sich ganz alleine.

Nun passen aber, wie unsere Paraphrase und das Original beweisen, der Wiederaufbau und die Fassade mit allen ihren Details problemlos in einen Satz. Und auch all das, was die heutige Sehenswürdigkeit ausmacht, ist mühelos in einem Relativsatz unterzubringen.

Allerdings dürfen wir bei Beginn des Relativsatzes nicht denken, daß wir das Wichtigste schon hinter uns haben. Genau das wird uns aber mit der Übersetzung aus dem Katalog nahegelegt: die Verknüpfung mit ihrer kontrastiven Gegenüberstellung von Zerstörung und Wiederaufbau weist dem Relativsatz eine untergeordnete informationelle Rolle zu.

Selbst wenn wir die Information über die Fassade und ihre Details als Nebensache betrachten würden — was sie natürlich in einem Katalog über Sehenswürdigkeiten nicht sind — sie stünden so, im deutschen Satz, nach dem Schwerpunkt rechts außen, in der denkbar schlechtesten Position. Dann doch lieber die Satztrennung noch davor:

Der Palast wurde in einer Nacht im Juni 1513 von spanischen Soldaten niedergebrannt und im Jahr 1538 von Pietro Isabello wiederaufgebaut. Ihm verdanken wir vor allem die Fassade mit den eleganten Triforien und die Loge mit dem geflügelten Löwen von Sankt Markus.

Aber die Trennung wird uns nur durch die voraufgegangene Verknüpfung nahegelegt, und die ist sachlich und sprachlich unberechtigt.

Mit den entsprechenden satzinternen Umstellungen ist der Dreierschritt: Ursprung, Zerstörung und Wiederaufbau im italienischen und im deutschen Text gleichermaßen angemessen repräsentiert:

Der Palazzo della Ragione

auch Nodari Palast oder Palazzo Vecchio genannt — erstmalig 1199 erwähnt —, ist vielleicht eines der ältesten Stadthäuser der Lombardei. Der Palast war in einer

Nacht im Juni 1513 während einer Belagerung niedergebrannt worden. Mit seinem Wiederaufbau, der 1538 begann, wurde Pietro Isabello beauftragt, dem wir vor allem die Fassade mit den eleganten Triforien und der vom Markuslöwen gekrönten Loge verdanken.

Und wir können uns endlich genießerisch in die Details der wunderhübschen Fassade versenken, deren fotografisches Abbild uns die anstrengende Lektüre des Katalogs versüßt.

DER AUSWEG

Daß man nicht beliebig viel in einem Satz unterbringen kann, ist selbstverständlich. Aber selbst die ganz langen Sätze sind noch lange kein Grund für Satztrennung, vorausgesetzt ihre Informationselemente sind angemessen angeordnet. In linksperipheren Sprachen läßt sich das leichter bewerkstelligen — obwohl auch hier strukturelle Verkürzungen dafür sorgen müssen, daß der Zusammenhang zum Anfang und Schwerpunkt nicht allzu sehr ausgedünnt wird. Da sind dann vor allem nichtfinite Verben — Infinitive und Partizipien — ausgesprochen hilfreich beim Aneinanderfädeln von mitunter erstaunlich vielen Teilsätzen.

In *The Snows of Kilimanjaro* lesen wir:

And now this life that she had built again was coming to term because he had not used iodine two weeks ago when a thorn had scratched his knee as they moved forward trying to photograph a herd of waterbuck standing, their heads up, peering while their nostrils searched the air, their ears spread wide to hear the first noise that would send them rushing into the bush. They had bolted, too, before he got the picture.

Das ist nicht nur für einen Autor kurzer Sätze ein bemerkenswert langes Exemplar, es ist — denken wir — in einer rechtsperipheren Sprache gar nicht in einem Stück möglich. Wenn wir dann die Übersetzung lesen, scheint unsere Erwartung bestätigt:

Und jetzt fand dieses Leben, das sie sich aufgebaut hatte, sein Ende, weil er kein Jod benutzt hatte, als er sich vor vierzehn Tagen das Knie an einem Dorn ritzte, als sie sich vorwärts bewegten, um zu versuchen, eine Herde von stehenden Wasserböcken zu photographieren, die mit erhobenen Köpfen Umschau hielten, während ihre Nüstern die Luft durchschnupperten und ihre weit aufgeklappten Ohren auf das leiseste Geräusch hinhorchten, das sie in den Busch zurückscheuchen würde. Und sie waren wirklich ausgerissen, noch bevor er die Aufnahme hatte.

Aber wenn wir die Stelle, an der die Trennung vorprogrammiert scheint, genauer betrachten, kommt uns der Verdacht, daß da vielleicht nur die Wiederholung von zwei Temporalsätzen stört. Und in der Tat, wenn wir die Vorwärtsbewegung den Implikaturen überlassen und die Verbindung zum Folgenden über eine nominale Version laufen lassen, ist an der Länge des Satzes auch im Deutschen nichts mehr auszusetzen:

Und jetzt fand dieses Leben, das sie sich aufgebaut hatte, sein Ende, weil er kein Jod benutzt hatte, als er sich vor vierzehn Tagen das Knie an einem Dorn ritzte, bei dem Versuch, eine Herde von stehenden Wasserböcken zu photographieren, die mit erhobenen Köpfen Umschau hielten, während ihre Nüstern die Luft durchschnupperten und ihre weit aufgeklappten Ohren auf das leiseste Geräusch hinhorchten, das sie in den Busch zurückscheuchen würde. Und sie waren wirklich ausgerissen, noch bevor er die Aufnahme hatte.

Vielleicht würden wir das eine oder andere in der Übersetzung anders machen, aber für eine Satztrennung sehen wir keinen Bedarf. Auch wenn die Wasserböcke nur eine Episode und — trotz ihrer Verbindung mit der tödlichen Verletzung — nur eine Seitenstruktur des Texts sind, sie haben in diesem Satz ihr eigenes Gewicht, das die Verletzung nur noch geringfügiger erscheinen läßt.

Ganz anders ist es um einen Satz bestellt, bei dem die Relevanz der Teilsätze laufend abnimmt. In einem Text über Wasserstoffbrückenbindung heißt es:

In a polarised bond the hydrogen becomes exposed so that the positive charge of the proton nucleus can attract a region of negatively charged electrons, such as a lone-pair, on another molecule. This attraction is enough to pull the two molecules together; the weak link they form is called a hydrogen bond and between two water molecules this is depicted as H-O-H · · OH2, where the two dots indicate the hydrogen bond.

Bei den zwei Pünktchen in der chemischen Formel sind wir bei jenem Element angelangt, das für die Sache, von der die Rede ist, die geringste Relevanz hat. Daß eine neue Bindung entsteht, ist zweifelsohne das wichtigste Element — welchen Namen sie bekommt, durch welche Formel sie dargestellt wird und welcher Teil der Formel dann die Bindung selbst repräsentiert, all dies sind Zusatzinformationen, die eine rechtsperiphere Informationsstruktur auf der rechten Seite doch ziemlich über- oder sagen wir lieber: unterfordern.

Die dabei entstehende schwache Bindung wird Wasserstoffbrückenbindung genannt, und zwischen zwei Wassermolekülen wird sie durch die Formel H-O-H · · OH2 dargestellt, in der die beiden Punkte für die Wasserstoffbrückenbindung stehen.

Mit perspektivischen Verjüngungen dieser Art sind wir inzwischen schon gut vertraut, gerade eben in der Beschreibung des Palastes della Ragione sind wir wieder einem solchen Exemplar aus der Klasse der Mäuseschwanzsätze begegnet. Der Palazzo, hieß es da,

ist vielleicht eines der ältesten Stadthäuser der Lombardei, erstmalig 1199 erwähnt, auch Nodari Palast oder Palazzo Vecchio genannt.

Der Palast ließ sich aber so leicht in die richtige Perspektive rücken, daß wir dem Defekt kaum Beachtung geschenkt haben.

In dem Satz über die Wasserstoffbrückenbindung ist das anders. Eine Umkehrung der Reihenfolge steht uns hier nicht zu Gebote, da wir die Pünktchen nicht vor der Formel, die Formel nicht vor dem Namen, den Namen nicht vor der Sache selbst einführen können.

Allerdings sind wir damit immer noch nicht am Ende unserer Möglichkeiten zur satzinternen Umgestaltung angekommen. Da gibt es nämlich noch eine Art von Satzgliedwechsel auf der Teilsatzebene, die uns eine informationelle Unterordnung bei gleicher Reihenfolge ermöglicht.

Wenn wir den Attributsatz am Ende unseres Beispiels durch einen Adverbialsatz mit *wobei* ersetzen, dann wirkt das *wobei* wie ein Wegweiser, aber gewissermaßen wie ein Wegweiser bei den Antipoden. Es sagt uns, daß jetzt nur noch Information von sekundärer Relevanz folgt:

... zwischen zwei Wassermolekülen wird sie durch die Formel H-O-H · · OH2 dargestellt, wobei die beiden Punkte für die Wasserstoffbrückenbindung stehen.

Zwischen dem zweiten und dritten Teilsatz können wir aber auch von dieser Ausgleichsmöglichkeit keinen Gebrauch mehr machen. Und wenn wir nun so zwischen der linksperipheren Natur des Sachverhalts und der rechtsperipheren Informationsstruktur des Deutschen endgültig und unausweichlich in die Klemme geraten sind, dann nehmen wir unsere Zuflucht zur Satztrennung:

Die dabei entstehende schwache Bindung wird Wasserstoffbrückenbindung genannt. Zwischen zwei Wassermolekülen wird sie durch die Formel H-O-H · · OH2 dargestellt, wobei die beiden Punkte für die Wasserstoffbrückenbindung stehen.

Bei den vielen Möglichkeiten für Reihenfolgeveränderung, Verkürzung und syntaktische Unterordnung wird dieser letzte Ausweg aber nur sehr selten gebraucht.

IRGENDWIE ZU KURZ GERATEN

Grenzverschiebungen bedeuten gelegentlich Satztrennung. Viel öfter drehen sie sich jedoch um Sätze, deren analoge Übersetzungen irgendwie zu kurz geraten sind.

Wenn wir zum Beispiel bei der Wiederholung einer Struktur so verfahren wie im Satz mit den Wasserböcken, dann kann dies einen kleinen Satz leicht seine grammatische Selbständigkeit kosten.

Über die zwei Amerikaner aus *Cat in the Rain* heißt es:

> *Their room was on the second floor facing the sea. It also faced the public garden and the war monument.*

Die kurzfristige Wiederholung von *face* mißfällt uns im Deutschen schon deshalb, weil wir ein *Zimmer* nicht *auf etwas blicken* lassen wollen und schon gar nicht zweimal hintereinander:

> *Ihr Zimmer in der zweiten Etage blickte aufs Meer. Es blickte auch auf die öffentlichen Gärten und das Kriegerdenkmal.*

Aber die nominale Version *Zimmer mit Blick auf* braucht noch ein Verb, und das steht nur im ersten Satz zur Verfügung:

> *Ihr Zimmer war in der zweiten Etage mit dem Blick aufs Meer.*

oder:

> *Ihr Zimmer, mit dem Blick aufs Meer, lag in der zweiten Etage.*

Im zweiten Satz müssen wir das fehlende Verb ergänzen oder eine andere Paraphrase bilden, etwa:

> *Man konnte auch die öffentlichen Gärten und das Kriegerdenkmal sehen.*

Da teilen wir die Meinung des Übersetzers, daß einmal genügt und sich die ganze Aussicht in einem Satz unterbringen läßt:

Ihr Zimmer war in der zweiten Etage mit dem Blick aufs Meer und auch auf die öffentlichen Anlagen und das Kriegerdenkmal.

Der bedächtige Ton der doppelten Koordination paßt gut zu dem Abschnitt, den wir inzwischen schon ein ganzes Stück weit kennen:

Nur zwei Amerikaner wohnten im Hotel. Von all den Leuten, die ihnen auf ihrem Weg in ihr Zimmer auf der Treppe begegneten, kannten sie niemanden. Ihr Zimmer war in der zweiten Etage mit dem Blick aufs Meer und auch auf die öffentlichen Anlagen und das Kriegerdenkmal. In den öffentlichen Anlagen gab es große Palmen und grüne Bänke ... Es regnete. Der Regen tropfte von den Palmen. Wasser stand in Pfützen auf den Kieswegen.

Viele kurze Sätze. Ein bißchen wie Regentropfen. Auch im Deutschen sonst kein Bedarf nach größeren Einheiten.

Aber dann gibt es auch Sätze ohne strukturelle Wiederholungen, die wir so, wie sie sind, als Ganzes ins Deutsche übernehmen können und die in der Analogvariante einfach zu kurz wirken. Da heißt es zum Beispiel in einem Text über Bioelektrizität:

In Cecropia, the silk moth, the cell which will give rise to an egg cell divides three times, to produce eight cells. But the division is not complete. The daughter cells remain connected by bridges of cytoplasm. Seven daughters become »nurse cells«, producing the molecules, chiefly RNA, that are needed for early development, and feeding them to the eighth cell, the egg.

Also im Deutschen:

Bei der Seidenmotte, Cecropia, teilt sich die Zelle, aus der ein Ei hervorgeht, dreimal in insgesamt acht Zellen. Aber die Teilung ist unvollständig. Die Tochterzellen bleiben über Zellplasmabrücken verbunden.

Hier wirkt der Text plötzlich etwas kurzatmig.

Natürlich machen kurze Sätze an sich noch keinen kurzatmigen Text aus — das haben wir uns ja gerade von einem Dichter vorführen lassen. Aber es ist auch nicht, was jetzt so mancher denken mag, der Unterschied im Texttyp, der den anderen Eindruck bedingt. Es ist der Unterschied in der Abfolge der Informationsstrukturen, die mit diesen kurzen Sätzen gegeben sind. Auch wenn die Sätze des Dichters kurz wie Regentropfen sind, jeder dieser Tropfen bringt uns etwas Neues — und sei es eben immer noch ein bißchen mehr Wasser — in die Szene vom Regen.

Das ist anders in den Sätzen über die Zellteilung. Da erfahren wir, daß die Zellen sich teilen, und in den beiden nächsten Sätzen wird das eingeschränkt: Die Zellen bleiben trotz der Teilung immer noch miteinander verbunden. Die Einschränkung ist im dritten Satz nicht anders als im zweiten; nur daß der dritte Satz auch noch die Form angibt, in der die Zellen miteinander verbunden bleiben.

Obwohl es da an der Oberfläche der Sätze keine Wiederholung gibt, ist der Inhalt des zweiten Satzes in dem des dritten voll enthalten. Wir könnten den zweiten Satz wegfallen lassen, ohne etwas von der Information des Texts zu verlieren:

Bei der Seidenmotte, Cecropia, teilt sich die Zelle, aus der ein Ei hervorgeht, dreimal in insgesamt acht Zellen. Aber die Tochterzellen bleiben über Zellplasmabrücken verbunden.

Wir dürfen aber beim Übersetzen nicht einfach weglassen, was weglaßbar ist, sondern nur das, was weglaßbar ist und stört und was auf keine andere Weise in eine zielsprachlich angemessene Form zu bringen ist.

Im Fall der Zellteilung sind die beiden ersten Bedingungen erfüllt, aber nicht die dritte. Wir brauchen nämlich nur beide Sätze miteinander zu verbinden, und schon bewirkt die informationelle Brückenbindung, daß der erste Satz sogleich als Hintergrund zum zweiten Satz interpretiert wird:

Aber die Teilung ist nicht wirklich vollständig, da die Tochterzellen über Zellplasmabrücken weiterhin verbunden bleiben.

Durch die Satzverknüpfung wird die reine faktische Information noch um ein paar Elemente aus dem Argumentationszusammenhang bereichert, die Wegweiser *wirklich* und *weiterhin* inklusive.

Da die Satzverknüpfung und die Wegweiser zusammen eine Paraphrase ergeben, mit der wir im Deutschen nun wirklich zufrieden sein können, fällt uns plötzlich die dürftige Ausstattung des englischen Originals auf. Keine Wegweiser, nur zwei kurze, selbständige Sätze. Dabei sind die inhaltlichen Verhältnisse doch dieselben.

Sicher, wir haben es ja schon zur Genüge vorgeführt bekommen: wenn zwei das gleiche tun, ist es noch lange nicht dasselbe. Und wenn wir das Ganze gegen das Licht unserer Hypothese von der Links-Rechts-Alternative halten, können wir nun auch unterschiedliche Bedingungen für die Abfolge von Informationseinheiten erkennen.

Da verselbständigt sich in der einen Sprache ein Element am rechten oder am linken Rand, weil es den informationellen Ansprüchen, die mit dieser Position verbunden sind, nicht gewachsen ist und seiner Natur nach für die entgegengesetzte Position nicht in Frage kommt. Aber in der anderen Sprache paßt das Element noch ganz gut in den Satz und wäre für eine selbständige Verwendung viel zu schwachbrüstig.

Merkwürdig ist nur, daß die zu kurzen Varianten meist auf dieselbe Sprache zurückgehen.

EINFÜGEN

Wenn etwas zu kurz ist, dann ist es zu kurz für etwas anderes. Wenn kurze Sätze zu kurz sind, wofür sind sie zu kurz? Im Fall der unvollständigen Zellteilung schienen uns beide Sätze zu kurz, weil sich der erste Satz im zweiten wiederholte.

Diese inhaltliche Beziehung ist natürlich sprachunabhängig. Sie gilt für das englische Original ebenso wie für die deutsche Übersetzung. Zu kurz erschienen uns die Sätze aber nur in der deutschen Analogübersetzung. Im Englischen halten wir dem Autor des Originals einfach zugute, daß er sich ja nicht an eine andere sprachliche Vorgabe halten mußte und sich so von vornherein für die richtige Länge entscheiden konnte. Natürlich haben wir hierfür keine Garantie, aber der Verdacht, daß die links- und rechtsperipheren Eigenschaften von Informationsstrukturen auch für Satzgrenzen unterschiedliche Bedingungen schaffen, ist sicher nicht unberechtigt.

Zu lange Sätze vom Typ der Mäuseschwanzsätze schienen uns jedenfalls ein Ergebnis der Analogübersetzung von linksperipheren Originalen in eine rechtsperiphere Zielsprache. Zu lang wirken die Sätze nur — da sind wir ganz sicher — weil uns die perspektivische Verjüngung des Originals in unserer Sprache stört, wenn nicht gar irreführt. Wenn sich das durch keine andere Paraphrase beheben läßt, wird die »überhängende« Struktur in der Übersetzung abgetrennt.

Das Ergebnis ist ein kürzerer Satz, vielleicht sogar ein kurzer Satz, aber kein zu kurzer Satz. Jedenfalls nicht aus der Perspektive unserer Sprache. Wenn wir aber versuchen, das Ergebnis aus der Perspektive der Ausgangssprache zu betrachten, zum Beispiel in Form einer Rückübersetzung, dann könnte doch der verkürzte Satz dort zu kurz sein.

So gesehen werden vielleicht auch die Sätze, die wir verknüpfen, weil sie in unserer Sprache zu kurz erscheinen, bei der Rückübersetzung in die andere Sprache als zu lang empfunden. Das heißt, die kurzen Sätze des Originals könnten unter Umständen nur dazu gedient haben, das Pendant zu den Mäuseschwanzsätzen zu vermeiden.

Na, solche Betrachtungen können wir nicht allzu lange durchhalten, da wir uns für die Perspektive der anderen Sprache ja immerzu auf den Kopf stellen müssen. Aber sie verhelfen uns vielleicht auch so schon zu einem besseren Verständnis für eine gewisse Asymmetrie in den sprachspezifischen Bedingungen für die Verarbeitung von Satzfolgen.

Da der Parcours ja in jeder Sprache von links nach rechts verläuft, stellt die Abfolge Hintergrund/Schwerpunkt so etwas wie die natürliche Gliederung von Informationsstrukturen dar. Was wir noch vor uns haben, also rechts, ist neu und wichtig; was wir schon hinter uns haben, also links, wird zum Hintergrund. Rechtsperiphere Informationsstrukturen verlaufen konform zum Parcours.

Nicht so linksperiphere. Da will man ja möglichst schnell auf den Schwerpunkt kommen und schenkt so dem linken Bereich von vornherein mehr Aufmerksamkeit als dem rechten. Dementsprechend wird nur das Nötigste von dem, was unter natürlichen Parcoursbedingungen zuerst erwähnt werden könnte, am Anfang erwähnt. Selbst Zeitbestimmungen — wir erinnern uns — werden lieber nachgeliefert:

The boy was there again this evening.

Nachzuliefern ist aber sinnvollerweise nur, was nicht schon gesagt worden ist. Nachdem wir die spezifischere Information schon kennen, ist die allgemeinere eigentlich redundant. Im Fall der unvollständigen Teilung ist deshalb Nachliefern keine Lösung:

The daughter cells remain connected by bridges of cytoplasm, that is / because the division is not complete.

Aber die natürliche Anordnung: erst das Allgemeine, dann das Spezifische, verläuft nun einmal gegen die linksperiphere Erwartung. Wenn wir die natürliche Reihenfolge beibehalten wollen, ohne mit der linksperipheren Informationsstruktur zu kollidieren, müssen wir die generelle Information von der spezifischeren abtrennen, müssen beides zu selbständigen Informationseinheiten aufwerten, die nicht miteinander informationell verrechnet zu werden brauchen. Wie im Original:

But the division is not complete. The daughter cells remain connected by bridges of cytoplasm.

Der Trennbedarf kann auch auf der rechten Seite der Informationsstruktur entstehen. Aufmerksam macht uns darauf wieder unsere eigene Sprache: Der kurze Satz der Analogübersetzung steht in diesen Fällen rechts.
Wenn uns der englische Text mitteilt

Unlike many other drugs, interferons are not artificially synthesised or extracted from plants. They occur in the body naturally.

dann sieht das analog etwa so aus:

Im Unterschied zu vielen anderen Medikamenten werden Interferone nicht künstlich hergestellt oder aus Pflanzen gewonnen. Sie kommen im Körper von Natur aus vor.

Weil wir das Adverb *natürlich* im Deutschen in dieser Form nicht verwenden können, hat der zweite Satz noch ein wenig strukturelles Gewicht dazubekommen. Aber so künstlich aufzublähen brauchen wir die Information gar nicht im Deutschen. Sie hat nämlich noch ganz gut Platz im vorangegangenen Satz und ist dort mit der Schwerpunktstellung bestens bedient:

Im Unterschied zu vielen anderen Medikamenten werden Interferone weder künstlich hergestellt noch aus Pflanzen gewonnen, sondern vom Körper selbst erzeugt.

Die koordinierte Struktur bekommen wir allerdings nur um den Preis einer Paraphrase mit Satzgliedwechsel, doch der scheint uns angemessen.
Im Englischen wäre die Verknüpfung sogar noch leichter zu haben. Da braucht es überhaupt nur ein *but:*

Unlike many other drugs, interferons are not artificially synthesised or extracted from plants, but occur in the body naturally.

Die Verknüpfung wird dem Parcours gerecht, aber die Informationsstruktur ist nicht links- sondern rechtsperipher.

Und wenn wir uns die Sache jetzt noch einmal genauer ansehen, dann scheint sogar die Abfolge *künstlich hergestellt* und *aus Pflanzen gewonnen* gegen den Strich gebürstet. Zumindest die Chronologie der Medikamentengewinnung ließe eine andere Reihenfolge natürlicher erscheinen: zuerst die Pflanzen, dann die Chemie.

Dies gilt allerdings nur für eine rechtsperiphere Sprache. Linksperipher erwarten wir ja das Wichtigere vor dem weniger Wichtigen. Und wenn schließlich noch Wichtigeres folgt, wird es einfach abgetrennt. Das Ergebnis ist dann, wie hier, der kurze Satz rechts außen, der für uns aus der Perspektive unserer rechtsperipheren Sprache zu kurz ist, weil er als Schwerpunkt noch wunderbar ans Ende des vorangegangenen Satzes paßt.

Gelegentlich ist das, was da rechts außen landet, aber Information von einer Art, die weder links noch rechts an den anderen Satz paßt, sich dafür aber um so besser in die Mitte des Satzes einfügen läßt.

Da wird uns in einer Studie über die Vorteile von Industriebetrieben auf dem Mond eine Technik empfohlen, die sich für die Bedingungen dort besonders eignet:

But other, less orthodox techniques, which take into account the peculiar conditions on the Moon, look highly promising. Engineers could separate lunar soils into oxygen, metals and oxides using what is called the hydrofluoric-acid leach process. In this, the acid is added to Moon dust.

Analog könnten da irgendwelche indefiniten Techniker

Mondgestein in Sauerstoff, Metalle und Oxyde aufspalten, indem sie das sog. Flußsäure-Auslaugverfahren nutzen. Dabei wird die Säure dem Mondstaub zugesetzt.

Nur, daß wir das im Deutschen viel kompakter bevorzugen würden:

So ließe sich Mondgestein durch Zusetzen von Flußsäure (im sog. Flußsäure-Auslaugverfahren) in Sauerstoff, Metalle und Oxyde aufspalten

Auf das unspezifische Subjekt verzichten wir gerne; dafür bekommen wir leicht noch eine Adverbialbestimmung unter. Die müßte im Englischen wegen der natürlichen Reihenfolge am Ende des Satzes stehen:

Engineers could separate lunar soils into oxygen, metals and oxides using what is called the hydrofluoric-acid leach process, by wich the acid is added to Moon dust.

Und da steht nun vielleicht doch auch für eine rechtsverzweigende Sprache zu viel auf der rechten Seite.

AUSTARIEREN

Das Aufpolstern von Informationsstrukturen mit redundanten Elementen haben wir nun schon im Zusammenhang mit Wegweisern, Business class und professionellen leeren Köpfen als probates Mittel für die Hervorhebung und richtige Plazierung von Schwerpunkten in einer ausgewogenen Informationsstruktur kennen- und schätzengelernt.

Daß dies auch bei Grenzverschiebungen eine Rolle spielt, ist selbstverständlich. Es beginnt mit den Konjunktionen, die auszubuchstabieren sind, wenn Sätze nicht nur asyndetisch miteinander verknüpft werden sollen, setzt sich mit den vielen Funktionswörtern fort, die zur Komplettierung einer grammatischen Struktur benötigt werden, und endet bei den lexikalischen Wegweisern. Wenn man dann noch Satzglied- und Wortartenwechsel dazunimmt, ist von der sprachlichen Form des Originals in der Zielvariante mitunter nicht mehr viel zu finden.

Da haben uns auch schon kleinste Sätze beeindruckt. Aber ganze Satzfolgen bieten dem Übersetzer natürlich noch viel größere Spielräume für die Umgestaltung. Immer vorausgesetzt, er hat die informationellen Zusammenhänge richtig erfaßt. Daß dies mitunter gar nicht so selbstverständlich ist, wird das nächste Beispiel zeigen. Da fragt sich der Autor eines englischen Texts über Interferone

Why do we need all these different α interferons?

und erwägt gleich verschiedene Möglichkeiten:

There are several possibilities. We are only just understanding how the nucleus of each cell programs the proteins of the body. It may be that many proteins have different »copies«. However, current knowledge of other common cell proteins would not suggest this as an explanation.

Das könnte analog etwa so heißen:

Wozu brauchen wir die verschiedenen α-Interferone? Es gibt mehrere Möglichkeiten. Wir beginnen gerade zu verstehen, wie der Kern jeder Zelle die Proteine des Körpers kodiert. Es kann sein, daß viele Proteine verschiedene »Kopien« haben. Aber der gegenwärtige Stand des Wissens über andere gewöhnliche Zellproteine würde dies als Erklärung nicht nahelegen.

Wer das englische Original nicht gelesen hat, dürfte die deutsche Fassung kaum verstehen.

Natürlich müssen auch wir uns erst einmal klarmachen, daß Interferone Proteine sind und daß verschiedene Interferone eben verschiedene Kopien von Proteinen sein können. Aber wo in dem ganzen Abschnitt die Antwort auf die eingangs gestellte Frage gegeben wird, können wir auch dann noch nicht verstehen.

Und weil wir die Information auch in der anderen Sprache aus unserer rechtsperipheren Perspektive wahrnehmen, verhilft uns das englische Original vielleicht erst dann zu einem besseren Verständnis, wenn wir uns mal schnell wieder ein bißchen auf den Kopf stellen und versuchen, die Informationen aus der linksperipheren Perspektive zu sehen.

Daß wir noch nicht sehr viel über die Kodierung von Proteinen wissen, erklärt allenfalls, warum eine Hypothese mit Vorsicht zu genießen ist. Die Hypothese selbst kann das nicht sein. Sie müßte eigentlich in dem Satz über die verschiedenen Kopien stecken, und gerade dieser Satz ist es, den wir mit unserer rechtsperipheren Brille nicht verstehen können. Wenn wir aber den Schwerpunkt versuchsweise einmal von *different »copies«* auf das Subjekt des Satzes, *many proteins*, verschieben, dann dämmert uns, daß unter den vielen Proteinen, die verschiedene Kopien haben, auch Interferone sein könnten, die dann eben die verschiedenen Alpha-Interferon-Kopien kodieren. Das wäre in der Tat eine Antwort auf die Frage, warum es all diese verschiedenen Interferone gibt: Überschußproduktion, sozusagen, das Prinzip der Quantität. Nicht sehr wahrscheinlich, heißt es dazu im letzten Satz.

Jetzt, wo wir die Sache endlich verstanden haben, können wir nach einer passenden zielsprachlichen Paraphrase suchen. Klar ist, daß wir die vielen Proteine als Schwerpunkt kenntlich machen müssen; der Hinweis auf die Begrenztheit unseres Wissens sollte demgegenüber mehr in den Hintergrund, damit der Satz, der die Frage beantwortet, besser zu erkennen ist.

Relativieren lassen sich Informationseinheiten am besten dadurch, daß man sie in andere Einheiten integriert. Nur so werden sie gleich als strukturierte Information, als Hintergrund und Schwerpunkt, zueinander in Beziehung gebracht.

Mit Satzverknüpfung alleine ist es hier aber nicht getan. Das strukturelle Ungleichgewicht zwischen den beiden Sätzen stellt auf dem Verarbeitungsparcours noch ein beträchtliches Hindernis dar. Die Paraphrase

Da wir erst zu verstehen beginnen, wie der Kern jeder Zelle die Proteine des Körpers kodiert, kann es sein, daß viele Proteine verschiedene Kopien haben.

ist nicht weniger rätselhaft als die Analogvariante. Was wir erreichen müssen, ist klar: Der Hintergrund muß noch weiter zurückgenommen, die *vielen Proteine* in die Position des Schwerpunkts gerückt werden.

Die Beziehung zwischen den Proteinen und ihren Kopien schließt allerdings auch die Lösung einer einfachen Umstellung aus. Daß *verschiedene Kopien viele Proteine haben*, würde die möglichen Mißverständnisse nur noch potenzieren. Soviel Betonung kann man gar nicht auf die Proteine legen, daß man sie als Subjekt des Satzes verstehen würde.

Da nehmen wir unsere Zuflucht zu einem guten alten Bekannten, und damit es nur ja keine Mißverständnisse gibt, markieren wir die Business class gleich noch mit einem Wegweiser:

... daß es überhaupt viele Proteine gibt, die verschiedenartige Kopien haben.

Jetzt müssen wir den Vorspann

Da wir erst zu verstehen beginnen, wie der Kern jeder Zelle die Proteine des Körpers kodiert, kann es sein ...

noch so weit reduzieren, daß unser Schwerpunkt auch wirklich zur Geltung kommen kann. Wie wäre es mit einer präpositionalen Wortgruppe anstelle des Interrogativsatzes?

Da man über die Kodierung körpereigener Proteine in den Zellkernen erst wenig weiß, kann es sein,

na bitte:

daß es überhaupt viele Proteine gibt, die verschiedenartige Kopien haben.

Dann bemühen wir an der Nahtstelle zwischen Hintergrund und Schwerpunkt noch ein wenig Redundanz, gewissermaßen als kleinen Trommelwirbel für den Schwerpunkt:

Da man über die Kodierung körpereigener Proteine in den Zellkernen erst wenig weiß, wäre immerhin denkbar, daß es überhaupt viele Proteine gibt, die verschiedenartige Kopien haben.

So, scheint es, läßt sich das verzwickte Textstück schließlich auch im Deutschen ganz gut verstehen.

Zählen wir noch einmal zusammen, was wir zum Austarieren alles gebraucht haben: Aus *gerade erst verstehen, wie* wurde *erst wenig wissen über* — Nominalisierung des Verbs und komplexe Wortformen zur Reduzierung der syntaktischen Struktur inklusive. Für sich genommen steht da also schon einmal:

Man weiß über die Kodierung körpereigener Proteine in den Zellkernen erst wenig.

Im übrigen haben wir dann Spaltsatz und Wegweiser eingebaut, um die linksperiphere Position des Schwerpunkts auszutarieren:

Es kann sein, daß es überhaupt viele Proteine gibt, die verschiedenartige Kopien haben.

Und nun das Ganze — als Antwort auf die Frage, wozu dienen alle diese Interferone? — mit Hilfe einer kausalen Konjunktion und noch einer strukturellen Draufgabe an der Grenze zwischen Hintergrund und Schwerpunkt zu einer Informationseinheit verknüpft:

Da man über die Kodierung körpereigener Proteine in den Zellkernen erst wenig weiß, wäre immerhin denkbar, daß es überhaupt viele Proteine gibt, die verschiedenartige »Kopien« haben.

Na ja, im nachhinein ist das Matterhorn gar nicht so unbezwingbar.

Über einen Punkt, das müssen wir jetzt doch zugeben, haben wir uns die ganze Zeit hinweggemogelt. Zwischen der Frage und der Antwort steht noch ein anderer Satz, und der ist auf eine geradezu provozierende Weise zu kurz:

Why do we need all these different α interferons?
There are several possibilities.

Wozu dienen alle diese verschiedenen Alpha-Interferone?
Es gibt mehrere Möglichkeiten.

Danach wird, wie oben aufgeführt, die erste Möglichkeit erörtert und verworfen. Und natürlich ist in der Folge noch von weiteren Möglichkeiten die Rede.

Der kurze Satz, der all dies einleitet, hat weder vor noch nach sich ein Anschlußstück, mit dem er sich verbinden könnte. Aber er könnte wirklich noch ein wenig Struktur vertragen. Da uns die ganze Argumentation etwas scholastisch anmutet, gönnen wir uns noch eine konkave Figur mit einem Adverbial aus der Szene:

Theoretisch gibt es da mehrere Möglichkeiten.

Richtig? Also dann noch einmal alle Puppen auf die Bühne:

Wozu dienen alle diese verschiedenen Alpha-Interferone?
Theoretisch gibt es da mehrere Möglichkeiten.
Da man über die Kodierung körpereigener Proteine in den Zellkernen erst wenig weiß, wäre immerhin denkbar, daß es überhaupt viele Proteine gibt, die verschiedenartige »Kopien« haben. Nach dem gegenwärtigen Stand der Erkenntnisse über andere gewöhnliche Zellproteine ist eine solche Erklärung aber eher unwahrscheinlich.

Sicher, theoretisch gibt es immer mehrere Möglichkeiten, auch für die Übersetzung einer Satzfolge — aber diese scheint uns doch schon einmal ganz gut gelungen.

DIE HALBEN PUNKTE

Wer immer den Punkt erfunden hat, es war etwas unbedacht, ihn so klein zu machen, daß er wirklich nicht mehr teilbar ist und wir nun eben auf Doppelpunkt, Semikolon und Gedankenstriche ausweichen müssen, wenn wir so etwas wie einen halben Punkt brauchen: für alle die Fälle, in denen die Informationseinheit doch noch nicht zu Ende ist.

Für die innere Struktur stehen uns ja jede Menge von Kommata zur Verfügung. Aber solange da ein Komma ist, müssen wir die Dinge miteinander verrechnen, egal wie komplex die Informationsstrukturen sind, und dürfen erst beim Punkt aufhören. Wäre da nicht die Erfindung mit den halben Punkten: Semikolon, Doppelpunkt und Gedankenstrich signalisieren — wie der Punkt — eine informationelle Grenze, aber eine Grenze innerhalb der Informationseinheit.

Kommata trennen syntaktische Elemente voneinander. Diese können, brauchen aber nicht mit der Informationsstruktur zu korrespondieren. Daß die Kommaregelungen sprachspezifisch sind, steht in den Grammatiken. Daß auch Punkte sprachspezifisch sein können, steht dort nicht. Die Spezifik ist ja auch nicht grammatisch geregelt, sondern pragmatisch, informationell — obwohl es, wie wir inzwischen wissen, zwischen den grammatischen und den informationellen Strukturen einer Sprache enge Beziehungen gibt. Aber da die informationellen Eigenschaften der Sprachen in Übereinstimmung mit ihren grammatischen Eigenschaften eben verschieden sind, sind auch die Gelegenheiten für Punkte und halbe Punkte verschieden.

Natürlich ist gerade die Interpunktion eine Domäne individueller Freiheiten: ein Autor liebt Gedankenstriche, ein anderer Doppelpunkte, der dritte das Semikolon. Aber daß sich die halben Punkte zum Beispiel im Englischen oder Französischen größerer Beliebtheit erfreuen als im Deutschen kann man beim Übersetzen kaum übersehen. In der Regel hält sich der Übersetzer dann ans Original, sicherheitshalber, und weil er ohnehin nichts von Informationsstrukturen und ihren sprachspezifischen Bedingungen weiß. Mitunter wagt er aber doch Veränderungen, und das kann leider gelegentlich auch heißen, daß er sich informationell verrechnet hat.

Quand on vit seul,

behauptet der Autor,

on ne sait même plus ce que c'est que raconter: le vraisemblable disparaît en même temps que les amis.

Wenn man so allein lebt,

sagt der Übersetzer,

weiß man schließlich gar nicht mehr, was das ist: erzählen. Das Wahrscheinliche verschwindet gleichzeitig mit den Freunden.

Im Französischen steht der Doppelpunkt aber gar nicht vor, sondern nach *raconter*. Der zweite Satz, der den ersten begründet, gehört noch zur selben Informationseinheit.

Bekanntlich ist die Frage *Was ist das?* im Französischen *Qu'est-ce que c'est?*, also mehr *Was ist, was das ist?* Teile der Satzstruktur sind verdoppelt. Überflüssigerweise, wie wir im Deutschen denken würden. Und natürlich wissen wir schon lange: wenn diese Redundanz nun einmal, aus welchen Gründen immer, im Französischen benötigt wird, brauchen wir noch lange keine Verdoppelung der deutschen Struktur. Oder?

Wenn wir uns in der Übersetzung nur auf die Partikeln verließen, hätten wir zwar einen deutlichen Hinweis auf die Negation als Schwerpunkt des Satzes, aber das, was man nicht mehr weiß, scheint in der Analogvariante, mit einem einfachen indirekten Fragesatz, ein wenig unter Wert präsentiert:

Wenn man so allein lebt, weiß man schließlich gar nicht mehr, was erzählen ist:

So zurückgenommen, wird das *erzählen* zu einer Sache des Hintergrunds.

Nun ist in der Tat das Thema der vorangegangenen Sätze das *Erzählen* — die Fähigkeit, seine Gedanken an Worte zu binden, andere zu informieren, auf die Frage, was gewesen war, nicht ins Stammeln zu geraten:

> *Ich mache mir nicht einmal mehr die Sorge, nach Worten zu suchen. ... Und da meine Gedanken sich nicht an Worte binden, bleiben sie meist nebelhaft. Sie nehmen unbestimmte und gefällige Formen an, sie tauchen unter, und dann vergesse ich sie sofort.*
>
> *Ich bewundere diese jungen Menschen; sie erzählen sich beim Kaffee nette und wahrscheinliche Geschichten. Fragt man sie, was sie gestern getrieben haben, dann geraten sie nicht in Verwirrung: mit zwei Worten informieren sie einen.*

Damit kommen wir aber bei einer anderen Bewertung dieses Informationselements an. So wichtig das *erzählen* für den Satz ist, es scheint, bedenkt man den Kontext, die besondere Hervorhebung gar nicht zu verdienen. Um so weniger, als die Hervorhebung im Deutschen nur um den Preis des Doppelpunkts zu haben ist, und damit in diesem Fall um den Preis einer Satztrennung.

Nun steht es uns zwar frei, komplexe Sätze in selbständige Sätze zu teilen, wenn wir hiermit die Verarbeitung der sprachlichen Struktur erleichtern können, aber wir hatten uns ja geeinigt, vom Original nicht mehr abzuweichen als unbedingt nötig. Und wenn wir das Nötige an der zielsprachlich adäquaten Informationsstruktur messen, scheint uns die zusätzliche Hervorhebung von *erzählen* keinesfalls so dringend geboten, daß wir hierfür die Trennung einer Informationseinheit in zwei selbständige Sätze in Kauf nehmen müßten.

Damit entscheiden wir uns im Deutschen wieder einmal für einen Satz ohne Doppelstruktur. Der kann dafür aber den Grund für die abhanden gekommene Fähigkeit noch innerhalb derselben Informationseinheit nennen:

> *Wenn man so alleine lebt, weiß man schließlich gar nicht mehr, was erzählen ist: das Wahrscheinliche verschwindet gleichzeitig mit den Freunden.*

Was nach den halben Punkten in einer linksperipheren Sprache steht, ist in vielen Fällen Information, die einen eigenen Satz beanspruchen könnte. Sie gehört noch zur selben Informationseinheit, soll aber auf keinen Fall mit der vorangegangenen, abnehmenden Hierarchie der Informationswerte verrechnet werden.

Da die Verrechnung durch Kommata nicht aufzuhalten ist, alle Teile aber noch zum gleichen informationellen Hut gehören sollen, verwendet der Autor eben zum Beispiel Semikolon anstelle von Komma oder Punkt:

But, in yourself, you said that you would write about these people; about the very rich; that you were really not one of them but a spy in their country; that you would leave it and write of it and for once it would be written by someone who knew what he was writing of.

Das wäre in einer Sprache, die den Schwerpunkt rechts sieht, viel zu massiv:

Aber zu sich selbst sagt man, daß man über diese Leute schreiben würde; über diese Schwerreichen; daß man nicht wirklich zu ihnen gehörte, sondern als Spion in ihrem Lande war; daß man weggehen und dann darüber schreiben würde und daß es dann endlich von jemand beschrieben würde, der wußte, worüber er schrieb.

Die Analogvariante steuert nicht, wie das Original, mit jedem Semikolon gegen eine abfallende Wertehierarchie an, sondern hackt eine ansteigende Wertehierarchie auf ominöse Weise in Stücke. Da hat sich der Übersetzer zu Recht mit Kommata begnügt:

Aber zu sich selbst sagt man, daß man über diese Leute schreiben würde, über diese Schwerreichen, daß man nicht wirklich zu ihnen gehörte, daß man als Spion in ihrem Lande war, daß man weggehen und dann darüber schreiben würde und daß es dann endlich von jemand beschrieben würde, der wußte, worüber er schrieb.

Der halbe Punkt, der das Verrechnen mit derselben Informationseinheit erst einmal blockieren soll, kann aber auch klare Seitenstrukturen betreffen, die in einer linksperipheren Sprache eben gerade noch mit Hilfe des halben Punkts am rechten Rand des Satzes zu verkraften sind:

> *Until recently the fluoride was thought to react with the metal atoms that are important components of many enzymes — the ability of fluoride to bond to metals is a well-known phenomenon. But recently researchers have discovered that fluoride can affect metal-free enzymes.*

In einer rechtsperipheren Sprache gehört aber die Seitenstruktur unter Umständen auch mit dem halben Punkt schon zu den Mäuseschwanzsätzen:

> *Bis vor kurzem wurde angenommen, daß Fluorid nur mit den Metallatomen, die wichtige Bausteine vieler Enzyme sind, Verbindungen eingeht — die Fähigkeit von Fluorid, Metalle zu binden, ist allgemein bekannt. Nun hat sich aber herausgestellt, daß Fluorid . . .*

Und wenn wir sie nicht durch Umstellung, Verkürzung oder syntaktische Unterordnung loswerden können, ist der letzte Ausweg, der ganze Punkt, immer noch die beste Lösung:

> *Bis vor kurzem wurde angenommen, daß Fluorid nur mit Metallatomen, den wichtigen Bausteinen vieler Enzyme, Verbindungen eingeht. Die Fähigkeit von Fluorid, Metalle zu binden, ist allgemein bekannt. Nun hat sich aber herausgestellt, daß Fluorid auch metallfreie Enzyme beeinflussen kann.*

Womit nicht gesagt sein soll, daß eine rechtsperiphere Sprache ohne halbe Punkte auskommen kann.

> *Die Sprache ist ein Labyrinth von Wegen.*

sagt der Philosoph,

> *Du kommst von einer Seite und kennst dich aus; du kommst von einer anderen zur selben Stelle und kennst dich nicht mehr aus.*

Andere Länder

ANDERE SITTEN

Andere Länder, andere Sitten, heißt es, und daß sich die anderen Sitten auch auf sprachliche Konventionen auswirken, wird kaum einer bestreiten wollen. Dabei beginnen die anderen Länder auch schon in unserer eigenen Sprache — überall da, wo wir die neutralen Parcoursbedingungen verlassen.

Bei der Frage, was neutral ist und was nicht, geraten wir wieder in eines der vielen Vexierbilder, die unseren Gegenstand so schwer faßbar machen. Vielleicht genügt es für unsere Zwecke zu sagen: neutral sind alle jene sprachlichen Strukturen, die wir ohne jede Zusatzbedingungen als zielsprachlich angemessen bezeichnen würden. Die meisten unserer bisherigen Beispiele waren in diesem Sinne neutral.

Die meisten Analogübersetzungen waren dies nicht, da sie ja den Sehgewohnheiten der Ausgangssprache folgen. Für die verfehlte Form von Analogübersetzungen mit ihrem Zuviel oder Zuwenig an Struktur, mit ihren falsch plazierten oder im falschen Kasus auftretenden Elementen, gibt es in der Regel keine Bedingungen, unter denen sie als zielsprachlich angemessene Struktur gelten könnte. Dies ist so, obwohl es innerhalb ein und derselben Sprache extreme Variationsmöglichkeiten gibt, so daß nicht selten Strukturen, die neutralerweise als mißglückt gelten müßten, den besonderen Bedingungen einer sprachlichen Variante durchaus angemessen sein können. Aber sollte eine Analogvariante zufällig doch zu irgendwelchen besonderen Bedingungen der Zielsprache passen, kommt sie natürlich bei einem Länderwechsel, von neutral nach spezifisch, auch nicht in Betracht.

Jenseits der neutralen Verwendung wird ihr wichtigstes Kriterium, das der raschen und richtigen Verarbeitbarkeit, oft gelockert, mitunter auch ganz aufgegeben. Andere Eigenschaften der sprachlichen Strukturen werden zum entscheidenden Maß für erfolgreiche Sprachverwendung. Da kann dann gerade das gefordert sein, was uns bei der Verarbeitung von Sprache besondere Anstrengungen abverlangt. Über die Gründe hierfür wollen wir gar nicht erst spekulieren; wichtig ist uns hier die Art, in der von der neutralen Sprachverwendung abgewichen wird.

Solange die Abweichung konventionalisiert ist, ist sie angebbaren Regeln unterworfen. Neben atemberaubend schönen Formen kunstvoller Sprachverwendung finden sich konventionalisierte Muster, die für jeden ungeübten Benutzer eine Zumutung darstellen. Als Übersetzer können wir das nur mit Bedauern zur Kenntnis nehmen. Über Verarbeitungshindernisse im Dienste der Schönheit lassen wir immer mit uns reden; wenn uns aber jemand einreden will, daß schwerfällige Strukturen zur Charakteristik eines gewissen Texttyps gehören, und von uns erwartet, daß wir ein vielleicht sogar gut geschriebenes Original freiwillig in eine schlecht geschriebene Übersetzung verwandeln, verweigern wir die Gefolgschaft. Auch wenn wir uns nicht immer durchsetzen werden, fühlen wir uns unserer eigenen Sprache genügend verpflichtet, um auch als Übersetzer den Kampf gegen schlechte Gepflogenheiten aufzunehmen. Dennoch sind wir natürlich bereit, die anderen Sitten jeweils soweit zu respektieren, daß sie auch in der Übersetzung ein charakteristisches Profil erkennen lassen.

VON RECHTS WEGEN

Regelrecht auf Kriegsfuß mit den Prinzipien neutraler Sprachverwendung befinden sich Rechtstexte. Juristisch einklagbare Formulierungen zu finden ist ein ziemlich aussichtsloses Unterfangen, da die Sprache nun einmal von Unbestimmtheit und Vieldeutigkeit lebt. Für die verbindliche Auslegung von Rechtstexten ist deshalb auch immer der gesammelte juristische Sachverstand vonnöten, aber wirklich klar und eindeutig ist zum Schluß nur das Urteil, rechtens oder nicht. Dem Gefühl der Unschärfe versucht man mit allen Mitteln von sprachlich verbissenen Konventionen beizukommen. Die syntaktisch schwer verdauliche Struktur zeigt, scheint es, die Unerbittlichkeit des Gesetzes an, leserfreundliche Paraphrasen drohen die Autorität eines ganzen Berufsstandes zu untergraben.

Und dennoch. Das große Angebot struktureller Paraphrasierungsmöglichkeiten, das uns trotz aller Unterschiede zwischen den Sprachen die zielsprachliche Angemessenheit von Übersetzungen sichern hilft, läßt uns auch auf vertretbare Lösungen im Bereich rechtssprachlicher Konventionen hoffen. Wenn wir in einem Kaufvertrag auf die nominale Wortgruppe

Eigentümer der in Niederschönhausen, Treskowstr. 66, im 4. OG gelegenen und im Grundbuch des Amtsgerichts Pankow, Blatt 999, eingetragenen Eigentumswohnung, derzeit bestehend aus einem Miteigentumsanteil von 88/10000stel an dem Grundstück Treskowstr. 66, verbunden mit dem Sondereigentum an der im Aufteilungsplan mit Nr. 15 bezeichneten Wohnung im 4. OG mit einer Größe von ca. 150,77 qm

stoßen, dann sieht es zunächst so aus, als ob alles, was wir über die beschränkte Verwendbarkeit von Partizipien in einer rechtsperipheren Sprache angenommen haben, auf Rechtstexte nicht zuträfe. Da ist eine koordinierte Partizipialstruktur in pränominaler Position und gleich noch eine Partizipialstruktur in postnominaler Position und schließlich noch eine weitere asyndentische Partizipialgruppe am Ende — allesamt unzumutbare Hindernisse unter den Bedingungen des neutralen Verarbeitungsparcours.

Und natürlich läßt sich das auch alles anders sagen:

Eigentümer der im Grundbuch Pankow, Blatt 999, eingetragenen Wohnung in Niederschönhausen, Treskowstr. 66, 4. Stock, die aus einem Miteigentumsanteil von 88/10000stel an dem Grundstück in der Treskowstr. 66 und dem Sondereigentum der 150,77 qm großen Wohnung (Nr. 15 des Aufteilungsplans) besteht

Weggefallen sind die Partizipien: *gelegen, verbunden, bezeichnet* und die präpositionale Wortgruppe *mit einer Größe,* allesamt Elemente, die von der Bedeutung der anderen Elemente impliziert werden. Eine Wohnung in Niederschönhausen ist eine in N. gelegene Wohnung, ein Eigentum, das aus einem Miteigentum und einem Sondereigentum besteht, ist ein Eigentum, das aus einem Miteigentumsanteil, verbunden mit einem Sondereigentum, besteht, die Wohnung Nummer 15 im Aufteilungsplan ist die im Aufteilungsplan mit Nummer 15 bezeichnete Wohnung, und eine Wohnung von 150 qm ist eine Wohnung mit einer Größe von 150 qm.

Von den fünf Partizipien haben wir drei gestrichen, eines zum finiten Verb im Rahmen eines Relativsatzes aufgewertet und nur das fünfte, in einer pränominalen Position, beibehalten. Die Information ist in überschaubare Strukturteile zerlegt, aber darauf kommt es eben wahrscheinlich gar nicht an.

Sicher, man könnte auch vom letzten Ausweg Gebrauch machen und Partizipien zu selbständigen Sätzen ausbauen. Vom Spezialisten vor die Wahl gestellt zwischen einem unlesbaren komplexen Satz und seiner Paraphrase in drei Sätzen, wird man sich ohne Zögern für letzteres entscheiden:

Der betreibende Gläubiger ist befugt, den gemäß dem zweiten und dritten Absatz des Artikels 525 beigetretenen Gläubigern während der Verhandlung (530) oder mit zugestelltem Schriftstück und jedenfalls nicht später als fünf Tage von der ihm vom Kanzleibeamten (524 Abs. 2) gemachten Mitteilung an das Vorhandensein von anderen zur Pfändung geeigneten Sachen des Schuldners anzuzeigen und sie aufzufordern, die Pfändung auszuweiten, sofern sie einen Vollstreckungstitel haben (474), oder andernfalls die Kosten für die Ausweitung vorzustrecken (524, 526).

Der betreibende Gläubiger ist befugt, den Gläubigern, die gemäß Art. 525 Abs. 2 und 3 beigetreten sind, das Vor-

handensein anderer Sachen, die sich zur Pfändung eignen, anzuzeigen. Er muß dies während der Verhandlung (530) tun oder mit zugestelltem Schriftstück und jedenfalls nicht später als fünf Tage, nachdem ihm vom Kanzleibeamten (524 Abs. 2) Mitteilung gemacht worden ist. Der betreibende Gläubiger ist weiter befugt, die beigetretenen Gläubiger aufzufordern, die Pfändung, sofern sie einen Vollstreckungstitel haben (474), auszuweiten oder andernfalls selbst die Kosten für die Ausweitung vorzustrecken (524, 526).

Dennoch, der Preis für die selbständigen Sätze, die ergänzenden Spezifizierungen und die strukturellen Wiederholungen, ist vielleicht doch zu hoch. Durch die Komprimierung von zwei Verknüpfungselementen: *und jedenfalls* zu *aber*, *von ... an* zu *nach*, läßt sich schon einiges an struktureller Transparenz gewinnen.

Der betreibende Gläubiger ist befugt, den gemäß Art. 525 Abs. 2 und 3 beigetretenen Gläubigern während der Verhandlung (530) oder mit zugestelltem Schriftstück, aber nicht später als fünf Tage nach der ihm vom Kanzleibeamten (524 Abs. 2) gemachten Mitteilung, das Vorhandensein von anderen zur Pfändung geeigneten Sachen des Schuldners anzuzeigen und sie aufzufordern, die Pfändung auszuweiten, sofern sie einen Vollstreckungstitel haben (474), oder andernfalls selbst die Kosten für die Ausweitung vorzustrecken (524, 526).

Die komplexe Paraphrase ist nicht nur sparsamer, sie bleibt auch mehr in der Nähe des italienischen Pendants.

Ai creditori intervenuti a norma dell'articulo 525 secondo e terzo comma il creditore pignorante ha facoltà di indicare, all'udienza (530) o con atto notificato, e, in ogni caso, non oltre i cinque giorni successivi alla communicazione fattagli dal cancelliere (524), l'esistenza di altri beni del debitore utilmente pignorabili, e di invitarli ad estendere il pignoramento se sono forniti di titolo esecutivo (474) o, altrimenti, ad anticipare le spese necessarie per l'estensione (524, 526).

Wie es aussieht, ist unser Leitmotiv einer besseren Verarbeitbarkeit bei möglichst großer inhaltlicher und formaler Nähe zum Original auch unter den gestrengen Bedingungen der Jurisprudenz nicht ganz abwegig.

ÜBERLEBENSGROSS

Daß wir uns als Leser den Parcours erleichtern wollen, bringt uns unter Umständen in Konflikt mit dem Autor des Originals. *Das Gesetz soll doch jedem und immer zugänglich sein, denkt der Mann vom Lande,* aber der Türhüter sieht das anders, und Gründe, die für einen besonders schweren Parcours sprechen, finden sich nicht nur bei Autoren von Gesetzestexten. Wo immer einer Sprache immer noch zusätzliche formale Zügel auferlegt werden, ist Verstehbarkeit nicht das alleinige Kriterium erfolgreicher Sprachverwendung, und damit relativiert sich auch die zielsprachliche Angemessenheit von Übersetzungen. Wenn es der Autor selbst ist, der den Zugang zum Inhalt erschwert, dann verpflichtet uns unsere Maxime über das Kriterium der Analogie zu einem ebenso schweren Parcours in der Zielsprache. Abstriche an Äquivalenz und Analogie sind ja nur so weit berechtigt, soweit die Verarbeitungsschwierigkeiten der Übersetzung aus der Differenz zwischen Ausgangs- und Zielsprache erwachsen.

Aber die Entscheidung darüber, was auf das Konto der Sprachunterschiede geht und was wir dem überlebensgroßen Autor schulden, ist nicht einfach. Bis zu einem gewissen Punkt helfen da vielleicht die traditionellen Unterscheidungen zwischen Texttypen, zwischen inhalts- und formbetonten Texten, zwischen normaler Sachprosa, in der die Sprachform eine Funktion des Inhalts ist, und rhetorischer Kunstprosa — aber letztendlich können wir diese Entscheidung nie für einen ganzen Text treffen, sondern immer nur für einzelne Elemente daraus, da wir jederzeit, ganz nach Belieben des Autors, zwischen der neutralen und der markierten Sprachverwendung wechseln müssen.

Voraussetzung hierfür ist unsere Fähigkeit zu unterscheiden zwischen dem, was den Unterschied zwischen Ausgangs- und Zielsprache ausmacht, und dem Sprachspiel des Autors. Da sind wir nur in unserer Muttersprache wirklich sicher und mitunter sogar so kühn, daß wir Hindernisse, die uns der Autor von Rechts wegen zumutet, sprachkritisch, mit der gebotenen Vorsicht aus dem Wege räumen. Aber da wir uns hier schon in der eigenen Sprache in einem fremden Land befinden, können wir uns nur bedingt auf unseren gesunden Menschenverstand verlassen und werden immer versuchen, ihn uns in jedem Fall noch vom Fachmann bestätigen zu lassen.

In einer fremden Sprache wird unser sprachkritischer Verstand ohnehin nie genügend entwickelt sein, um uns zwischen den allgemeinen und besonderen Bedingungen der Sprachverwendung unterscheiden zu lassen. Da überlassen wir uns dem Fachmann ganz, wenn er uns, zum Beispiel, den normalen Cäsar gegen den überlebensgroßen Tacitus hält.

Die Analogvariante zu Cäsars Original

Caesari cum id nuntiatum esset, eos per provinciam nostram iter facere conari, maturat ab urbe proficisci.

Cäsar, als ihm gemeldet worden war, daß sie durch unsere Provinz den Weg zu machen versuchen, eilt von der Stadt aufzubrechen.

wird durch die entsprechenden Zwischenschritte, ganz so wie wir dies im Vademecum gewohnt sind, in die zielsprachlich beste Paraphrase umstrukturiert:

Cäsar, als man ihm meldete, daß sie durch unsere Provinz den Weg zu machen versuchten, eilte von der Stadt aufzubrechen.

Als man Cäsar meldete, (daß) sie versuchten, den Weg durch unsere Provinz zu machen, da eilte er, von der Stadt aufzubrechen.

Als Cäsar die Nachricht erhielt, sie versuchten, durch unsere Provinz zu ziehen, da brach er eilends von der Stadt auf.

Als Cäsar die Nachricht erhielt, die Helvetier versuchten, durch unsere Provinz zu ziehen, da reiste er eilends aus Rom ab.

Über das Tacitus-Original sagt uns der Fachmann, daß es in Aufbau und Formulierung des Details von größtem Raffinement sei:

Germania omnis a Gallis Raetisque et Pannoniis Rheno et Danuvio fluminibus, a Sarmatis Dacisque mutuo metu aut montibus separatur; cetera Oceanus ambit, latos sinus et insularum immensa spatia complectens, nuper cognitis quibusdam gentibus ac regibus, quos bellum aperuit.

Man weist uns auf die kühne Konstruktion *mutuo metu aut montibus separatur* und die fast schon preziös klingende Partizipialkonstruktion hin, die eben auch in der Übersetzung nicht zu einem hausbackenen Text werden dürfe. Eine leichter verarbeitbare Paraphrase, zum Beispiel eine mit selbständigen Sätzen, sei deshalb zugunsten der näheren Variante mit Partizip und Doppelpunkt abzulehnen Also nicht:

Von den Galliern, Rätern und Pannoniern trennen Rhein und Donau, von den Sarmaten und Dakern gegenseitige Furcht und Gebirge die Germanen. Das übrige Germanien begrenzt das Meer, das breite Buchten und ausgedehnte Inselflächen umfaßt. Von den Königen und Völkern, die dort zu Hause sind, haben wir erst vor kurzem einige kennengelernt, der Krieg hat uns den Zugang zu ihnen erschlossen.

sondern:

Germanien insgesamt ist von den Galliern, von den Rätern und Pannoniern durch Rhein und Donau, von den Sarmaten und Dakern durch wechselseitiges Mißtrauen oder Gebirgszüge geschieden. Die weiteren Grenzen schließt das Weltmeer ein, breite Landvorsprünge und Inseln von unermeßlicher Ausdehnung umfassend: erst unlängst wurden einige

Völkerschaften und Könige bekannt, zu denen der Krieg den Zugang eröffnet hat.

Nun sind wir uns schon in einer Sprache, die wir gut kennen, nicht über die Rolle jedes einzelnen Partizips im klaren, und bei überlebensgroßen Autoren müssen wir uns nach dem Spezialisten richten, der sein Urteil gegen die anderen Spezialisten verteidigen kann. Aber natürlich muß auch der Spezialist zur Kenntnis nehmen, daß die sprachlichen Mittel ihren ganz besonderen und keinesfalls leicht zu bestimmenden Stellenwert in der Informationsstruktur der jeweiligen Sprache haben, an denen sich »Überlebensgroß« erst richtig messen läßt.

Und eine kleine Beobachtung aus unserem Alltagsbereich könnten wir da vielleicht doch auch beisteuern.

Wenn der erste Satz in einem englischen Sachtext über *Interferon* lautet

> *In the late seventies interferons were hailed as wonder drugs with the potential to cure diseases ranging from cancer to the common cold.*

dann vermuten wir — nach allem, was wir bisher über das Wasserzeichen gelernt haben —, daß die Reihenfolge am Satzende keine merkwürdige Kunstfigur des Autors ist, sondern überhaupt erst durch die Brille einer rechtsperipheren Sprache als merkwürdig empfunden wird. Die schwerere, »höherwertige« Krankheit kann im Deutschen natürlich nicht vor der leichteren Krankheit stehen

> *Ende der siebziger Jahre wurde Interferon als Wundermittel gepriesen, mit dem die verschiedensten Krankheiten, vom Krebs bis zum Schnupfen, geheilt werden könnten.*

sondern muß ihr folgen:

> *... die verschiedensten Krankheiten, vom Schnupfen bis zum Krebs, geheilt werden könnten.*

Um diese übersetzerische Erfahrung bereichert, sehen wir die preziöse Formulierung von Tacitus

... durch wechselseitiges Mißtrauen oder Gebirgszüge geschieden ...

doch mit anderen Augen. Sicher, das bleibt auch in der umgekehrten, »natürlichen« Reihenfolge eine Kunstfigur, nur daß uns erst so

... durch Gebirgszüge oder wechselseitiges Mißtrauen geschieden ...

die Pointe des Zeugmas im Deutschen richtigherum serviert scheint. Aber dann wissen wir natürlich über die lateinische Informationsstruktur nichts, was die seltsame Reihenfolge im Original erklären könnte. Daß hier andere Wasserzeichen im Spiel sind, ist eigentlich sicher und wird auch gleich noch viel deutlicher.

UNERREICHBAR

Wir wissen es ja,

Vor dem Gesetz steht ein Türhüter. Zu diesem Türhüter kommt ein Mann vom Lande ...

die beiden Akteure betreten die Bühne, einer nach dem anderen, gleichmäßig, selbstverständlich, gleichsam im Takt ihrer analogen Informationsstrukturen: *vor dem ... steht ein ... / zu diesem ... kommt ein ...* Und dann blicken wir in die englische Übersetzung und halten für einen Moment den Atem an:

Before the law stands a doorkeeper. To this doorkeeper there comes a man from the country ...

Was, fragen wir uns, voll Erstaunen, hat den Übersetzer bewogen, das *there* einzuschieben? Schließlich hätte er doch auch sagen können

Before the law stands a doorkeeper. To this doorkeeper comes a man from the country ...

Nun wissen wir natürlich, daß die Position am Satzanfang im Englischen einen anderen Stellenwert hat als im Deutschen und daß auch Ortsbestimmungen zu Beginn eines englischen Satzes weniger selbstverständlich sind als zu Beginn eines deutschen. Aber diesmal fällt uns der Kopfstand ganz besonders schwer, und der Verdacht, daß der Anfang der Geschichte aus dem Takt geraten ist, läßt uns nicht mehr los.

Die Parallelität der Satzstrukturen scheint uns keinen geringen Anteil zu haben an der Strenge des Gesetzes, zu dem uns der Zutritt verwehrt ist. Daß uns die Parallelität der Struktur so in den Bann schlägt, ist natürlich dem Inhalt der Sätze nicht weniger zuzuschreiben als ihrer Form. Im alltäglichen Gebrauch der Sprache, ohne das Merkmal »Überlebensgroß« lassen sich parallele Strukturen ebenso leicht umstrukturieren wie andere.

Koordinationen zum Beispiel lassen sich in syntaktische Subordinationen umwandeln, ohne daß wir dies als einen Verlust empfinden. Im Gegenteil. Aus der alternativen Perspektive der Zielsprache wirkt die folgende Analogvariante mit der koordinierten Struktur unangemessen simpel und irritierend plump. Was da im nächsten Satz des Interferon-Texts ganz neutral aufeinanderfolgt

An emotive television film showed a young cancer patient helped by interferon and the public clamoured for the drug.

breitet sich in der Übersetzung zu einer langatmigen Struktur aus, in der die Koordination mehr schlecht als recht, in jedem Fall unmotiviert erscheint.

Ein emotionaler Fernsehfilm zeigte einen jungen, durch Interferon geheilten Krebskranken, und die Öffentlichkeit verlangte lautstark nach dem Medikament.

Abgesehen davon, daß die pränominale Partizipialgruppe anstelle des *Interferon* als *Heilmittel* den *Krebskranken* in den Schwerpunkt des ersten Teilsatzes rückt, vermissen wir auch die richtige Weichenstellung zu Beginn des Satzes und finden deshalb die verkürzte Zielvariante mit dem adverbiellen Anfang weitaus angemessener:

Nach einem emotionalen Fernsehfilm über einen jungen Krebskranken, dem durch Interferon geholfen werden konnte, stieg die Nachfrage nach dem Medikament schlagartig an.

Der Verlust an Parallelität scheint uns in diesem Fall nicht der Rede wert. Ohne Abstriche an Analogie und Oberflächenäquivalenz ist in der Übersetzung nichts zu haben. Und die zielsprachliche Angemessenheit macht den Verlust mehr als wett.

Da haben wir uns nun selbst dabei ertappt, daß wir, was angemessen ist, mit unterschiedlichem Maß messen. Jawohl, sagen wir, das tun wir, und wir tun es zu Recht. Verschiedene Länder, verschiedene Maße, ist unsere Devise, und wenn sie uns auch nicht vor Verlusten bewahren kann, erlaubt sie uns immerhin, zwischen Verlusten zu unterscheiden, und das Urteil, daß das Original unerreichbar sei, für jene Fälle zu reservieren, deren Bedeutung diesem Anspruch gerecht wird.

Es liegt in der Natur der Sprache, mit Bedeutung verbunden zu sein. Kauderwelsch, wie in der Bergamo-Broschüre, ausgenommen — selbst mißglückte Übersetzungen suggerieren noch irgend etwas, wenn auch nicht mehr das, was im Original stand. Aber neben der Bedeutung, aus der wir bei der Sprachverarbeitung Schritt für Schritt unsere Modelle zur jeweiligen Szene aufbauen, kommt der sprachlichen Struktur Bedeutung auch noch in einem anderen Sinne zu, so daß zum Beispiel einem Autor am Schluß ein literarisches Lebenswerk von nicht zu überschätzender Bedeutung bestätigt wird.

Es ist diese zweite Art von Bedeutung, bei der wir unser Vexierbild aus Form und Inhalt nicht mehr vollständig auflösen können, wo der Form in den Händen des Autors eine Bedeutung zuwächst, die dem Alltagsgebrauch schlecht anstünde. Und gerade hier, wo die Form einen Eigenwert hat, machen sich die sprachspezifischen Unterschiede zwischen Formen schmerzlich bemerkbar. Jeder

Dichter gehört so vor allem seiner eigenen Sprache, und allen kompensatorischen Anstrengungen des Übersetzers zum Trotz bleibt das Original unerreichbar.

Was in einem gewöhnlichen Text ein gelungener Wechsel von konkav zu konvex wäre, empfinden wir im Land der Dichter als enttäuschend oberflächlich. Wenn es da im *Nachdenken für Herrenreiter* zu Beginn heißt

Nichts, wenn man es überlegt, kann dazu verlocken, in einem Wettrennen der erste sein zu wollen.

und wir in der englischen Übersetzung lesen

When you think it over, winning a race is nothing to sigh for.

dann ist uns durch die geglättete Struktur auch schon die unerschütterliche Verweigerung des Originals abhanden gekommen.

Oder wo bleibt der in dem pränominalen Attribut zusammengedrängte Hochmut des schönen Mädchens, das den Freier stumm abweist, weil er

... kein breiter Amerikaner mit indianischem Wuchs [ist] *... mit einer von der Luft der Rasenplätze und der sie durchströmenden Flüsse massierten Haut ...*

... no broad American with a Red Indian figure ... and a skin tempered by the air of the prairies and the rivers that flow through them

Selbst wenn wir die *Prärie* anstelle der *Rasenplätze* unkommentiert lassen, die Normalisierung der Struktur degradiert die Kunstprosa schon fast zur Sachprosa.

Vielleicht läßt sich von der preziösen Form des Originals wirklich nichts retten, aber gerade für die Welt der Dichter gilt, wenn wir es nicht zu kleinlich auslegen, Benjamins Verdikt

Der Satz ist die Mauer vor der Sprache des Originals, Wörtlichkeit die Arkade.

Bei der neutralen Verwendung der Sprache können wir im Rahmen des Satzes, und gelegentlich auch über ihn hinaus, umstrukturieren, um den sprachspezifischen Besonderheiten beim Verstehen gerecht zu werden. Aber wo immer die Form ihr eigenes Recht beansprucht, kommt das Ganze nicht mehr so ohne weiteres vor dem Einzelnen.

Das Problem war uns schon in den Mehrfachpackungen begegnet, wo wir uns immer auf Kosten des weniger relevanten für den relevanteren Teil der Packung entscheiden wollten. Die Mehrfachpackungen sind, etwaige syntaktische Strukturierungen inklusive, primär ein lexikalisches Problem.

Was wir jetzt im Land der Dichter entdecken, ist die zusätzliche Bedeutung, die der syntaktischen Struktur zukommen kann. Da ist der arme Übersetzer ganz schön in der Klemme, und aus der kann ihn auch die allerscharfsinnigste Theorie nicht befreien. Er muß sich mit jedem Satz neu entscheiden, ob der Form eine eigene Bedeutung, über die Informationsstruktur der jeweiligen Sprache hinaus, zukommt. Und wenn dies so ist, dann steht er eigentlich vor der Quadratur des Kreises, da er etwas zur alternativen Perspektive der anderen Sprache Gleichwertiges finden soll. Das dürfte nicht allzu oft möglich sein. Wir können nur froh sein, daß der Form nicht mit jedem Satz etwas Besonderes abverlangt wird und daß es auch eine ganze Menge von Analogien zwischen Ausgangs- und Zielsprache gibt, die von vornherein gleichwertig sind.

Was die Wertigkeit besonderer Formen, wie zum Beispiel ungewöhnlicher Wortstellungen betrifft, sind wir immer wieder auf das Urteil des Spezialisten angewiesen. Dieser rät uns, zum Beispiel, das Hyperbaton

Ecce venit comitum Niobe celeberrima turba.

mit einer gleich zentralen Position der Königin inmitten ihres Attributs ins Deutsche zu übersetzen:

Siehe da zeigt sich umdrängt Niobe von zahllosem Gefolge.

Aber auch der Spezialist kann die Beweglichkeit der Zielsprache dem raffinierten Spiel mit Stellungen im Lateinischen nicht vollkommen anpassen. Die ersten Zeilen von Ovids *Metamorphosen* bleiben unerreichbar:

In nova fert animus mutatas dicere formas corpora

fast wörtlich:

Von neuen, treibt mich das Herz, veränderten zu singen, Formen, der Körper

Da kommen wir nun auch mit unserer Bereitschaft, uns auf den Kopf zu stellen, nicht weiter. Sinngemäß steht da wohl

Von in neue Körper verwandelten Formen will mein Herz erzählen.

Aber wenn wir uns die angebotene Deutung des Hyperbatons als grammatische Metamorphose zu eigen machen wollten, in der der alte Körper von der neuen Form umschlossen wird, dann können wir die Umhüllung im Deutschen höchstens durch eine Topikalisierung mit Ausrahmung andeuten:

Von verwandelten Formen will mein Herz singen, von neuen Körpern.

oder:

Vom Wandel der Formen will mein Herz singen, von neuen Körpern.

äußerstenfalls:

Von neuen, will mein Herz singen, in ihrer Form gewandelten Körpern.

Der *neue Körper* als grammatische Hülle, man kommt ziemlich nah, aber immer nur auf Kosten anderer Analogien. Welcher Preis da angemessen ist, wagen wir als Fremde im Land der Uralt-Klassiker nicht zu entscheiden.

Daß das Original unerreichbar ist, dürfte aber selbst dann noch zutreffen, wenn die ikonographische Deutung des Spezialisten den Bogen überspannen sollte.

KONKAV ALS UNIKAT

Unerreichbar kann die Form des Originals auch schon werden ohne die geringste formale Besonderheit, wie wir einem Vergleich der verschiedenen Übersetzungen zu einem kleinen Satz aus dem vorletzten Kapitel von Kafkas *Prozeß* entnehmen können. Der Originalsatz

Störend schwebte das ewige Licht davor.

wird uns vom Spezialisten zu Recht als eine Form beschrieben, die den Inhalt direkt vorführt. Da heißt es: »Wir lesen zuerst von Störung, dann von Schweben, bevor wir deren Ursache erfahren. Die lesende Einsicht ist so beeinträchtigt wie die Sicht des Betrachters.« Und dann wird an englischen, französischen und italienischen Übersetzungen gezeigt, wie schwierig es die anderen Sprachen haben, »störend vom vorgeschriebenen Ablauf abzuweichen«:

The light from a permanent oil lamp hovered over it like an intruder.

The perpetual light of the sanctuary lamp hanging in front got in the way.

La lumière de tabernacle contrariait celle de la lampe électrique.

La lumière de l'adoration perpétuelle faisait un faux jour.

La lampada perpetua appesa davanti gli era di ostacolo.

Die Möglichkeit, das Partizip, das Subjekt und Prädikat modifiziert, an den Satzanfang zu holen, bleibt dem Deutschen vorbehalten. Und so ist, was an dieser Stelle kaum in irgendeiner anderen Form in die Erzählung passen würde, in den anderen Sprachen unerreichbar. Da ist von der Finsternis im Dom die Rede, bei der man für die Besichtigung der Altarbilder eine elektrische Taschenlampe benutzen müßte:

Um zu versuchen, was man davon erwarten könnte, ging K. zu einer nahen Seitenkapelle, stieg ein paar Stufen bis zu einer niedrigen Marmorbrüstung und, über sie vorgebeugt, beleuchtete er mit der Lampe das Altarbild. Störend schwebte das ewige Licht davor. Das erste, was K. sah und zum Teil erriet, war ein großer, gepanzerter Ritter, der am äußersten Rande des Bildes dargestellt war.

Da das Ewige Licht, wie man weiß, kein Licht abgibt, stellt die Lampe, die da vor dem Altarbild hängt, in der Tat nur ein optisches Hindernis dar, was immer man von der sachlichen Nüchternheit dieser Feststellung im Kontext der Erzählung halten mag.

Was aber die sprachliche Form dieser Informationseinheit betrifft, so läßt uns die deutsche Informationsstruktur kaum eine andere Wahl. Das Subjekt, *das ewige Licht*, gehört zum Schwerpunkt und ist damit angemessen auf der rechten Seite plaziert; die Lokalbestimmung, *davor*, gehört zum Hintergrund, muß aber wegen ihrer engen syntaktischen Zusammengehörigkeit mit *schweben* neutralerweise in der Position nach dem Verb stehen. Bleibt noch der Modifikator, *störend*, für den Satzanfang, der als sekundärer Schwerpunkt die ausgewogene Informationsverteilung der konkaven Struktur sichern kann.

Bei den Übersetzungen fragt man sich natürlich vor allem, wie das Ewige Licht in den Domen aussehen mag, die den Übersetzern zugänglich sind, und ob sie überhaupt wissen, daß ein Ewiges Licht als Lichtquelle nicht in Betracht kommt. Aber kulturspezifische Aspekte sind unser Thema nicht. Die sprachspezifischen Unterschiede in der Informationsstruktur sind Stoff genug, und der Wechsel des Wasserzeichens kann, wie uns der Ausflug ins Land der Dichter zeigt, ebenso an die Grenzen der Übersetzbarkeit führen wie kulturelle Divergenz. Aber während letztere noch durch Erläuterungen auszugleichen ist, ist die Differenz im Wasserzeichen so wenig auszugleichen wie irgendein anderer Unterschied im Formenbestand der Sprachen. Störend macht sich dies aber nur da bemerkbar, wo gerade diese Form noch eine eigene Bedeutung erlangt. Und das kann, wie man weiß, viele verschiedene Figuren auf allen Ebenen der sprachlichen Repräsentation betreffen.

DAS KUNSTKABINETT

Was nicht selber Poesie ist, kann nicht Übersetzung von Poesie sein,

sagt der Poet und Übersetzer, und er sagt, daß die Sprache, mit der *Poesie über die Sprachgrenzen trifft, oft gar nicht zur Verfügung steht, erst geschaffen werden muß,* so daß in vielen Fällen die Dichter selbst *das Amt des Übersetzers* übernehmen. Und wenn uns der Dichter *die Strickleiter der zu entwerfenden Poetik* hinhält, dann machen wir bei unserer Stippvisite ins Kunstkabinett des Übersetzens gerne davon Gebrauch. Da ist von *Montage und Ambiguität* die Rede, *von Brechung und Umfunktionierung des Reimes; Dissonanz und Absurdität; Dialektik von Wucherung und Reduktion; Verfremdung und Mathematisierung; Langverstechnik, unregelmäßigen Rhythmen; Anspielung und Verdunklung; Wechsel der Tonfälle; harter Fügung; Erfindung neuartiger metaphorischer Mechanismen; und Erprobung neuer syntaktischer Verfahren.*

Es geht um moderne Poesie, das ist klar. Und klar ist auch, daß wir hier den Bereich vor uns haben, in dem unser Wasserzeichen von vielen anderen Figuren überlagert ist, die es ganz leicht zum Verschwinden bringen können. Die Strickleiter der Poetik sagt uns, was alles eine Rolle spielen kann und Analoges oder Vergleichbares in der Zielsprache erfordert. Und da wegen der Unterschiede zwischen Ausgangs- und Zielsprache fast jede kategorielle Analogie auf Kosten irgendwelcher anderen geht, kann auch der beste Übersetzer nur eine Kunstfigur mit entfernter Ähnlichkeit zum Original zuwege bringen.

Was eine Nachdichtung alles leisten muß, zeigt sich an der Differenz zwischen Interlinearversion, sprich Analogvariante, und Nachdichtung. Was dabei alles verlorengeht, kann nur die detaillierte Analyse der sprachlichen Eigenschaften des Originals aufdecken. Und da gibt es, selbst wenn wir uns einen leichten Fall ohne *Verdunklung* aussuchen, viele Figuren, die in der Zielsprache nicht wiederherstellbar sind.

The end of the world

Quite unexpectedly as Vasserot
the armless ambidextrian was lighting
a match between his great and second toe
and Ralph the lion was engaged in biting

the neck of Madame Sossman while the drum
pointed, and Teeny was about to cough
in waltz-time swinging Jocko by the thumb —
quite unexpectedly the top blew off:

And there, there overhead, there, there hung over
those thousands of white faces, those dazed eyes,
there in the starless dark the poise, the hover,
there with vast wings across the canceled skies,
there in the sudden blackness the black pall
of nothing, nothing, nothing — nothing at all.

Archibald MacLeish

Das Ganze ist leicht als eine Informationseinheit erkennbar, mit je einem Satz vor und nach dem Doppelpunkt am Ende des zweiten Verses. Fast möchte man sagen: *Ganz unerwartet* für das Englische beginnt der erste Satz mit einem Adverbial, das nach einem Einschub von fünf Teilsätzen wiederholt wird, ehe der im übrigen kurze Rest folgt: *Quite unexpectedly ... quite unexpectedly the top blew off*. Die eingeschobene Satzsequenz ist, trotz aller sensationellen Dynamik, durch Gleichzeitigkeit die Momentaufnahme einer leerlaufenden Motorik, die am Ende des zweiten Verses mit einem plötzlichen Knall zum

Stehen kommt. Und der dritte Vers hält diese Stille in einer siebenfachen Reihung von *there*, bis daraus mit den vier Schlägen des *nothing* das Ende der Welt geworden ist.

Die beiden Zeitfiguren sind mit den Bildern des Gedichts gesetzt, sie ins Deutsche zu bringen wäre ein leichtes, trotz aller kulturspezifischen Besonderheiten in der Welt der Schausteller. Reihenfolge, Kasus und Satzverknüpfung bieten an sich nur die Schwierigkeiten, die uns auch aus der neutralen Verwendung beider Sprachen gut bekannt sind. Verlaufsform, Gerundium und Partizip sind im Deutschen nicht oder nicht so verfügbar; bei der Wahl der Paraphrase erweitern oder reduzieren wir die Strukturen in Abhängigkeit von ihren Informationswerten für das Ganze. Die meisten Schwierigkeiten dürften uns noch ein paar Wörter bereiten. Was machen wir mit dem *ambidextrian*, mit der Verbindung *the drum pointed* — aber auch das wäre, wie alles andere, kaum der Rede wert, hätten wir einen Prosatext vor uns. Da könnten wir uns im Deutschen ziemlich nah ans englische Original halten:

Ganz unerwartet, als Vasserot, der armlose Beinkünstler, gerade ein Streichholz mit — sagen wir — zwei Zehen anzündete und Ralph der Löwe sich unterm Trommelwirbel am Hals von Madame Soßmann festbiß und Teeny, der Jocko am Daumen im Walzertakt herumschwenkte, gerade husten mußte, da flog — ganz unerwartet — das Dach weg:

und dort, dort oben, dort hing über den tausend weißen Gesichtern, über geblendeten Augen, dort im sternenlosen Dunkel, hing, schwebte, dort mit weiten Schwingen über den ausgelöschten Himmeln, dort in der plötzlichen Dunkelheit, das schwarze Bahrtuch von nichts, nichts, nichts und wieder nichts.

Da ist die Informationseinheit aus zwei Sätzen mit der Reihenfolge und den vielen Wiederholungen des Originals; da sind die Schwerpunkte vor und nach dem Doppelpunkt, das Moment der Spannung, wegen der natürlichen Reihenfolge der Ereignisse im englischen Original und der Übersetzung gleich verteilt; da ist die Metapher und die Zeitfigur, da ist die Dynamik und die Stille, die zur Totenstarre wird — aber was das Gedicht sonst noch ausmacht, Reim und Metrik, die fehlen.

Im Original reimen sich *Vasserot* und *toe*, *lighting* und *biting*, *drum* und *thumb*, *cough* und *off*, *over* und *hover*, *eyes* und *skies*, *pall* und *all*. Dafür haben wir in der Übersetzung Silbensalat: *Vasserot/Zehen*, *anzündete/biß*, *Trommelwirbel/Daumen*, *Husten/weg*, *über/schweben*, *Augen/Himmel*, *Bahrtuch/nichts* — vom iambischen Metrum der Verse gar nicht erst zu sprechen.

Was da reimt, ist nicht ganz so wichtig, aber daß es sich reimt, ist eine Eigenschaft des Originals, auf die wir nicht verzichten können, gerade weil dies ein Element aus der kategoriellen Strickleiter der Poetik ist. Und wenn der Reim im Original Strukturteile zerschneidet, die grammatisch und lexikalisch eng zusammengehören, das Objekt von seinem Verb trennt *light — a match* (in einem Fall, *biting — the neck*, sogar durch eine Verszeile), die Präposition von ihrem nominalen Bezug *over — those thousands of white faces;* das Subjekt von seinem Prädikat *the drum — pointed*, dann sind wir auch diesen Unregelmäßigkeiten der modernen Poesie verpflichtet. Das macht unsere Suche nach Reimen sogar ein wenig einfacher. Letzendlich kommt dafür jedes Wort in Frage.

Und was uns nun der Dichter dazu anbietet, sieht so aus:

Das Ende der Welt

Es kam ganz unerwartet, gerade als
Vasserot, das armlose Wunder, anriß
ein Zündholz mit seinem linken Zeh, in den Hals
von Madame Soßmann Cäsar der Löwe biß

(Trommelwirbel), als Teeny mit großem Hurra
seinen Partner am Daumen herumgeschnellt
im Walzertakt, und wollt eben husten, da
flog plötzlich davon das Zirkuszelt
und droben hing, es hing droben, es hing

über geblendeten Augen und Menschengewimmel,
hing im sternlosen Dunkel und schwebte und ging
mit Riesenflügeln nieder überm erloschnen Himmel,
bis in der Finsternis nichts als das schwarze Bahr-
tuch aus nichts und nichts und wieder nichts war.

Jetzt haben wir die Bilder und den Reim, der die syntaktischen Einheiten zerschneidet (und sogar ein Kompositum trennt, *Bahr — tuch*), aber auch die natürliche Reihenfolge der Syntax aufgibt: *anriß ein Zündholz, in den Hals der Löwe biß, da flog davon das Zirkuszelt.* Nur, auch die morphologischen Verkürzungen: *wollt eben husten, überm erloschnen Himmel,* die Umbenennung des Löwen in *Cäsar,* und der Wechsel von *Jocko* zu *seinem Partner* kann das rhythmische Metrum des Originals in den ersten beiden Versen nicht wiederherstellen.

Und was als Rhythmus immerhin noch erreichbar ist, erfordert neben den kleinen Opfern noch eine Ergänzung der Struktur am Anfang des Gedichts, durch die das, was unerwartet ist, von vornherein zu einer Aussage über das Ende der Welt wird: obwohl das *es* keinen Vorläufer braucht, ordnen wir ihm automatisch den Titel des Gedichts als Antezedenten zu. Diese Verknüpfung enthält das Original nicht, auch wenn sie im nachhinein als Schlußfolgerung zu ziehen ist.

So, mit den eher unregelmäßigen Rhythmen und dem *Trommelwirbel* als Trommelwirbel ist die Nachdichtung in ihren poetischen Kategorien notgedrungen ein wenig freier, ein wenig moderner als das Original. Und ein bißchen poetische Metamorphose vom Dichter des Originals zum Dichter der Übersetzung lassen wir uns als Preis für den Zugang zum Kunstkabinett in einer anderen Sprache gerne abverlangen.

ALS KONTRASTPROGRAMM

Der = Die = Das = Den = Dem = Des = Desto = Umso Bosch L-Jetronic Einspritzanlage gebraucht = benutzt = belegt = verwendet = eingeschaltet auf = ein = mit = von = über = am = bei = in = an = nach = darauf = zu = im = von 1980 Fahrzeuge Massnahmen = mißt der = die = das = den = dem = des = desto = umso Ansaugluft und = als auch berechnet der = die = das = den = dem = des = desto = umso richtig = geeignet = ordentlich = sorgfältig = passend Brennstoff = Kraftstoff = Treibstoff zu = nach = bis = um zu = in = mit = an = auf = gegen = für bekommen = erreichen = bekomme = bekommst = bekommt = erlangen = erhalten ein = eine = ... = einem = einer = eines = einen = per = pro = je berichtigen = korrekt = richtig Luft = Miene = Aussehen = Melodie = lüften/Brennstoff = Kraftstoff = Treibstoff Verhältnis. Andere = Zusätzlich = Weitere = Übrige = Anderer = Anderes

Dies ist kein Gedicht, sondern das Ergebnis einer automatischen Übersetzung mit einem erweiterten Wörterbuchangebot, woraus der Übersetzer gewissermaßen im Gespräch mit dem Computer die adäquate Übersetzung auswählen soll. Zugegeben, der Originaltext aus einem Werkstatthandbuch liest sich für einen technischen Laien nicht viel leichter:

The Bosch L-Jetronic fuel injection system used on 1980 vehicles measures the intake air and calculates the proper fuel to obtain a correct air/fuel ratio. Other engine operating conditions such as
    throttle position
    ignition timing
    starting
    air temperature
    coolant temperature
    engine speed
    start of injection
    exaust gas content

are also calculated to ensure correct air/fuel ratio under all operating conditions and temperatures.

Und so scheint uns die automatische Übersetzung ohne Wortformenauswahl eine gewisse Verständnislosigkeit ganz gut wiederzugeben:

Der Bosch L-Jetronic Brennstoff Spritze System gebraucht eingeschaltet 1980 Fahrzeuge Maßnahmen der Einnahme Luft und berechnet der richtig Brennstoff zu bekommen ein berichtigen Luft/Brennstoff Verhältnis. Andere Motor Bedienung Bedingungen solch so
    drosseln Platz
    Zündung timing
    startend
    Luft Temperatur
    Kühlmittel Temperatur
    Motor Geschwindigkeit
    Start von Spritze
    erschöpfen Gas Inhalt
bis ferner kalkulierte ein zu garantieren berichtigen Luft/ Brennstoff Verhältnis unter alle Bedienung Bedingungen und Temperaturen.

Hierfür, versichert uns der Fachmann, braucht das Computerprogramm nur eine Sekunde, was wir nun trotz allem beeindruckend finden. Aber dann bekommen wir noch die richtige Übersetzung vorgeführt:

Fahrzeuge des Modelljahrs 1980 sind mit der Kraftstoffeinspritzanlage Bosch L-Jetronic ausgerüstet. Diese mißt die Ansaugluftmenge und berechnet daraus die für ein korrektes Kraftstoff/Luft-Gemisch erforderliche Kraftstoffmenge. Um die Kraftstoffmenge (und damit das Gemisch) an alle Lastzustände und Temperaturbedingungen anpassen zu können, berücksichtigt das System außerdem Faktoren wie:
    Drosselklappenstellung
    Zündzeitpunkt
    Startvorgang

Lufttemperatur
Kühlmitteltemperatur
Motordrehzahl
Einspritzzeitpunkt
Sauerstoffgehalt im Abgas

Und nun wissen wir, daß technische Texte in der angemessenen sprachlichen Form selbst für den technischen Laien lesbar werden. Und wir können alle unsere Tricks von Umstellung, Kasusrahmenwechsel, konventionalisierten Redundanzen und Satzgrenzenverschiebungen wiedererkennen.

Wir selbst sähen uns dazu allerdings aufgrund fehlender Sach- und Fachsprachenkenntnis außerstande und bewundern den Fachmann außerordentlich, der — wie er uns versichert — überdies nur rund vier Minuten für diese Übersetzung braucht. Und wir bedanken uns bei ihm für die gelungene Zusammenstellung dieser für den Übersetzer tröstlichen Beispiele aus dem Konkurrenzbereich Mensch/Maschine.

Sicher, irgendwann einmal wird uns der Computer auf dem Gebiet des Übersetzens mehr abnehmen können als heute — und Hilfe tut dringend not, wenn wir uns den rapiden Anstieg des Übersetzungsbedarfs vergegenwärtigen — aber dazu müssen wir schon einmal, zum Beispiel, alle Einsichten des Vademecums für den Computer lesbar machen, und das dauert.

Im Fluge

DER ZWILLINGSPLANET

Wir selbst sind da aber, wie es scheint, mit Siebenmeilenstiefeln unterwegs in anderen Ländern, in denen das Wasserzeichen immer mehr verblaßt — wenn es nicht gerade das ist, was das Original unerreichbar macht. Aber ein Land haben wir im Vademecum bisher noch nicht besucht. Und das ist so groß, daß alle vorangegangenen Länder in ihm Platz haben und sich noch einmal zu einer ganzen Erdkugel zusammenschließen — eine Art Zwillingsplanet, in dem uns alles, was wir schon kennen, wieder begegnet, nur irgendwie von luftigerem, leichterem, schneller vergänglichem Stoff.

Da ist das Original und die Übersetzung, aber meist gibt es sie gleichzeitig — mit einem Abstand von zwei Sekunden etwa — und wenn man nichts dagegen unternimmt, existiert beides gerade so lange, wie man braucht, um es auszusprechen. Dieses zeitlich überaus kurzlebige Übersetzen von ebenso kurzlebigen Originalen ist von so besonderer Art, daß es einen eigenen Namen bekommen hat: Dolmetschen. Und was wir jetzt im Vademecum noch herausbekommen müssen, ist klar: Wie steht es in der so viel dünneren Luft des Dolmetschens um das Wasserzeichen und die anderen Figuren des Vademecums?

Der Schnellebigkeit des Gegenstands entsprechend, werden wir unseren Zwillingsplaneten im Zeitraffertempo erkunden, von den ersten Stationen des Vademecums, über die verschiedenen Figuren des Parcours, bis zu den Grenzverschiebungen und den Sonderbedingungen von speziellen Sprachverwendungen, die uns schließlich auch wieder auf festeren Boden, in die schriftlich fixierten Fassungen gesprochener Sprache und damit vom Dolmetschen zum Übersetzen zurückbringen werden.

OHNE RÜCKSPIEGEL

Der ephemere Charakter des Dolmetschens ist in seiner prototypischen Form, im Simultandolmetschen, am deutlichsten. Wenn der letzte Laut geäußert ist, ist die Übersetzung verflogen. Natürlich läßt sich das Produkt aufzeichnen und zum Beispiel zu Forschungszwecken analysieren. Aber das ist dann doch eine zufällige Begleiterscheinung, wie nützlich sie auch immer — für ein Vademecum etwa — sein mag.

Die Vergänglichkeit des Produkts kann dem Dolmetscher nur willkommen sein. Selbst viele gute Einfälle können ihn nicht davor bewahren, etwas zu produzieren, was als Übersetzung doch nur mangelhaft wäre. Aber was der Dolmetscher produziert, ist eben keine Übersetzung, sondern — und da fehlt uns wieder einmal ein Wort, denn eine »Dolmetschung« ... also bitte, wir sind doch keine Spracherneuerer. Da könnte einer sogar auf die Idee kommen und sagen, wenn ein Übersetzer übersetzt, dann liegt am Schluß eine Übersetzung vor, aber wenn ein Dolmetscher dolmetscht, dann liegt am Schluß nichts vor — also braucht man auch keinen Namen für das Produkt. Einspruch, Euer Ehren! Wie minimal immer die Zerfallszeit des Produkts des Dolmetschens sein mag, ein Produkt ist da doch. Es existiert gerade so lange, wie es braucht, um gehört und — hoffentlich — verstanden zu werden. Und da haben wir sie wieder, unsere Grundkategorie des Verstehens, die uns zusammen mit dem Wasserzeichen die zielsprachliche Angemessenheit neutraler Sprachverwendung verstehen half.

Wie bei der Übersetzung verläuft das Verstehen beim Dolmetschen von links nach rechts mehr oder weniger gleichzeitig auf allen Ebenen der sprachlichen Präsentation. Nur, anders als beim Übersetzen ist uns der prüfende Blick zurück verwehrt. Mit jedem Folgeelement ist das vorangegangene für immer ausgelöscht. Es existiert nur noch in der Erinnerung, im Modell von der Szene, das wir uns aus dem Gehörten angefertigt haben.

Alles, was die Verstehbarkeit erleichtert, die Angemessenheit der Informationsstruktur, ihre Ausgewogenheit, die rechtzeitige Weichenstellung, der frühe Hinweis, die konventionalisierte Redundanz, die adäquate Grenzziehung, kurz alles, was den Verarbeitungsparcours in der Zielsprache günstig gestaltet, ist für das Dolmetschen ebenso wichtig wie für das Übersetzen. Selbst die Komplexität der Strukturen spielt, wie wir aus der Lesung berühmter Schriftsteller wissen, keine Rolle, wenn der Parcours gut angelegt ist. Aber, und dies ist die Crux des Dolmetschens, der Parcours ist oft eine Zumutung, und für eine sorgfältige Planung der zielsprachlichen Informationsstruktur fehlt prinzipiell die Zeit.

Im Extremfall, beim Simultandolmetschen, wo der Dolmetscher wie ein Zirkusartist mit der linken Hand Teller, mit der rechten Bälle jongliert, weil er gleichzeitig zuhören und sprechen muß, ist jede Art von bewußtem Nachdenken so gründlich ausgeschlossen, daß es schon wieder befreiend wirkt. Jede Paraphrase ist recht, wenn sie nur schnell genug bei der Hand ist. Das Ganze läuft gewissermaßen hinterrücks ab, und wenn der Dolmetscher genügend trainiert hat, läßt sich das, was er sagt, auch verstehen. Wenn er nicht genügend trainiert hat oder einen schlechten Tag hat, verliert er Bälle und Teller, so daß selbst der wohlmeinendste und interessierteste Zuhörer der solchermaßen verunstalteten Rede des bedeutenden Staatsgastes nichts mehr entnehmen kann. Das Fernsehen war hierfür schon in historischen Augenblicken unser aller Zeuge.

Um so größer ist die Bewunderung für den virtuosen Dolmetscher, der dem Redner klar und verständlich seine Stimme leiht, ganz mühelos und gerade so, als ob sich das Original Wort für Wort in die andere Sprache übertragen ließe. Natürlich ist es nur in seltenen Fällen die Rede eines bedeutenden Zeitgenossen, die der Dolmetscher da fast gleichzeitig in der anderen Sprache halten soll. Und in weniger bedeutenden Fällen hat sie ihm oft schon wenigstens die Nacht davor zum Übersetzen vorgelegen. Oder der Redner läßt ihm immer wieder ein wenig Zeit zum Nacharbeiten — zum »konsekutiven Dolmetschen«, bei dem sich Redner und Dolmetscher abwechseln, so daß sich der Dolmetscher einmal nur auf die Teller, das andere

Mal nur auf die Bälle konzentrieren kann. Aber viel Zeit bleibt auch so nicht für die Suche nach den angemessenen zielsprachlichen Formen, und wenn wir die beiden Dolmetscharten miteinander vergleichen, dann scheint uns — Notizen oder nicht — die unglaubliche Gedächtnisleistung für über zehn Minuten und mehr Redezeit noch viel bewundernswerter als die simultane Jonglierarbeit.

Am leichtesten hat es noch der Dolmetscher, der nicht in einem Vortrag, sondern in einem Gespräch vermitteln soll, schon weil die Gesprächsteilnehmer hier in der Regel mehr auf ein Miteinander eingestimmt sind. Damit dürfte die Schwierigkeit, daß der Dolmetscher dabei immer zwischen zwei Sprachen hin- und herwechseln muß, allemal aufgewogen sein. Form und Inhalt von Gesprächen können natürlich noch weitaus mehr divergieren als Vorträge, und es sind Gespräche, die sich in ihren sprachlichen Formen am weitesten von denen geschriebener Texte entfernen.

Aber auch während eines Gesprächs bleibt für den Dolmetscher nicht viel Zeit zum Überlegen. Er kann sich allenfalls noch einmal vergewissern, wenn er etwas nicht richtig verstanden hat oder ein wichtiges Detail nicht mehr gegenwärtig ist. Für die Wahl der bestmöglichen Paraphrase bleibt kein Raum.

EIN ZUSÄTZLICHER NAVIGATOR

Das Kriterium der zielsprachlichen Angemessenheit ist, wie wir wissen, relativ, und wenn die Verständigung in erster Linie über das Ohr geht und nicht über das Auge, dann bestimmt sich Angemessenheit eben auch relativ zu den Vor- und Nachteilen dieser Form der sinnlichen Wahrnehmung. Und da steht nun neben den zeitlichen Nachteilen — der Notwendigkeit zur augenblicklichen Sprachverarbeitung — ein nicht gering zu schätzender Vorteil. Was sich jeder Lesende immer erst mehr oder weniger mühsam ausrechnen muß und worüber er letzte Sicherheit nur haben kann, wenn er das Gelesene schon voll interpretiert hat, das ist die lautliche Form der Informationsstruktur. Wo liegen die Pausen, welche Satzmelodie hat das Ganze, welchen Rhythmus, wo liegen die Hauptakzente, was ist ausgegrenzt, was zu einer neuen Einheit integriert? All dies wird dem Dolmetscher mit der Sprachstruktur des mündlichen Originals mitgeliefert.

Und es ist natürlich auch das, was der Dolmetscher jedem, der ihm zuhört, mitliefern muß — müßte, trotz aller Ungewißheit über den Stellenwert des gerade Gehörten. Wenn wir an die auffallend flache und unentschiedene Stimmführung denken, mit der uns schon so manche Tagesnachricht in Funk und Fernsehen vermittelt wurde, und aus der Fachliteratur erfahren, daß ein Dolmetscher überdies etwa doppelt so viele hörbare Pausen macht wie der Originalredner, dann wissen wir, daß die Wirklichkeit da vieles zu wünschen übrigläßt.

Aber wenn wir von den deformierenden Bedingungen des Dolmetsch-Parcours einmal absehen: als Zuhörer sollte ich kaum in die Versuchung geraten, ein falsches Element mit dem Schwerpunkt zu identifizieren, in syntaktische oder informationelle Holzwege geraten. Der Sprecher, dem ich zuhöre, hat ja alles schon nach seinen Absichten geordnet, und da ihm mit Stimmführung und Sprechtempo eine reichhaltige Palette zur Verfügung steht, um die Informationselemente in differenzierter Form zueinander in Beziehung zu setzen, kann er vielleicht sogar auf andere lexikalisch-syntaktische Wegweiser und Weichenstellungen verzichten.

Aber ganz so einfach sind die Dinge dann auch in ihrer Idealfassung nicht. Intonationsphrasen haben zwar etwas mit Informationseinheiten zu tun, Akzente, die mit einem Wechsel in der Tonhöhe verbunden sind, etwas mit Schwerpunkten, aber letztendlich ist die Lautform eine autonome Strukturebene der sprachlichen Repräsentation, die ihren eigenen Gesetzen folgt und, informationell gesehen, keinesfalls eindeutig ist. So könnte der einfache Satz

Nina ist nach München gefahren.

neutralerweise sowohl mit einer fallenden

NI'na ist nach \MÜNchen gefahren.

wie mit einer steigend-fallenden Intonation, der sogenannten Hutkontur

/NIna ist nach \MÜNchen gefahren.

gesprochen werden. (Großbuchstaben zeigen die Betonung an, Akzente den Tonhöhenverlauf.) Beide Varianten sind nicht nur mit einer, sondern mit je drei Informationsstrukturen verbunden. Diese macht man sich in der Sprachwissenschaft traditionsgemäß an den verschiedenen Fragen klar, auf die ein Satz mit einer bestimmten Intonationskontur eine Antwort sein kann. In unserem Fall sind es für beide Intonationskonturen dieselben drei Fragen:

Wohin ist Nina gefahren?
Was hat Nina gemacht?
Was ist geschehen?

Dies ergibt für beide Intonationskonturen unseres Satzes dieselben drei Informationsstrukturen. Da die Frage den Hintergrund jeweils anders bestimmt, nämlich als

Nina ist wohin gefahren.
Nina hat etwas gemacht.
Etwas ist geschehen.

bleibt für den Schwerpunkt auch immer wieder ein anderer Ausschnitt aus der Informationsstruktur übrig:

nach München
ist nach München gefahren
Nina ist nach München gefahren.

Eindeutig wird die Intonationskontur nur, wenn der markierte Fall vorliegt, in dem nur *Nina* einen Akzent bekommt:

\NIna ist nach München gefahren.

kann nur als Kontrast zu einer alternativen Aussage verstanden werden, etwa zu:

Richard ist nach München gefahren.

Solange sowohl *Nina* wie *München* einen Akzent bekommen, läßt sich die richtige Informationsstruktur nur durch den Kontext herausfinden.

Aber gerade den bekommt der Dolmetscher eigentlich immer mitgeliefert, weshalb ihm die Mehrdeutigkeit der Intonationskonturen letztendlich nicht allzu große Schwierigkeiten bereiten. Zusammen mit dem jeweiligen Kontext gibt die Intonationskontur eines gesprochenen Satzes dem Dolmetscher bei weitem mehr Anhaltspunkte für eine rasche und richtige Interpretation der Informationsstruktur, als sie dem Übersetzer zur Verfügung stehen. Was sich der Übersetzer in manchen Fällen erst mühsam aus dem Textverlauf klarmachen muß, wird dem Dolmetscher gratis mitgeliefert. Um zum Beispiel den Satz

It may be that many proteins have different copies.

richtig zu verstehen, bedarf es keiner besonderen Anstrengungen, wenn das *many* vom Sprecher bereits in der betonten Form geboten wird.

Natürlich gehen wir da von Idealvorstellungen aus, von dem Sprecher, der nicht nur weiß, was er sagen will, sondern die Möglichkeiten seiner Sprache auf jeder Ebene beherrscht. Daß dies beileibe nicht immer der Fall ist, können wir uns lebhaft vorstellen. Wo selbst die fachmännische Transkription eines Mitschnitts noch Rätsel aufgibt, kann die mündliche Präsentation die Hindernisse des Parcours nur noch vergrößern, statt sie abzubauen:

Sir, I nike to got my summer job, I don't know wh_kind summer job, I've a_idea to pant trees.

Der fernöstliche Hintergrund des kanadischen Sprechers ist unverkennbar, aber nicht jede alternative Lautform läßt sich so wie das *n* anstelle des *l* gleich auf Anhieb identifizieren. Wenn der Dolmetscher aus dem stummen *l* in *pant* sicher erstaunt, aber beherzt macht:

Herr Professor, ich möchte einen Sommerjob. Ich möchte Bäume bemalen, aber ich habe kein Geld dafür.

dann wird ihm der Fehler gewiß gerne verziehen, wenn er ihn ein paar Sätze später, bei

The contract give him opportunity to plant trees for seventy years.

korrigiert:

Er erhielt also einen Plan zum Pflanzen von Bäumen für sieben Jahre.

Nie und nimmer werden ihm jedoch die *sieben Jahre* anstelle der *siebzig* verziehen!

Der gravierende Fehler zeigt es aber nur noch deutlicher: auf zielsprachliche Angemessenheit, auf informationell optimale Paraphrasen, kann sich der Dolmetscher in einer solchen Situation, in der auch noch der phonetische Navigator ausgefallen ist, beim besten Willen nicht mehr kümmern. Das hieße Teller und Bälle zugleich auf einem Schlappseil jonglieren. Dann doch lieber Stange oder Schirm fürs Gleichgewicht und keine weiteren Kunststücke auf dem Weg zur anderen Seite.

MÄUSESCHWANZSÄTZE *LIVE*

Auch unter idealen Bedingungen kommt der Vorteil der Intonationskontur beim Dolmetschen nicht voll zum Tragen. Solange der Dolmetscher simultan, also mehr oder weniger gleichzeitig mit dem Redner sprechen muß, wird er in vielen Fällen zwar eine Betonung, nicht aber ihren Informationswert identifizieren können. Und da er mit dem Satz anfangen muß, ohne zu wissen, wohin die Reise noch führen wird, können ihm auch seine Kenntnisse aus dem Vademecum nur bedingt helfen.

Bei kurzen Sätzen mag es ihm ja noch leichtfallen, das Wasserzeichen zu berücksichtigen. Bei

The boy was there again this evening.

They don't see it ashore.

vielleicht sogar noch

There are two main reasons for this complexity.

sollte die Informationsstruktur des Originals schnell genug erkennbar sein, um den Weg von der konvexen zur konkaven Figur bei der Formulierung der zielsprachlichen Paraphrase gerade noch zu schaffen. Aber in einem längeren Satz, wie

They did'nt know any of the people they passed on the stairs on their way to and from their room.

ist das Satzende sicher zu weit entfernt, um die Umstrukturierung noch zeitlich in den Griff zu bekommen. Da wird man auch bei einem idealen Redner kleinere Brötchen backen müssen, was nichts anderes heißt, als sich näher an die sprachliche Struktur des Originals zu halten.

Wie Auswertungen von Dolmetschleistungen zeigen, hat man nicht einmal genug Zeit, seine Versprecher zu korrigieren, wobei einem die vielen syntaktischen Mischformen, die man trotz häufiger Neuanfänge produziert, kaum bewußt werden. Diese Art von Fehlleistungen hat natürlich jeder Redner, aber sie sind beim Originalsprecher wesentlich seltener und werden zudem öfters bemerkt und korrigiert. Dennoch, gerade eine frei und salopp gehaltene Rede kann den Dolmetscher mit Strukturen konfrontieren, die wegen ihres improvisierten Charakters verwirrender sind, als dies in einer sorgfältig durchdachten, schriftlichen Präsentation der Fall wäre.

Sehen wir uns einmal ein Beispiel aus dem wirklichen Leben an, eine transkribierte Passage aus einer Rede auf einem Wirtschaftskongreß, die zeigt, was dem armen Dolmetscher da alles sachlich und sprachlich abverlangt werden kann. Gegen Ende seines Berichts über die Ergebnisse einer internationalen Studie zu Klein- und Mittelstandsunternehmen (STRATOS für *Strategic Orientation of Small Businesses*) sagt der Redner:

> *Up to now we concentrated rather on significant differences between family businesses and non-family businesses measured as usual by chi-square tests. In some cases it also seems worthwhile to mention empirical findings not discriminating family businesses from the reference group, where it makes sense to state that empirical results are not supporting some hypotheses on differences adverse to family businesses disseminated by widely popular TV business families such as the Ewings or the Carringtons or in the tragedy of the British playwright Alan Ayckbourn you might have seen A Small Family Business. By the way our family businesses turned out not only as equally moral according to religious, ethical indicators, but also not significantly more or less successful. This result is also in line with one of the more general STRATOS findings that the old hypothesis of John Maynard Keynes, among others, I mean, applying ethical principles in management may not only be unnecessary but even an impediment to success, is not supported by any empirical data at all in our study.*

Da wir die Passage selbst beim Lesen kaum verstehen können und sicher sind, daß uns auch die Intonationskonturen des Redners nicht viel geholfen hätten, haben wir die allergrößte Hochachtung für das, was der Dolmetscher immerhin verstanden und wiedergegeben hat:

> *Bisher haben wir uns auf signifikante Unterschiede zwischen Familienunternehmen und anderen Unternehmen konzentriert — wie üblich haben wir hier den Chi-Quadrat-Test angewendet. Andererseits scheint es auch wichtig, hier empirische Befunde zu erwähnen, welche die Famil — welche keine Unterscheidung zwischen Familienunternehmen und der Bezugsgruppe aufzeigen, die zeigen, daß die empirischen Ergebnisse gewisse Hypothesen*

hinsichtlich der Unterschiede negativer Art für Familienunternehmen nicht stützen, die oft genährt werden durch Familienserien im Fernsehen wie die Ewings und die Carringtons oder auch die Darstellung des englischen Dramatikers Alan Ayckbourn. Unsere Familienunternehmen erwiesen sich nicht nur als ethisch hochstehend, nach religiösen Indikatoren, sondern auch als mehr oder weniger erfolgreich. Dieses Ergebnis stimmt ebenfalls überein mit ei — der allgemeinen Befunde im Bereich der STRATOS Studie, daß die alte Hypothese von John Maynard Keynes hinsichtlich der Anwendung ethischer Prinzipien im Management nicht nur unnötig ist, sondern sogar eine Behinderung für den Erfolg. Diese These wird durch empirische Daten in unserer Studie nicht bestätigt.

Ganz erstaunlich finden wir, daß der Dolmetscher die knappen zwei Minuten Redezeit des Originalsprechers eingehalten hat. Daß dabei die Information sachlich nicht ganz richtig, nicht ganz vollständig und nicht ganz klar gedolmetscht wurde, wird wahrscheinlich nur in der Aufzeichnung deutlich.

Bei genauerer Betrachtung entdecken wir aber dann doch einiges, was rätselhaft klingen muß, wenn einem das englische Original nicht zugänglich ist.

Wir beginnen mit dem zweiten Satz. Daß sich Familienunternehmen nicht so unterscheiden von anderen Unternehmen, wie dies das negative Image mancher Fernsehserien suggeriert, ist aus der deutschen Version nur noch mit einer ausreichend detektivischen Auffassungsgabe herauszuhören:

. . . Befunde . . ., welche die Famil — welche keine Unterscheidung zwischen Familienunternehmen und der Bezugsgruppe aufzeigen, die zeigen, daß die empirischen Ergebnisse gewisse Hypothesen hinsichtlich der Unterschiede negativer Art für Familienunternehmen nicht stützen, die oft genährt werden durch Familienserien im Fernsehen wie die Ewings und die Carringtons oder auch die Darstellung des englischen Dramatikers Alan Ayckbourn.

Ob der Originalsatz auf Anhieb verstehbar war, dürfte allerdings auch bezweifelt werden:

> ... *findings not discriminating family businesses from the reference group, where it makes sense to state that empirical results are not supporting some hypotheses on differences adverse to family businesses disseminated by widely popular TV business families such as the Ewings or the Carringtons or in the tragedy of the British playwright Alan Ayckbourn you might have seen A Small Family Business.*

Gegen die Schwierigkeiten dieser ziemlich verwickelten Struktur, in der nach dem eigentlichen Schwerpunkt nach Mäuseschwanzmanie eine ganze Menge Beispiele folgen, versucht sich der Dolmetscher gegen Ende noch durch ein vorgezogenes Verb den nötigen langen Atem zu verschaffen:

> ... *die oft genährt werden durch Familienserien im Fernsehen wie die Ewings und die Carringtons oder auch die Darstellung des englischen Dramatikers Alan Ayckbourn.*

Diese Form der grammatischen Ausrahmung der Verbergänzungen hinter das Verb ist der Preis für die verunglückte Struktur des Objektsatzes zu *zeigen*

> ... *daß die empirischen Ergebnisse gewisse Hypothesen hinsichtlich der Unterschiede negativer Art für Familienunternehmen nicht stützen* ...

der schon im Original keinen rhetorischen Lorbeer verdient:

> ... *that empirical results are not supporting some hypotheses on differences adverse to family businesses* ...

Da kommt aber noch ein Problem hinzu. Der Ort einer Fachkonferenz dürfte generell die falschen Freunde im gehobenen lexikalischen Bereich gut gedeihen lassen, und hier war die syntaktische Blähform *hypotheses on differences adverse to* für *Vorurteile* für den Dolmetscher wohl auch vor allem wegen ihres scheinbar wissenschaftlichen Kopfes undurchschaubar. Hätte er statt an *Hypothesen* an *Annahmen* oder *Vorstellungen* gedacht, wäre ihm die Chance der lexikalischen Komprimierung vielleicht nicht entgangen. Allerdings dürfte eine solche Wortfindung unter Zeitdruck ganz allgemein und schon gar angesichts einer längeren und bereits im Original mehr schlecht als recht gebildeten syntaktischen Struktur auch beim versierten Dolmetscher eher Glückssache sein. Wenn anschließend sogar der wesentlich übersichtlichere Folgesatz nicht ganz richtig verstanden wird, könnten wir dies dem Dolmetscher nach den vorangegangenen Strapazen voll Empathie durchgehen lassen. Ideologisch ist die Feststellung

> ... *Familienunternehmen erwiesen sich nicht nur als ethisch hochstehend, nach religiösen Indikatoren, sondern auch als mehr oder weniger erfolgreich.*

schließlich nur ein wenig deutlicher als das Original

> ... *family businesses turned out not only as equally moral according to religious, ethical indicators, but also not significantly more or less successful.*

das die Aussage relativiert: Die Familienunternehmen sind nicht nur moralisch gleichwertig, sondern auch ziemlich genauso erfolgreich wie andere Unternehmen.

Aber gleich mit dem nächsten Satz bereitet der Redner dem Dolmetscher noch eine besonders heimtückische syntaktische Falle.

DER VERPASSTE ANSCHLUSS

Applying kann als Partizip oder Gerundium verstanden werden und damit entweder einen Attributsatz oder einen Komplementsatz einleiten. Aber an der entsprechenden Stelle des Parcours kann auch der genialste Dolmetscher nur raten, welches von beidem der Redner im Sinn hat:

This result is also in line with one of the more general STRATOS findings that the old hypothesis of John Maynard Keynes, among others, I mean, applying ethical principles in management may not only be unnecessary but even an impediment to success ...

Wenn der Dolmetscher statt des Komplementsatzes einen Attributsatz gewählt hat, entdeckt er seinen Fehlgriff unter Umständen, wie hier, erst beim letzten finiten Verb: In der Version

Dieses Ergebnis stimmt ebenfalls überein mit ei — der allgemeinen Befunde im Bereich der STRATOS Studie, daß die alte Hypothese von John Maynard Keynes hinsichtlich der Anwendung ethischer Prinzipien im Management nicht nur unnötig ist, sondern sogar eine Behinderung für den Erfolg.

ist es *die alte Hypothese* selbst, die unnötig ist und den Erfolg behindert. Spätestens bei

... is not supported by any empirical data at all in our study.

meldet das Kontrollzentrum des Sprachgenerators: »Irgend etwas stimmt da nicht«, und hilft sich mit einer Satzgrenzenverschiebung aus der Verlegenheit:

Diese These wird durch empirische Daten in unserer Studie nicht bestätigt.

So kann man — wenn schon nicht den Fehler korrigieren — wenigstens den Schein wahren.

Aber *diese These* ist natürlich auch nach einem Punkt *die alte Hypothese von John Maynard Keynes hinsichtlich der Anwendung ethischer Prinzipien im Management,* von der der Dolmetscher gerade noch behauptet hat, daß sie *nicht nur unnötig ist, sondern sogar eine Behinderung für den Erfolg.*

Möglich, daß ihm die Kenntnis der These Keynes zu einer richtigen Analyse verholfen hätte. Aber auch daß die Gerundialstruktur tatsächlich eine Art von Zitat ist, wird beim Zuhören nur schrittweise erkennbar. Zusätzlich erschwert wird die Erkenntnis durch die gerade noch so zu Ende gebrachte rhetorische Volte, die das Zitat einrahmt: *the result is in line with the findings that the hypothesis is not supported by the study*, und für den Redner selbst wahrscheinlich zu Beginn des Satzes noch gar nicht absehbar war.

Bei *applying* muß dem Redner allerdings klargewesen sein, daß dies eine Ergänzung und nicht eine Modifikation zur *Hypothese* sein würde, wie immer der Satz als Ganzes zu Ende zu bringen sei. Und wenn wir es uns genau überlegen — im Unterschied zum Dolmetscher haben wir ja die Muße dazu —, besteht die syntaktische Möglichkeit einer Fehlinterpretation gerade einmal für die Dauer von zwei Wörtern: *ethical principles*. Denn wenn *Keynes*, oder was noch unwahrscheinlicher ist, seine *Hypothese* das Subjekt von *applying* wären, hieße dies ja entweder:

> ... *the old hypothesis of Keynes who applies ethical principles in management* ...

oder:

> ... *the old hypothesis of Keynes which applies ethical principles in management* ...

und letzteres wäre nun selbst aus der Perspektive des liberaleren Englischen als ungewollte Personifizierung anzusehen. Selbst wenn wir von einer Hypothese vielleicht noch sagen könnten, *it applies ethical principles to management*, *to apply ethical principles in management* erfordert auch im Englischen ein urteilsfähiges Subjekt. Damit ist also eigentlich schon bei *in management* klar, daß *applying* keinen Relativsatz; sondern einen *daß*-Satz einleitet, in dem *applying* zum Subjekt gehört:

> ... *die Hypothese, daß die Anwendung ethischer Prinzipien im Management* ...

Das ganze Geschick des Dolmetschers, der die drohende Personifizierung im Relativsatz

... die Hypothese, die ethische Prinzipien im Management anwendet ...

umgeht, indem er mit *hinsichtlich* eine neue semantische Relation einführt und damit so etwas wie

... die Hypothese, die die Anwendung ethischer Prinzipien im Management betrifft ...

sagt, führt nur noch tiefer in den Holzweg hinein. Wir folgen ihm voller Teilnahme und nicht ohne Bewunderung für seine professionelle Virtuosität, mit der er immerhin den Anschein einer eleganten Lösung vortäuschen kann.

Die Freiheit des Redners, der seine Syntax ohne große Vorplanung, eher zufällig, beginnt, und dann, notgedrungen, öfters schlecht als recht beendet, macht das Simultandolmetschen zu einer extrem kurzatmigen Angelegenheit, bei der der Gedanke an adäquate Informationsstrukturen in weite Ferne rückt. Es geht, scheint es, eher um Notlösungen als um ausgewogene Informationsstrukturen. Und dennoch. Auch die besonderen Parcoursbedingungen dieser Sprachverwendung fallen sprachspezifisch unterschiedlich aus.

DER DOPPELPARCOURS

Abstrakt gesehen, ist die Rechnung, die das Wasserzeichen auf die Bedingungen des Dolmetschens überträgt, simpel. Der Dolmetscher befindet sich in einem Doppelparcours, dessen zweite Hindernisstrecke er selbst aus den Teilen der ersten aufbauen muß. Er kann dem ungewissen Ablauf nur dadurch begegnen, daß er die Informationseinheit in überschaubare Stücke teilt. Kleine Informationseinheiten halten den Kopf frei für das, was noch kommt, verstanden und neu formuliert sein will. In kleineren Informationseinheiten läßt sich auch das Wasserzeichen berücksichtigen, die Zahl der Notlösungen merklich senken.

Um kleinere Informationseinheiten zu erhalten, wird der Dolmetscher alle denkbaren Möglichkeiten zur Reduktion und Satztrennung nutzen und, notfalls, konventionalisierte Redundanzen ganz gezielt als Parkstellen für jene Plätze einrichten, wo sich aus den Richtungsunterschieden zwischen Ausgangs- und Zielsprache in den Informationsstrukturen unter der Bedingung der Gleichzeitigkeit besondere Probleme ergeben.

Nehmen wir uns noch einmal die vertrackten Sätze über Familienunternehmen vor und probieren das Rezept in der Retorte aus. Also bitte, der erste Satz:

> *In some cases it also seems worthwhile to mention empirical findings not discriminating family businesses from the reference group, where it makes sense to state that empirical results are not supporting some hypotheses on differences adverse to family businesses disseminated by widely popular TV business families such as the Ewings or the Carringtons or in the tragedy of the British playwright Alan Ayckbourn you might have seen A Small Family Business.*

Nach Verkürzungsmöglichkeiten brauchen wir nicht lange zu suchen, besonders wenn wir uns die Wortbildungsvorteile des Deutschen zunutze machen:

> *In bestimmten Fällen sind auch empirische Befunde erwähnenswert ...*

Mit *erwähnenswert* für *worthwhile to mention* holen wir die Zeit für den Relativsatz anstelle der Partizipialstruktur heraus:

> *... die zwischen Familienunternehmen und anderen nicht unterscheiden ...*

Die *Vergleichsgruppe, the reference group,* schenken wir uns, sie ist ohnehin impliziert.

Und ein Einschnitt, an dem sich der komplexe Satz in kleinere Informationseinheiten zerlegen läßt, findet sich auch schon: nach dem ersten, syntaktisch vollständigen Teilsatz bietet *where it makes sense to state* eine gute Gelegenheit für einen Neuanfang. Diese Chance, die beim Übersetzen als letzter Ausweg in Frage kam, nutzen wir beim Dolmetschen auf jeden Fall, da sie uns im Deutschen das Verb nach vorne, in die analoge Position zum Original holt und damit gewissermaßen den Rücken freihält für das Kommende:

... nicht unterscheiden. Hier ...

Statt *it makes sense to: macht es Sinn, hat man Grund,* oder ähnliches mit einem Infinitiv als Komplement, wählen wir das Adverbial, *zu Recht,*

... kann man zu Recht sagen ...

womit wir die verkappte Doppelsatzstruktur loswerden und zügig zum nächsten Satz kommen.

Und da wählen wir natürlich die Variante mit dem halben Punkt, der uns — wie eine Satztrennung — auch in diesem Fall das Verb in die zweite Position holt:

... sagen: die Befunde widerlegen bestimmte Vorurteile gegen Familienunternehmen ...

Die Sache mit den *Vorurteilen* anstelle der *hypotheses on differences adverse to* hatten wir uns schon klargemacht — und das Partizip in *disseminated by widely popular TV business families* überlassen wir lieber auch gleich den Implikaturen aus den *beliebten Fernsehserien:*

Familienunternehmen aus beliebten Fernsehserien, wie die Ewings oder die Carringtons ...

Damit hat man dann unterderhand die sachliche Richtigkeit der Übersetzung hergestellt.

Dann arrangieren wir noch das Relativsatz-Attribut des Stücks und den ganz offensichtlich nachgetragenen Titel: *the tragedy of the British playwright Alan Ayckbourn you might have seen A Small Family Business* in eine normale Reihenfolge um:

> *... oder aus Alan Ayckbourns Drama, A Small Family Business, das Sie vielleicht gesehen haben.*

Auf den *britischen Dramatiker* verzichten wir — mit einer Spur von schlechtem Gewissen — aber wir finden den syntaktischen Aufwand für die Integration eines weiteren Attributs in keinem Verhältnis zur Relevanz der Information.

Damit haben wir unseren ersten Satz verarbeitet, reduziert, zerlegt und umsortiert, und sehen uns das Produkt noch einmal kritisch im Zusammenhang an. Zu diesem Zusammenhang gehört natürlich auch die Zeitmaschine, die wir aus der reflektorischen Zeitlupe wieder auf Normalgeschwindigkeit bringen müssen:

> *In bestimmten Fällen sind auch empirische Befunde erwähnenswert, die zwischen Familienunternehmen und anderen nicht unterscheiden. Hier kann man zu Recht sagen: die Befunde widerlegen bestimmte Vorurteile gegen Familienunternehmen aus beliebten Fernsehserien, wie die Ewings oder die Carringtons oder aus Alan Ayckbourns Drama, A Small Family Business, das Sie vielleicht gesehen haben.*

Da haben wir gegenüber dem Original sogar eine halbe Zeile eingespart! Der Gewinn läßt uns dem nächsten Satz gelassen entgegensehen.

> *By the way our family businesses turned out not only as equally moral according to religious, ethical indicators, but also not significantly more or less successful.*

Wir vereinfachen ein wenig den Kasusrahmen, indem wir uns mit *waren* statt *erwiesen sich als,* begnügen:

> *Dabei waren unsere Familienunternehmen nicht nur ebenso moralisch — nach religiösen, ethischen Indikatoren — sondern auch ...*

Und nun nichts wie durch:

> ... *ebenso erfolgreich* ...

Na, vielleicht sollten wir doch noch schnell die gewonnene Zeit zur Verdeutlichung nutzen:

> ... *ebenso erfolgreich wie andere Unternehmen.*

Und schon haben wir die Hände frei für die nächste Informationseinheit, deren harmloser Auftakt unser mißtrauisches Ohr nicht täuschen kann:

> *This result is also in line with one of the more general STRATOS findings that* ...

Befunde können viele Details enthalten und ein *that* leitet zu den Details über — da ergreifen wir lieber gleich die Flucht nach vorn und denken uns wieder einen halben Punkt anstelle des *daß*:

> *Dieses Ergebnis paßt gut zu einer allgemeineren Feststellung aus STRATOS:*

Und so, aus einer besseren Startposition heraus, kommen wir vielleicht nicht so leicht in Versuchung, bei *applying* den falschen Anschluß zu nehmen. Allerdings ist da noch der mehrdeutige Einschub zwischen Namen und Gerundium:

> ... *the old hypothesis of John Maynard Keynes, among others, I mean, applying* ...

den wir — damit er uns nicht aus dem Konzept bringen kann — einfach mit *unter anderen* mehrdeutig lassen:

> ... *die alte These von John Maynard Keynes, unter anderen* ...

Und nun die These:

> ... *applying ethical principles in management* ...

aha,

> *nach der ethische Prinzipien im Management*
>
> *may not only be unnecessary but even an impediment to success...*

also:

> *... nicht nur unnötig, sondern dem Erfolg abträglich sein können...*

und jetzt:

> *... is not supported by any empirical data at all in our study.*

Na bitte:

> *... wird von unserer Studie nicht bestätigt.*

Noch mal im Zusammenhang:

> *In bestimmten Fällen sind auch empirische Befunde erwähnenswert, die zwischen Familienunternehmen und anderen nicht unterscheiden. Hier kann man zu Recht sagen, die Befunde widerlegen gewisse Vorurteile gegen Familienunternehmen aus beliebten Fernsehserien, wie die Ewings oder die Carringtons, oder aus Alan Ayckbourns Drama, A Small Family Business, das Sie vielleicht gesehen haben. Unsere Familienunternehmen waren dabei nicht nur moralisch — nach religiösen, ethischen Indikatoren — gleichwertig, sondern auch ebenso erfolgreich wie andere Unternehmen. Dieses Ergebnis paßt gut zu einer allgemeineren Feststellung aus STRATOS: die alte These von John Maynard Keynes, unter anderen, nach der ethische Prinzipien im Management nicht nur unnötig, sondern dem Erfolg abträglich sein können, wird von unserer Studie nicht bestätigt.*

Das Ergebnis ist gar nicht so schlecht, nicht wahr, aber wir haben es uns ja auch mit dem Originaltext vor Augen, also mit gezinkten Karten, erschummelt. Ob es uns auf freier Wildbahn schnell genug eingefallen wäre, mag bezweifelt werden. Dennoch, als Retortenbaby ist es uns jetzt willkommen. Die strukturellen Lösungen von Satztrennung mit ganzen oder halben Punkten, von Reduktion durch Eliminierung oder lexikalischer Komprimierung, von bewußt beibehaltenen Ambiguitäten oder gezielt abgewarteten Disambiguierungshinweisen für den richtigen Anschluß lassen sich ja gut herauspräparieren und ihren jeweiligen Bedingungen, von Satzverknüpfung und Kasusrahmen etwa, zuordnen. Die so gewonnenen Typen könnten systematisch an anderen Beispielen überprüft, zu einer Typologie dolmetsch-relevanter Strukturmuster ausgebaut und — für den Doppelparcours trainiert werden.

Das Inventar der Typen ist, wir können es schon gut erkennen, dasselbe, das beim Übersetzen zum Einsatz kommt — nur eben an die kurze Leine genommen. Das sehen wir uns jetzt noch in einem Vergleich zwischen dem Retortenbaby und einer Übersetzung desselben Redeausschnitts genauer an.

MIT MUSSE

Wenn wir einmal davon absehen, daß der Originaltext anders aussähe, wäre er von vornherein schriftlich und nicht erst durch Mitschnitt und Transkription fixiert, könnten wir uns eine zielsprachlich angemessene Übersetzung zum Beispiel so vorstellen:

In bestimmten Fällen lohnt der Blick auch auf jene Untersuchungen, in denen zwischen Familienunternehmen und anderen Unternehmen nicht unterschieden wird, und von deren Ergebnissen wir mit vollem Recht sagen können, daß sie das negative Bild von Familienunternehmen widerlegen, das mit beliebten Fernsehfamilien wie den Ewings oder den Carringtons verbreitet wird, oder wie es Ihnen aus der Tragödie A Small Family Business des britischen Dramatikers Alan Ayckbourn bekannt sein könnte. Die Familienunternehmen erwiesen sich übrigens nicht nur —

nach unseren religiösen, ethischen Indikatoren — als moralisch ebenbürtig, sondern unterschieden sich auch in Erfolg oder Mißerfolg nicht nennenswert von anderen Unternehmen. Dies paßt gut zu einem allgemeineren Ergebnis unserer Studie, durch deren empirische Daten die bekannte These von John Maynard Keynes und anderen Wissenschaftlern, wonach ethische Prinzipien im Management unnötig seien und sogar ein Hindernis auf dem Weg zum Erfolg bilden könnten, in keiner Weise bestätigt wird.

Das mündliche Original bleibt gut erkennbar, aber der Doppelparcours-Zwang zur Konzentration ist weg. Das Ganze ist jetzt ungefähr zwanzig Prozent länger; das nehmen wir gerne auf unsere Vademecum-Ehre. Die Zuflucht zum letzten Ausweg, zur Satztrennung, ist hier nicht nötig. Wir haben auch genügend Zeit, um dem Wasserzeichen in jeder Informationseinheit angemessen Rechnung zu tragen. Wir können uns sogar eine gemächlichere Wortwahl leisten, da die expliziteren syntaktischen Strukturen, die damit verbunden sind und zu einer ausgewogeneren Verteilung von Information beitragen, jedem Leser zumutbar sind.

Da wird *worthwhile to mention* nicht zu *erwähnenswert* verkürzt, sondern mit dem expliziteren *lohnt der Blick auf* paraphrasiert; das verschiebt die Ergänzung, deren Attributsatz das Kontrast-Thema einführt, insgesamt nach rechts und schafft einen stabilen Anschluß für die nächsten Teilsätze: *jene Untersuchungen, in denen ... und von deren ...*

In beiden Teilsätzen nutzen wir zugleich die Möglichkeit einer frühen Weichenstellung durch »Adverbialisierung« der Subjekte: *empirical findings, empirical results.*

Der Einstellungssatz *it makes sense* wird auch in der Übersetzung zu einem Adverbial reduziert, aber wir geben ihm wieder ein bißchen mehr strukturelles Gewicht durch eine nominale Struktur mit Modifikator: *mit vollem Recht.*

Da wir genügend Zeit haben, leisten wir uns für das etwas verunglückte Objekt *some hypotheses on differences adverse to* anstelle der *Vorurteile* eine fernsehgerechte Metapher: *das negative Bild von.*

Aus dem abschließenden Relativsatz *you might have seen, das Sie vielleicht gesehen haben,* machen wir eine adverbielle Paraphrase, in der nun auch der *britische Dramatiker* seinen Platz findet: *wie es Ihnen aus der Tragödie A Small Family Business des britischen Dramatikers Alan Ayckbourn bekannt sein könnte.*

Für das gewundene *turned out as ... not significantly more or less successful* wählen wir statt *ebenso erfolgreich wie andere Unternehmen* — nach einigem Nachdenken — *unterschieden sich auch in Erfolg oder Mißerfolg nicht nennenswert von anderen Unternehmen.*

Im letzten Satz topikalisieren wir das Adverbial vom Ende des Originals *by any empirical data ... in our study* und schließen es im Rahmen eines Relativsatzes an die STRATOS-Ergebnisse des übergeordneten Satzes an: *Studie, durch deren empirische Daten ...*

Jetzt sind uns auch die expliziteren Formen zum *impediment to success* und zur abschließenden Negation, *at all,* willkommen; also statt *dem Erfolg abträglich sein* und *nicht bestätigt: ein Hindernis auf dem Weg zum Erfolg bilden* und *in keiner Weise bestätigt.*

Wenn wir die beiden Versionen gegeneinanderhalten, dann scheint uns die artistische Komponente der Dolmetsch-Situation beim Übersetzen mehr in das sprachliche Produkt verlagert. Wo das Retortenbaby knapp und sachlich-nüchtern das Nötige widergibt, kann die Übersetzung das zielsprachliche Instrumentarium voll ausspielen. Dabei wird das Wasserzeichen zwischen Original und Übersetzung noch einmal besonders an jenen Stellen deutlich, wo sich der Dolmetscher mit Hilfe von Satztrennung etwas Luft verschafft hatte.

In der Übersetzung stehen da im Dienste der frühen Weichenstellung adverbialisierte Subjekte des Originals: *von deren Ergebnissen, durch deren empirische Daten.* Mit ihrer Topikalisierung an den Anfang der Teilsätze wird eine ausgewogenere Informationsverteilung erzielt — auch weil damit konventionalisierte Redundanzen aus dem linksperipheren Original abgebaut werden, das gegen mehr Teilsätze und Wiederholungen auf der rechten Seite nicht so empfindlich ist wie das rechtsperiphere Deutsch.

Alles in allem halten wir uns in puncto Explizitheit und struktureller Komplexität beim Übersetzen wesentlich mehr ans Original als beim Dolmetschen. Wenn mehr Struktur zur Verfügung steht, kommt natürlich auch mehr von den sprachspezifischen Unterschieden zwischen den Informationsstrukturen zum Tragen. Längere Strukturen lassen sich eben besser verarbeiten, wenn die Beziehungen zwischen ihren Elementen durch mehr strukturelle Redundanz hervorgehoben werden. Dies trägt noch einmal zum sprachspezifischen Strukturprofil bei: Die deutsch Version ist so, mit mehr Präpositionen und Adverbialen im Kasusrahmen, gewissermaßen onduliert, gegenüber den flacheren Strukturen aus Nomen und Verben des englischen Originals mit seiner größeren Zahl von Teilsätzen.

Die sorgfältige Wortwahl ist ein Privileg der schriftlichen Form von Sprachverwendung — sie ist aber für die Frage von guten Anschlüssen und informationeller Ausgewogenheit gerade bei längeren und komplexeren Sprachstrukturen unerläßlich.

Auch wenn wir jetzt die besonderen Schwierigkeiten, die eine sorgfältig geplante Rede dem Dolmetscher bereiten könnte, nicht mehr untersuchen, ist absehbar, daß sich das Fazit des Vergleichs zwischen Originalrede, Retortenbaby und Übersetzung nicht mehr ändern wird: Da kann man es als Übersetzer/Dolmetscher, je nach Begabung, Neigung und Übung, in zwei Disziplinen zur Meisterschaft bringen mit Produkten, die — gerade wenn sie die Translationsmaxime gleich gut erfüllen — wegen der Unterschiede im Parcours ziemlich verschieden ausfallen.

ALS GROSSAUFNAHME

Einen wichtigen Aspekt des Dolmetschens haben wir bisher unterschlagen. Normalerweise können wir den Redner nicht nur hören, sondern auch sehen, und das heißt — wie uns die Spezialisten der Körpersprache versichern — eine ganze Menge. Aus Haltung, Gestik und Mimik entnehmen wir viele zusätzliche Hinweise auf die Absichten, die der Sprecher mit seiner Äußerung verfolgt. Wen spricht er an, welchen Dingen wendet er sich zu, was ist ihm wichtig, was nebensächlich, was fragwürdig, was belustigend? Wenn wir nicht gerade Buster Keaton vor uns haben, können wir vom Gesichtsausdruck eines Redners, seinen Gesten und Haltungen eine ganze Menge ablesen — auch wenn da vieles undeutlich bleibt oder gar mehrdeutig ist und es sogar auf diesem Gebiet, wie wir schon wissen, falsche Freunde gibt. Aber gerade da, wo zum Beispiel die Rede über die Familienunternehmen zusätzliche Verdeutlichungen gut brauchen könnte, ist auch der Anblick des Redners wenig hilfreich — selbst wenn wir ihn auf dem Monitor in Großaufnahme hätten.

Ganz anders wäre dies, wenn wir den Film anhalten und nach Belieben rückwärts und vorwärts abspielen könnten. Dann hätten wir nicht nur den Rückspiegel fürs Übersetzen, sondern auch alle lautlichen, gestischen und mimischen Hilfestellungen, die uns der Redner für die Verarbeitung seiner sprachlichen Strukturen mitliefert.

Und schon sehen wir uns in der Rolle des Drehbuch-Übersetzers, dessen Aufgabe, könnte man denken, alle Vorzüge der Zunft in sich vereint. Allerdings nur so lange, versteht sich, solange man den Figuren, die da reden, nicht auf den Mund sieht. Weil man das aber bei jeder Großaufnahme kann, wird das Manuskript des Drehbuch-Übersetzers, kaum hat er es eingereicht, vom Synchron-Autor zerfetzt; da wird, erfahren wir, bis zu fünfzig Prozent neu geschrieben.

Denn natürlich muß die Synchronisation eines Films, koste es, was es wolle, in den Großaufnahmen mit den Mundbewegungen der Original-Sprecher in Einklang gebracht werden. Da heißt es für den Übersetzer, auf allen sprachlichen Ebenen so nah wie möglich am Original bleiben, ohne die ursprüngliche Artikulation und Phrasierung aufzugeben. Und da findet man sich dann oft erst weit weg vom Original wieder.

Das sind die Anforderungen von »Überlebensgroß« im Bereich der mündlichen Sprachverwendung, wo die Bindung an die semantische, syntaktische und lautliche Struktur des Originaltexts durch einen geradezu absurden, weil vollständig willkürlichen Aspekt dominiert wird.

Diese verrückte und immer nur entfernt erfüllbare Bedingung muß etwas mit der fiktiven Natur jener Kunstwelt zu tun haben, die uns in jeder Hinsicht glauben machen will, sie sei eine Dokumentation des wirklichen Lebens.

Da »Überlebensgroß« natürlich auch in der bebilderten Fassung unerreichbar ist, sind wir schon froh, daß die Kamera in Spielfilmen nicht immerzu auf das makellose Gebiß ihrer Helden gerichtet ist. Auch ohne Großaufnahme haben Drehbuch-Übersetzer und Synchron-Autoren noch genügend zu tun, um die filmischen Dialoge natürlich klingen zu lassen. Jeder Synchron-Sprecher weiß davon zu berichten, und jeder Filmfreund auch.

Die merkwürdige Spielregel aus der fiktiven Welt vor Augen, sind wir ganz erleichtert, daß wir uns bei der Dokumentation einer wirklichen Rede aus der wirklichen Welt näher an den Inhalt des Originals halten dürfen. Bei aller Treue zum Original würde wohl keiner auf die Idee kommen, die Rede über die Familienunternehmen in einer filmischen Dokumentation vom Synchron-Autor übersetzen zu lassen.

SPIELBAR

Was fiktive Dialoge natürlich macht, kann man bei den großen Dramatikern studieren. Ein Drama ist wie ein Drehbuch, das immer wieder neu verfilmt wird, mit immer neuen Besetzungen für immer neue Zuschauer, und bei keiner anderen Form der Gattung ist der Übersetzer so fest an so viele individuelle, soziale, regionale, zeitliche und künstlerische Varianten der flüchtigen Form von Sprachverwendung und Sprachwahrnehmung gebunden.

Hier wie dort kann Sprache dazu verwendet werden, Personen zu charakterisieren. Aber anders als im verfilmten Drehbuch, wo die Person schon mit ihrer sprachlichen Charakterisierung gegeben ist, muß sie beim Drama erst aus dem Sprachlichen heraus entwickelt werden, von jedem Schauspieler — und auch vom Übersetzer. Letzterer hat dann aber noch die undankbare Aufgabe, die Person mit ihrer sprachlichen Charakterisierung, mit den Mitteln der Zielsprache und für die potentiellen Schauspieler und Zuschauer der Zielsprache neu zu erfinden.

Da sind wir natürlich immer noch und erst recht im Land von »Überlebensgroß« und »Unerreichbar«. Aber das Produkt der Übersetzung muß hier noch eine zusätzliche Anforderung erfüllen. Es muß nicht nur lesbar sein, sondern auch spielbar. Und nicht nur von einer Aufnahme zur anderen, von einem Synchron-Take zum anderen, sondern einen ganzen Theaterabend lang, vom ersten Auftritt bis zum letzten Abgang jeder einzelnen Figur — so wie der Autor dies vorgesehen hat. Und was es heißt, einen Satz auf offener Bühne zu sprechen, so als ob man die vom Autor erfundene Person gerade in der vom Autor erfundenen Situation wäre, weiß nur der, der es einmal versucht hat.

Natürlich müssen wir das ganze Stück mit all seinen Personen, Handlungen und Implikaturen bestens kennen, um die Bedeutung eines Satzes einer Person an einer bestimmten Stelle überhaupt erst einmal zu verstehen. Erst dann können wir versuchen, den Satz so zu übersetzen, daß er genau an dieser Stelle der Aufführung spielbar wird.

Da finden wir in den Reflexionen zum literarischen Übersetzen ein Beispiel so detailliert und anregend kommentiert, daß wir uns damit schon einmal auf eine Theaterprobe wagen können. Aber ehe wir unsere schauspielerischen Fähigkeiten ausprobieren, folgen wir natürlich erst einmal den Ausführungen des Fachmanns zu den kulturellen und stilistischen Aspekten seines Beispiels, gewissermaßen mit dramaturgischem Interesse.

Was uns gezeigt wird, ist ein Satz am Ende des ersten Akts von Ibsens *Wildente,* dessen sprachliche Form an zwei Stellen zu Übersetzungsproblemen führt, für die es keine angemessene Lösung gibt. Im Original sagt Gregor zu seinem Vater:

Se, far, — der leger kammerherrerne blindebuk med fru Sørby.

und die analoge Übersetzung von 1887

Sieh, Vater — dort spielen die Kammerherren blinde Kuh mit Frau Sörby.

hat in all diesen Jahren keine große Veränderung erfahren. Da ist höchstens noch ein *mal* oder *doch* in die Aufforderung eingefügt, das *dort* gegen ein *da* ausgetauscht, die Reihenfolge der Ergänzungen zum Verb umgedreht.

Dabei, erfahren wir, sei *Kammerherren* im Norwegischen, anders als im Deutschen, auch ohne Ehrendienst am Hof, nur als Ehrentitel verliehen worden, und gerade diese Variante träfe auf die Gäste zu, auf die Gregor hinweist. Nun, sowohl aus der Perspektive des Stücks als aus der Perspektive seiner heutigen, deutschen wie norwegischen Zuschauer scheint uns der Unterschied so geringfügig, daß wir die *Kammerherren* leichten Herzens passieren lassen.

Aber da ist das zweite Problem, auf das man uns hinweist, und das ist wesentlich haariger. Die *Blindekuh* ist im Norwegischen ein *blinder Bock* und somit im gesamten Stück zweifach symbolisch aufgeladen. Da ist die Anspielung auf das zentrale Motiv der Blindheit und die Wiederaufnahme der deftigen Charakterisierung von Gregors Vater zu Beginn des ersten Aktes:

For han har nok vær't en svær buk i sine dage.

Dazu sind den Übersetzern im Laufe der Jahre allerlei Varianten eingefallen:

1887 Er ist doch seiner Zeit ein arger alter Sünder gewesen.

Er soll ja seinerzeit ein arger Jäger gewesen sein.

1888 Denn seiner Zeit hat er doch den Teufel ordentlich ausgetrieben.

1901 Er soll ja in frühere Jahre ein doller Bengel gewesen sein.

1907 Früher nämlich, da war er'n gans verfluchter Schwerenöter.

1958 Denn früher, da ist er ja mächtig hinter den Weibern hergewesen.

1965 Er ist wohl früher 'n doller Bock gewesen?

Aber auch die letzte Version mit dem *Bock* stellt keine Beziehung zum *Blindekuh*-Spiel her, und eine Fußnote oder Anmerkung dazu könnte auch der findigste Regisseur nicht auf die Bühne bringen.

Mit einem *Schürzenjäger* ließe sich die Klammer zum Blindekuh-Spiel wohl eher herstellen, um so mehr als uns Frau Sörby, als Haushälterin, von der Vorstellung einer Schürze nicht allzu weit entfernt zu sein scheint. Aber dann ist der Gewinn eigentlich nicht der Rede wert, denn — wie vom Fachmann richtig bemerkt — welcher Zuschauer oder auch Leser wird schon die subtilen Bezüge zwischen den beiden Sätzen bemerken, die durch die Ereignisse eines ganzen Aktes voneinander getrennt sind.

Was aber keinem Zuschauer entgehen kann und vor ihm schon keinem Schauspieler, der Gregors Satz auf die Bühne bringen muß, das ist der unmittelbare szenische Kontext, in dem der Hinweis auf das Blindekuh-Spiel steht.

Da ist das eben erlebte Zerwürfnis Gregors mit seinem Vater, dessen Triebleben er den Tod der Mutter und das Unglück der ganzen Familie seines Freundes anlastet. Und dies nachdem ihm der Vater seine Heiratspläne mit Frau Sörby offenbart hat. Der Hinweis auf das Blindekuh-Spiel ist Gregors letzter Satz, ehe er das Haus seines Vaters für immer verläßt — um die Familie seines Freundes mit der Verblendung des moralisierenden Eiferers und Wahrheitsfanatikers endgültig in die Tragödie zu treiben.

Wenn da nun in vier von sieben Übersetzungen die Aufforderung an den Vater mit Partikeln geschmückt ist: *Sieh mal, Vater/Sieh doch, Vater*, so wird der Darsteller des Gregor von den Übersetzern — übrigens auch noch

1958 — zum gedankenlosen theatralischen Deklamieren verurteilt. Selbst eine konservative Aufführung, die die überhöhte Bühnensprache des *Sieh, Vater,* durchhalten möchte, kann den Bruch in der szenischen Entwicklung einer Person, die der Übersetzer durch das kooperative *mal* oder *doch* verursacht, nicht vertuschen.

Aber auch die Analogvariante mit dem Blindekuhspiel weist in die falsche Richtung. Da spielen die Kammerherren Blindekuh mit Frau Sörby, aber Frau Sörby ist — wie wir im Verlauf des Stücks erfahren — nicht nur Haushälterin beim alten Wehrle, sondern auch designierte Hausherrin, sie ist eine erfolgreiche Gastgeberin, lebenslustig und offenherzig und als Witwe eines Pferdearztes auf keinen Fall mit einem Dienstmädchen zu verwechseln.

Gerade das aber legt der Satz

Die Kammerherren spielen Blindekuh mit Frau Sörby.

nahe. Denn natürlich *spielt die Katze mit der Maus* und nicht *die Maus mit der Katze*. Und wenn die Kammerherren mit Frau Sörby Blindekuh spielen, dann haben wir eine ziemlich genaue Vorstellung über Subjekt und Objekt der Handlung. Nur, die ist — auf das Stück bezogen — falsch. Der erotische Charakter des Spiels steht außer Frage, und der moralisierende Habitus des jungen Wehrle auch — aber daß dieses Spiel die Spieler hier in einem reziproken Verhältnis, gewissermaßen auf gleicher Ebene vereint, kann auch er nicht übersehen.

Das richtige Verhältnis zwischen allen Spielern ist im Deutschen nur in einer syntaktischen Nebenordnung ausdrückbar, in der dann noch das konkave Muster der deutschen Informationsstruktur die Anordnung der Spieler bestimmt:

Frau Sörby und die Kammerherren spielen Blindekuh.

Der Hinweis auf den Ort, *da* oder *dort spielen...*, dessen Anfangsstellung eine fast meditative Gemütlichkeit suggeriert, läßt sich vor der Aufforderung wesentlich besser unterbringen:

Da, sieh, Vater — Frau Sörby und die Kammerherren spielen Blindekuh.

Nun könnte natürlich jemand sagen, wie fortschrittlich Ibsen auch immer die Rolle der Frau beurteilt haben mag, an eine solche Gleichstellung hat er eben doch nicht gedacht, denn dann hätte er ja den Satz im Original analog zur deutschen Übersetzung formuliert. Grammatisch wäre dies, wie man uns versichert, im Norwegischen ebensogut möglich. Allerdings wäre dann, hören wir weiter, der Satz wesentlich weniger ausdrucksstark. *Frau Sörby* würde damit gewissermaßen in den Hintergrund gerückt.

Das ist, wenn wir uns die Sache daraufhin noch einmal im Deutschen ansehen, in der Übersetzung nicht der Fall, solange *Frau Sörby* am Satzanfang steht:

Frau Sörby und die Kammerherren spielen Blindekuh.

— eher schon, wenn wir die Reihenfolge umkehren:

Die Kammerherren und Frau Sörby spielen Blindekuh.

Da schiebt sich dann aber auch noch, durch den Singular der *Frau* und den Plural des Verbs, zwischen Subjekt und Prädikat, weniger sichtbar als fühlbar, eine feine syntaktische Zäsur: ... *Frau Sörby spielen* ... Das doch lieber nicht. Aber konkav, mit *Frau Sörby* vor den *Kammerherren,* ist uns ja im rechtsperipheren Deutschen ohnehin willkommen.

Nun ist Norwegisch, wie wir uns sagen lassen, eine linksperiphere Sprache, wie Englisch, und könnte deshalb auch, wie Englisch, konvexe Informationsstrukturen bevorzugen. Wie wichtig *Frau Sörby* immer ist, der Schwerpunkt des Satzes liegt natürlich auf der Art des Spiels, und das gehört in einer konvexen Figur in die Satzmitte. Gerade dies kann aber das koordinierte Subjekt nicht leisten: da steht das Spiel rechts außen, eben da, wo wir in der rechtsperipheren Sprache den primären Schwerpunkt des Satzes erwarten.

Die Informationsstruktur des Originals präsentiert dagegen das Spiel in der Mitte — ein wenig auf Kosten von *Frau Sörby,* die damit zum Objekt degradiert wird. Sie kann aber immerhin noch das Spannungsmoment für sich verbuchen, erst mit dem Ende des Satzes preisgegeben zu werden.

Das Ergebnis unseres Vergleichs ist verblüffend. Die Auslegung eines Satzes auf der semantischen Ebene kann unter Umständen hinter den informationsstrukturellen Präferenzen einer Sprache zurücktreten. Da ist uns in der linksperipheren Sprache *Frau Sörby* als Objekt der Begierde lieber als in der prominenten Position gleichberechtigter Subjekte, wohin sie unser Gleichgewichtsorgan in einer rechtsperipheren Sprache dirigiert.

Das Verblüffendste daran ist vielleicht die Sicherheit, mit der ein guter Schauspieler die Paßform der Sätze erkennt und sie uns durch sein Spiel so erfahrbar macht, daß wir am Schluß der Vorstellung begeistert *Bravo* rufen. Der Übersetzer hat es da viel schwerer. Er muß gewissermaßen jede Rolle spielen können, den Vater und den Sohn, Frau Sörby und die Kammerherren, die Bediensteten und den Freund mit seiner ganzen Familie, Zimmerherren inklusive. Und dann muß er das Stück und den Autor, seine Sprache und seine Welt und die Welt seiner Sprache gut kennen, und das Ganze in der Zielsprache noch einmal erfinden. Und dabei darf er das Wasserzeichen nicht aus den Augen verlieren, denn es könnte, wie wir gesehen haben, gerade der Punkt sein, der die Übersetzung überhaupt erst spielbar macht.

Ohne Vorhang

Da sind wir nun irgendwo zwischen dem 19. und 21. Jahrhundert, zwischen Oslo und München, zwischen Dichtung und Wissenschaft, zwischen dem Übersetzen von gesprochener und geschriebener Sprache wieder bei dem Zeichen gelandet, das uns auf unserer Exkursion von den ersten Stationen an den Weg gewiesen hat. Und natürlich befinden wir uns gerade einmal am Ende des Anfangs einer unendlichen Geschichte: Überall, wo gesprochen oder geschrieben wird, kann auch gedolmetscht und übersetzt werden. Genaugenommen haben wir uns von all dem im Vademecum überhaupt nur einen Aspekt herausgegriffen und diesen — etwa aus der Sicht der Linguistik — nicht allzu systematisch und tiefgehend behandelt. Aber dieser eine Aspekt ist, wie wir gesehen haben, in allen Ländern anzutreffen und von zentraler Bedeutung für alle Formen von Übersetzen und Dolmetschen, die zu zielsprachlich angemessenen Ergebnissen führen oder auch nur daran gemessen werden sollen. Und er ist der einzige Weg, auf dem wir einigermaßen sicher »zwischen der Scylla des zufällig Einzelnen und der Charybdis der Allgemeinplätze hindurchsteuern« können.

Vielleicht lassen sich die Figuren des Vademecums, allen voran das Wasserzeichen, auch ganz anders deuten... Aber solange wir nichts Besseres gezeigt bekommen, können wir an dem grammatisch-pragmatischen Schlüssel festhalten, den wir durch den systematischen Vergleich zwischen Original und geglückter Übersetzung gefunden haben. Wir sind auf jede weitere Evidenz neugierig und auf jedes weitere Problem, mit dem wir unser Instrumentarium verfeinern können, um dem Geheimnis erfolgreichen Übersetzens — und Dolmetschens — noch ein Stück näher zu kommen.

Glossar

FRAGEN UND ANTWORTEN ZUM *VADEMECUM*

Adäquatheit: Angemessenheit; nach den grammatischen und stilistischen Regeln einer Sprache richtig gebildet und zum jeweiligen Zusammenhang passend.

Adäquatheit ist das Kriterium für geglückte Übersetzungen, das im Normalfall noch vor *Äquivalenz* und *Analogie* rangiert. Aber wer sagt, was grammatisch richtig gebildet und stilistisch angemessen ist?
 Der *Duden*? Der Deutschlehrer? Der Sprachwissenschaftler? Der Autor? Der Leser? Sie? Ich?
 Am ehesten wohl alle zusammen und gemittelt. Das ist natürlich eine Abstraktion, von der Art des idealen Kreises: Ihro Ehren, der Ideale Sprecher. Sie und ich, der Autor und der Leser, der Sprachwissenschaftler und der Deutschlehrer. Solange uns keiner widerspricht, sagen wir, was grammatisch richtig gebildet und stilistisch angemessen ist. — Und wenn uns einer widerspricht? Dann klären wir das demokratisch. Wie denn sonst?

Einverstanden, sagen Sie, mit dem grammatischen Teil. Daß es zum Beispiel im Deutschen *Ich bin's* heißt und nicht etwa — analog zum Englischen — *Es bin ich* oder gar *Es ist mich* können Sie zweifelsfrei und ohne jede fachmännische Hilfe entscheiden. Warum dies so ist, wissen Sie nicht — aber Sie brauchen dies auch nicht zu wissen. Im Unterschied zum Sprachwissenschaftler. Der sollte Ihr intuitives Sprecherurteil erklären können. Oft — wie in diesem Fall — kann er es nicht (oder seine Erklärung bleibt in den Büchern mit den sieben Siegeln vergraben).
 Aber selbst der grammatische Teil ist nicht immer klar entscheidbar. Was sagen Sie zu: *Sie ist wir* als Übersetzung von *elle est nous*? *Sie*, das ist *die Existenz*:

À l'ordinaire l'existence se cache. Elle est là, autours de nous, en nous, elle est nous, on ne peut pas dire deux mots, sans parler d'elle et, finalement, on ne la touche pas.
Gewöhnlich verbirgt sich die Existenz. Sie ist da, um uns, in uns, sie ist wir selbst, man kann nicht zwei Wörter sagen, ohne von ihr zu sprechen, und berührt sie letztenendes nicht.

Wenn im Deutschen *ich bin's* grammatisch richtig ist und nicht — analog zum Französischen — *c'est moi*, müßte es dann hier nicht auch heißen:

Sie ist da, um uns, in uns, wir sind sie selbst?

Ich denke, ja. Der Übersetzer hat anders entschieden. Wofür sind Sie?

Da die deutsche Sprache nur durch uns, ihre Sprecher existiert, kann uns keiner die Entscheidung abnehmen. Allenfalls gehören wir mit unserer Meinung zu einer Minderheit — einer regionalen, sozialen, professionellen oder auch ganz unspezifischen Minderheit. Selbst der ideale Sprecher muß Minderheitsvoten oder auch nur Unsicherheiten beim grammatischen Urteil zulassen: ohne unscharfe Übergangsbereiche wäre die unendliche Ausdrucks-, Anpassungs-, Entwicklungsfähigkeit von natürlichen Sprachen nicht zu haben.

Schön, sagen Sie, grammatisch könnte man sich einigen. Um so mehr als die Mehrzahl der grammatisch mißglückten Übersetzungen — à la Bergamo — ohnehin nicht unser Problem ist. Aber wie ist das mit der stilistischen Adäquatheit? Woher sollen wir wissen, was stilistisch angemessen ist?

Dazu eine Gegenfrage: Woher wissen Sie, was grammatisch richtig ist? Aus der Deutschstunde? Aus Büchern? Von Ihrer Mutter? Aus Hinweisen? Per Nachahmung? Und woher wissen Sie eigentlich, daß der Satz

Das Mauergewebe hebt einige Einzelheiten über die Originalerlebnisse der Kirche hervor.

nicht stimmt? Daß Sie diesen Satz schon im *Vademecum* gelesen haben, besagt nichts. Den Satz

Im Mauerwerk haben verschiedene Ereignisse aus der Geschichte ihre Spuren hinterlassen.

lesen Sie gerade jetzt zum erstenmal und finden ihn in Ordnung. Und gegen

Ihre Spuren haben verschiedene Ereignisse aus der Geschichte der Kirche im Mauerwerk hinterlassen.

haben Sie bei richtiger Betonung auch nichts einzuwenden. Aber bei

Ihre Spuren aus der Geschichte der Kirche haben verschiedene Ereignisse im Mauerwerk hinterlassen.

wird Ihnen schwindlig und Sie befinden: Der geht nicht. Nachahmung entfällt. Und die Vorbildwirkung von Mutter, Lehrer, Autor und allen andern kann nur noch sehr indirekt zur Geltung kommen.

Es ist klar: wir sind mit einer Fähigkeit ausgestattet, die uns aus dem sprachlichen Angebot unserer Umgebung die Grundelemente und die Regeln über ihre Verknüpfung herausfiltern läßt. Da schon Babies diese Fähigkeit einsetzen und sich damit jede Sprache erobern können, müssen es wirklich ganz allgemeine Prinzipien sein, die den Einstieg in alle Sprachen ermöglichen. Näheres finden Sie unter *Grammatik: Universalgrammatik, Parameter*.

Aber nun zu Ihrer Frage, woher Sie wissen sollen, was stilistisch angemessen ist. Falls dies eine rhetorische Frage ist, mit der Sie die Annahme bestreiten wollen, daß wir wissen, was stilistisch angemessen ist, sollten Sie sich noch einmal dem unter *Kompaß* demonstrierten Testverfahren unterziehen. Wer da nicht mitgehen kann oder mag, wird sich auch jeder anderen »Beweisführung« über stilistische Intuition verschließen.

Wenn Ihre Frage aber wenigstens zum Teil die Möglichkeit stilistischen Wissens offenläßt, das man erwerben kann, dann verdient der Erwerb des grammatischen Wissens Ihre Beachtung. Weshalb? Weil uns der Kompaß unserer stilistischen Intuition deutliche Parallelen zwischen den wichtigsten grammatischen Parametern einer Sprache und den präferierten Paraphrasen anzeigt.

Als allgemeinstes Prinzip, das uns den Einstieg in die stilistisch adäquate Sprachverwendung ermöglicht, bietet sich das *Relevanzprinzip* an (siehe dort). Es läßt uns in Abhängigkeit von den grammatischen *Parameter*werten der einzelnen Sprachen vor allem in bezug auf *Perspektive* und *Explizitheit* unterschiedliche *Informationsstrukturen* (siehe dort) bevorzugen. Einzelheiten und Beispiele nonstop im *Vademecum*.

Adverb: Wortart.

Ziemlich buntscheckig; im Englischen meist an *-ly* erkennbar; kann auch als Kopf einer Adverbialphrase und — wie jede andere Wortgruppe — mit der syntaktischen Funktion eines *Adverbials* verwendet werden.

So genau wollten Sie es gar nicht wissen? Ein Beispiel wäre Ihnen wirklich lieber? Und wofür halten Sie *wirklich, lieber, nicht, gar, genau, so, auch, meist, ziemlich*?

Adverbial: Satzglied.

Beliebige Wortgruppen und Teilsätze, die meist als freie *Modifikatoren* von Prädikaten und Sätzen verwendet werden. Semantisch untergliedert in lokal, temporal, modal, instrumental, kausal, konditional, final, konzessiv. Gelegentlich auch als feste Ergänzung. An den Satz

An diesem Abend war der Junge wieder da.

erinnern Sie sich noch? Er beginnt mit einer präpositionalen Wortgruppe als (freies) Temporaladverbial und endet auf ein Adverb als (festes) Lokaladverbial, das durch ein weiteres Adverb als (freies) Modaladverbial modifiziert wird. Schon genug? Den Unterschied zwischen Adverb und Adverbial werden Sie sich nie merken können? Schade. Gerade in diesem Bereich werden — wegen der *direktionalen* und *konfigurationellen* Unterschiede — im Deutschen und Englischen oft andere *Paraphrasen* bevorzugt.

Äquivalenz: Gleichheit des Inhalts.

Gleichheit des Inhalts im Einzelnen (Oberflächenäquivalenz) ist nicht erreichbar und zugunsten von *Adäquatheit* aufzugeben; Gleichheit des Inhalts im Ganzen ist — auch unter der Bedingung der Adäquatheit — durch eine horizontale und vertikale Umverteilung von einzelnen Inhalten weitestgehend erreichbar (Beispiele und Übungen unter *Paraphrasen*). Einschränkungen ergeben sich vor allem aus der Einheit von Inhalt und Form, insbesondere dort, wo der Form eine größere Relevanz zukommt und eine Umverteilung nicht möglich ist (Stichwort *Mehrfachpackung*).

Der Inhalt umfaßt sprachlich und außersprachlich bestimmte Teile (siehe *Semantik* und *Pragmatik*).

Nicht mehr? O doch. Folgen Sie nur den Querverweisen.

Affirmativ: Bestätigend.

Im Gegensatz zu *verneinend*.

Akkusativ: Morphologisch gekennzeichneter *Kasus* des direkten *Objekts*.

Formal nur noch in einigen Fällen von anderen Kasus unterscheidbar. Sie wissen doch *(wen oder was?)*:

Solche Schwierigkeiten hatte der Mann vom Lande nicht erwartet.

Ambiguität: Mehrdeutigkeit.

Analogie: Gleichheit sprachlicher Formen.

Soweit ihnen Bedeutung zukommt, kann Analogie zur *Oberflächenäquivalenz* zwischen Original und Übersetzung beitragen (siehe *Äquivalenz*). Abstriche an Analogie, nichtanaloge Übersetzungen, sind durch das Kriterium der *Adäquatheit* gerechtfertigt.

Um nichtanaloge Übersetzungen zu rechtfertigen, muß man sie erst einmal sehen können. Es ist nicht immer leicht, Form und Inhalt sprachlicher Ausdrücke auseinanderzuhalten — schon gar nicht, wenn man keine grammatischen Benennungen parat hat. Und natürlich finden Sie grammatische Termini gräßlich und total überflüssig. Schließlich geht es doch primär um den Inhalt. Vielleicht können Sie die formalen Unterschiede zwischen Original und Übersetzung auch so erkennen, wie eine geometrische Figur mit links und rechts, weit und eng, kurz und lang, gerade und »onduliert«. Nur, wenn es um Generalisierung oder gar um Erklärung geht, sind solche Bilder doch ziemlich ungenau. Was ist es, das eine Übersetzung in puncto Stellung, Explizitheit, Perspektive vom Original unterscheidet? Unter welchen Bedingungen wird welche Form bevorzugt? Und warum?

Wenn Sie sich Ihre Intuition bewußt machen und die größeren Zusammenhänge, in denen das einzelne Beispiel steht, erkennen wollen, müssen Sie den Schritt vom Wort zur Wortart gehen können, vom einzelnen Wort und seinem *morphologischen* Aufbau zur *syntaktisch* strukturierten Wortgruppe, von der einzelnen Wortgruppe zur Satzglied-Funktion und *semantischen Rolle,* die ihr in der syntaktischen Hierarchie des Satzes zukommen, vom Teilsatz zu seiner syntaktischen Integration in den komplexen Satz (siehe den Mini-Überblick unter *Grammatik* und *Lexikon*).

Vielleicht macht Ihnen das Erkennen sprachlicher Details gar keine Mühe? Es käme auf eine Probe an? Bitte sehr: Wodurch unterscheiden sich Originalzitat und Paraphrasen?

> *Nur was wir uns auch anders vorstellen können, kann die Sprache sagen. (Wittgenstein)*
>
> *(1) Die Sprache kann nur sagen, was wir uns auch anders vorstellen können.*
>
>> Keine Schwierigkeit? Umstellung der beiden Teilsätze; Verschiebung des *nur* vom Neben- in Hauptsatz. Wußten Sie auch, daß der Nebensatz ein *Objektsatz* ist?
>
> *(2) Nur was wir uns auch anders vorstellen können, läßt sich sprachlich sagen.*

Aha: *sich lassen* statt *können* bewirkt einen Perspektivewechsel vom Objekt- zum Subjektsatz; das Subjekt des Originals wird zum Adverbial. (*Adverb* oder *Adverbial?* Wortart oder Satzglied?)

(3) *Was man sich nicht anders vorstellen kann, kann auch nicht gesagt werden.*

Doppelte Negation anstelle des *nur; indefinites* statt *definites Pronomen* im Subjekt; Perspektivewechsel diesmal durch *Passivierung*.

(4) *Was nicht anders vorstellbar ist, ist auch nicht sprachlich ausdrückbar.*

Perspektivewechsel in beiden Teilsätzen durch prädikatives Adjektiv. Was ist aus dem Modalverb geworden? Richtig, *-bar*. Vom Wort zum Morphem (Nachschlagen unter *Lexikon*).

(5) *Mit den Mitteln der Sprache läßt sich nur sagen, wozu es auch eine alternative Vorstellung gibt.*

Ziemlich onduliert. Erweiterung des Adverbials zur präpositionalen Wortgruppe; (der Kopf — ein preiswertes Angebot ...); Nominalisierung des Prädikats aus dem Nebensatz mit entsprechender Umstrukturierung des Satzgliedrahmens.

(6) *Nur wenn wir uns etwas auch anders vorstellen können, läßt es sich in Worte bringen.*

Umverknüpfung der Teilsätze zu einem konditionalen *Satzgefüge;* nominale Erweiterung des Prädikats im Hauptsatz

usw.

Wenn Sie aus dem mühsamen Vergleich der sprachlichen Formen in puncto Reihenfolge, Satzgliedrahmen, Wortart, Satzverknüpfung etc. wieder auftauchen, entdecken Sie vielleicht die eigentlich interessante Frage: Warum ist das Original am besten? Wie komplex die Antwort auch ausfallen mag, ohne eine Benennung der jeweiligen sprachlichen Unterschiede zwischen Original und Paraphrasen bleibt die Frage immer unkonkret, ergo unbeantwortbar.

Anapher: Referierendes Element (meist Pronomen), zu dem es einen *Antezedenten* mit derselben *Referenz* gibt.

Anschluß: Syntaktische oder semantische Zugehörigkeit.
Bei der sequentiellen Verarbeitung sprachlicher Strukturen (von links nach rechts) muß jedes neue Element in die bereits verarbeitete/analysierte Struktur eingeordnet werden. Da kann man sich schon einmal irren. Besonders da, wo es — und sei es nur vorübergehend — mehrere Möglichkeiten gibt. Genaueres unter *Sprachverarbeitung*.

Antezedent: Vorgängerelement zu *Anapher*.

Antonym: Lexikalische Einheit mit entgegengesetzter Bedeutung.

Appositiv: *Asyndetische* Form von *Attribut*.

Argument: Semantisches Grundelement, das zusammen mit einem Prädikat die Struktur *propositionaler Bedeutung* bestimmt.
Das sollten Sie doch im Zusammenhang, unter *Semantik*, nachlesen.

Aspekt: Grammatische Kategorie von Verben.
Spielt vor allem im Englischen, durch die Verlaufsform *(progressive)* eine wichtige Rolle.

Asyndetisch: Verknüpfung von Teilsätzen ohne explizite *Konjunktion*.

Attribut: Satzglied, das als *Modifikator* nominale Wortgruppen erweitert.
Vor oder nach dem Nomen (prä- oder postnominal); diverse Wortgruppen und Teilsätze (vor allem Relativsätze).

Ausrahmung: Verschiebung von Strukturteilen nach rechts, hinter die Grundposition des Verbs.

Natürlich im Deutschen. Warum nicht im Englischen? Da steht das Verb von vornherein links. (*Direktionalitätsparameter*, klar.)

Bedeutungsübertragung: Erweiterung des Anwendungsbereichs einer lexikalischen Einheit.

Zum Beispiel durch einen bildlichen Vergleich *(Metapher)* vom Edelmetall über Eßbesteck zum Mond und einer Haarfarbe. Trotz gleicher begrifflicher Möglichkeiten in verschiedenen Sprachen meist ganz unterschiedliche »Wege übers Land«, mit entsprechenden Übersetzungsproblemen (wie dem der *ungewollten Personifizierung*).

Bibelübersetzung: Paradebeispiel für den Konflikt zwischen Originaltreue und Leserfreundlichkeit.

Der Spagat wird über die Jahrhunderte immer größer. Erst wenn Sie wissen, wozu die Übersetzung gebraucht wird, werden Sie das Kriterium der zielsprachlichen *Adäquatheit* erfolgreich auslegen können. Wenn Sie es überhaupt in Anspruch nehmen wollen. Normen, Maximen, beruhen bekanntlich auf Übereinkunft. Die Geschichte der Bibelübersetzung füllt Bibliotheken. Und viele Passagen in übersetzungswissenschaftlichen Abhandlungen. Mehr Kulturwissenschaft. Ein klarer Fall von »Überlebensgroß«. Jenseits des *Vademecum*.

Computer: für maschinelles oder maschinengestütztes Übersetzen.

Nicht, wie Sie denken, Mensch oder Maschine, sondern Mensch und Maschine, nicht Maschinen- oder Humanübersetzen, sondern beides — in Interaktion. Oder möchten Sie vielleicht Warenstücklisten übersetzen? Diese und ähnlich monotone, langweilige, standardisierte Textsorten oder auch nur Teile von Texten geben wir doch mit Erleichterung an den Programmierkünstler weiter, der uns von derlei Routinearbeiten befreien kann. Um Arbeit braucht dem Übersetzer nicht bange zu sein. Allein in der Industrie erwartet man sich für Westeuropa ein Vierfaches des heutigen Übersetzungsbedarfs (1994: ca. 500 Millionen

Seiten). Natürlich ist die Menge des Bedarfs ein Anreiz für Politik und Wirtschaft, den Kostendruck durch eine weitergehende Automatisierung von Übersetzen und Dolmetschen (!) abzubauen. Obwohl die Forschung seit Jahrzehnten kaum Erfolge aufzuweisen hat, werden immer wieder von neuem große Summen investiert.

Daß die Technik dem Menschen auch in diesem Bereich das Fliegen ermöglichen könnte — ausgeschlossen ist es nicht. Auch wenn unsere Flugkünste mit denen der Vögel nie konkurrieren können, effizient sind sie allemal. Und vielleicht bleiben für den Humanübersetzer dann die wirklich großen sprachlich-geistigen Herausforderungen, die man sich heute nicht leistet, was immer Sie und ich von dieser Prioritätensetzung halten mögen.

Wie schnell die Forschung zum maschinellen Übersetzen nun Erfolge vorweisen kann oder soll, einig sind wir uns gewiß in einem: der Computer als dienstbarer Geist, der uns die Arbeit außerordentlich erleichtern kann, ist uns allemal willkommen.

Dieser Computer, die verbesserte Schreibmaschine, mit der das Korrigieren und Überarbeiten von Texten, bis hin zum graphisch bestechend schönen und formvollendeten Ausdruck ein Kinderspiel ist, gehört heute zum normalen Arbeitszeug fast jedes Übersetzers.

Da dies natürlich auch den Standard für Übersetzungen in der Formgestaltung erhöht, wird das Hilfsmittel in mancher Hinsicht schon wieder zur Zwangsjacke — etwa, wenn plötzlich der Seitenumbruch gleichbleiben muß, weil zum Beispiel die Aktualisierung eines Bedienungshandbuchs nicht immer die Neugestaltung des Ganzen nach sich ziehen kann. Dann hat der Übersetzer schon wegen der unterschiedlichen morphologischen Strukturen von Sprachen (aus 100 französischen Wörtern, zum Beispiel, werden im Schnitt erfahrungsgemäß 90 englische) noch einen weiteren Seilakt vor sich.

Außerdem hat er es in vielen Fällen nicht nur mit einem fortlaufenden Text zu tun, sondern mit allerlei Einschüben: Tabellen, graphischen Darstellungen, Abbildungen, Bildern — und wenn uns dann der Fachmann noch darauf aufmerksam macht, daß hier mit unterschiedlichen Konventionen zu rechnen ist, vertikalen gegenüber horizontalen Darstellungsachsen, unterschiedlichen Perspektiven und dergleichen mehr, dann erinnert die Verlagerung drucktechnischer Möglichkeiten an den persönlichen Arbeitsplatz des Übersetzers schon ein wenig an die Geister des alten Hexenmeisters. Der Computer hat das *desktop publishing* ermöglicht, und nun müssen wir einiges aus unserer kritisch-kreativen Übersetzungskompetenz aufbieten, um diesen Möglichkeiten nachzukommen.

Dennoch — der Aufwand, den die technische Perfektion erfordert, ist mehr als ausgeglichen durch die Vorteile, die das maschinengestützte Er- und Überarbeiten von Übersetzungen bietet, einschließlich der reichhaltigen Möglichkeiten, die der elektronische Zettelkasten dem findigen Übersetzer einräumt. Auch wenn keines der elektronischen Werkzeuge bisher vollkommen ist, von der Überprüfung der Rechtschreibung bis zum Anschluß an die länderübergreifenden Datenbanken (wie die EURODICAUTOM Terminologiedatenbank) und on-line Informationsdienste (wie CompuServe und GEnie — General Electric Network for Information Exchange) sowie der elektronische Datenaustausch mit Fachkollegen und Auftraggeber — der Weg zur Sach- und Sprachkompetenz ist durch die Übersetzungswerkzeuge so verkürzt, daß das Fliegen schon auf diese Weise vonstatten geht. Dem Übersetzer bleibt da nur noch die Wahl zwischen all diesen Informationsangeboten — und Humpty Dumptys Lebensweisheit: *The question is which is to be master*.

Dativ: Morphologisch gekennzeichneter Kasus für indirekte Objekte.

Vordem noch deutlicher: *Dem Manne kann geholfen werden.*

Definit: Bestimmt.

In Zusammenhang mit Artikeln (*der Mann* gegenüber *ein Mann* — klar).

Demonstrativpronomen: Hinweisendes Pronomen, wie *dieser*.

Direktionalität: Grammatischer Parameter, der die Position von Köpfen im Verhältnis zu ihren Ergänzungen festlegt.

Wenn Sie mehr wissen wollen, müssen Sie unter *Grammatik* nachsehen.

Dolmetscher: »Übersetzt« einen gesprochenen Originaltext aus einer Sprache mündlich in eine andere Sprache.

Beliebtes Berufsziel, mit hohen, aber meist falschen Erwartungen verknüpft.

Binär gegliedert:
Simultandolmetscher/Konsekutivdolmetscher (spricht gleichzeitig/im Nachhinein);
Verhandlungs- (schlichter: Gesprächs-)/Vortragsdolmetscher (dialogisch/monologisch);

zunehmend auch nach Aktionsort unterschieden:
Konferenzdolmetscher, Gerichtsdolmetscher, Mediendolmetscher, Kommunaldolmetscher.

Über alles weitere gibt das Kapitel *Im Fluge* Auskunft.

Diskurs: Fortlaufender Text, vor allem auch Gespräch.

Einstellungsrahmen: Teil der Satzbedeutung; *epistemische* und *emotionale/intentionale* Einstellungen zur Wahrheit und zur Erwünschtheit des Sachverhalts, der mit der *propositionalen Bedeutung* erfaßt wird.

Siehe *Semantik*.

Ergänzung: Feste (in der Bedeutungsstruktur eines Wortes vorgesehene) oder freie Erweiterung der syntaktischen Struktur.

Im Zusammenhang unter *Grammatik*.

Expletivum: Platzhalter (wie *es* und *there*) ohne eigene *Referenz*.

Explizit: Sprachlich formuliert.

Vergleichbar mit der Spitze des Eisbergs: das meiste bleibt *implizit*.

Flexion: *Morphologische* Kennzeichnung für *grammatische* Kategorien wie *Person, Genus, Numerus, Kasus, Tempus, Modus, Aspekt.*

Fokus: *Informationeller Schwerpunkt* oder *prosodischer* Akzent (Satzakzent).

Fällt oft zusammen und wird deshalb auch meist nicht auseinandergehalten.

Genitiv: Morphologisch gekennzeichneter Spezialkasus für Objekte (auch als Ergänzung zu Nomen).

Sie wissen schon: *wessen?*

Genus: Morphologisch gekennzeichnete Kategorie beim Nomen: weiblich (feminin), männlich (maskulin), sächlich (neutrum); beim Verb: aktiv, *passiv*.

Gerundium: Nichtfinite Verbform im Englischen,

die wie das Präsens Partizip auf *-ing* endet, aber wie ein Nomen erweitert wird: *the singing of songs* . . .

Gradpartikel: Nimmt auf die Werte einer Skala Bezug,

wie *auch, nur, noch, schon* . . .; dient als Hinweis auf einen informationellen Schwerpunkt.

Grammatik: System von Regeln, Prinzipien, nach denen aus einer kleineren Zahl von Grundelementen alle Sätze einer Sprache gebildet werden können.

Da Babys jede beliebige Sprache erwerben können, muß ein Teil des Systems für alle Sprachen gelten *(Universalgrammatik)*: Alle Sätze stellen Beziehungen zwischen komplex strukturierten Lautformen und Bedeutungen her; alle Satzstrukturen verlaufen linear von links nach rechts; alle Satzstrukturen lassen sich in immer kleinere Einheiten zerlegen — bis hinunter zu den lautlichen Merkmalen;

damit sind alle Beziehungen zwischen den Elementen im Satz nicht nur linear, sondern hierarchisch organisiert.

Je nach Art der Grundelemente lassen sich bei jedem Satz verschiedene Strukturebenen unterscheiden: die Lautform *(Phonetik/Phonologie)*, die Form der Wörter *(Morphologie)*, die Form ihrer Verknüpfung zu Sätzen *(Syntax)*, die Bedeutung *(Semantik)*. So verstanden ist Grammatik alles, was die sprachliche Form eines Satzes und den sprachlich bestimmten Teil seines Inhalts charakterisiert.

Sie hätten Grammatik enger gesehen? Ohne Semantik? Ohne Phonetik? Überhaupt nur Syntax? Jede Einschränkung hat ihre Lobby. Das Glossar gibt nur Auskunft zum *Vademecum*. Und im *Vademecum* steht das grammatische Wissen und der von ihm bestimmte Teil des Inhalts dem pragmatischen Wissen gegenüber — diverse Vexierbilder eingeschlossen.

Um gleich eines zu nennen: das grammatische Wissen, das die Wörter einer Sprache betrifft, bildet in seiner Gesamtheit das lexikalische Wissen, das *Lexikon* der jeweiligen Sprache. Das Lexikon einer Sprache ist natürlich der Wortschatz einer Sprache, und gewöhnlich wird der Wortschatz einer Sprache (in Wörterbüchern) der Grammatik dieser Sprache (in Grammatiken) gegenübergestellt.

Aber wie jeder Satz so hat auch jedes (einfache oder komplexe) Wort phonetische, morphologische, syntaktische und semantische, also im allgemeinen Sinn grammatische Eigenschaften. Und was man mit einem Wort machen kann, welche Sätze mit ihm gebildet werden können, das hängt wesentlich von seinen grammatischen Eigenschaften ab. Dazu ein paar Einzelheiten unter *Lexikon*.

Hier ist aber noch der für das *Vademecum* wichtigste Aspekt von Grammatik zu besprechen: der Unterschied zwischen den Grammatiken verschiedener Sprachen.

Was dem Übersetzer das Leben schwermacht, ist der Unterschied zwischen den lexikalischen Einheiten von Ausgangs- und Zielsprache; dagegen fallen die Unterschiede im grammatischen Bereich nicht ins Gewicht.

Eher schon umgekehrt: die wichtigsten Unterschiede in der Verknüpfung von Wörtern zu Sätzen lassen sich in eine so allgemeine Form zusammenfassen, daß deren Kenntnis dem Übersetzer bei der Suche nach dem einzelnen Wort sogar helfen kann.

Unmöglich, sagen Sie? Aus den paar grammatischen Formen, die eine Sprache von einer anderen unterscheiden, folgt für die Wahl des einzelnen Wortes Ihrer Meinung nach gar nichts? Wenn man einen Satz wie

Studies of the volcano's plume showed that it [sulphur] could still be identified for five months after the eruption as it moved eastward around the world ...

ins Deutsche übersetzen soll, dann muß man wissen, was in diesem Zusammenhang für *studies* stehen kann, was für *volcano's plume*, für *show* usw., und das entnimmt man notfalls dem Wörterbuch und braucht sich dann nur noch zu entscheiden, welches der Angebote am besten paßt. Wie wär's mit:

Untersuchungen der Rauchwolke des Vulkans zeigten, daß der Schwefel noch fünf Monate nach dem Vulkanausbruch nachgewiesen werden konnte, als sie sich ostwärts um die Erde bewegte ...

Da sind wir aber erst bei der Analogvariante angekommen, und damit wollten wir uns im *Vademecum* nicht zufriedengeben. Die Übersetzung kann deutlich gestrafft und auf eine dem Deutschen angemessenere Weise angeordnet werden:

Noch fünf Monate nach dem Vulkanausbruch war der Schwefel in der ostwärts um die Erde ziehenden Rauchwolke des Vulkans nachweisbar ...

Zwei vorgezogene Temporalbestimmungen; anstelle des passiven Verbs *nachgewiesen werden* das Adjektiv *nachweisbar;* anstelle des reflexiven *sich bewegte,* das pränominale Partizip *ziehend;* kein *konnte,* kein *zeigte* und keine *Untersuchungen.*

Unser lexikalisches Wissen hat da immer nur im nachhinein das Sagen; die Richtung wird von den allgemeinen grammatischen Unterschieden zwischen der linksperipheren Sprache des Originals und der rechtsperipheren Sprache der Übersetzung vorgegeben.

Links- und rechtsperipher, das war, Sie erinnern sich, der Unterschied in der Grundposition von Verben oder andern syntaktischen Köpfen. (Was waren Köpfe? Sofort.) Und, wenn alle Satzstrukturen linear, von links nach rechts verlaufen, wo kommt dann der Richtungsunterschied in den einzelnen Sprachen her? Dazu muß man sich die syntaktische Hierarchie klarmachen, zu der sich Wörter in Sätzen zusammenschließen. Das funktioniert universell gleich:

Je nachdem zu welcher Wortart es gehört, läßt sich ein Wort mit anderen Wörtern zu verschiedenen Wortgruppen verbinden. Die Hauptwortarten: Verb, Nomen, Adjektiv, Präposition (V, N, A, P) sind die Träger lexikalischer Bedeutung (lexikalische Kategorien) und geben gewissermaßen den Ton an. Sie bestimmen die grammatischen Eigenschaften der Wortgruppe als nominal oder verbal — wobei Adjektive und Präpositionen syntaktisch Mischformen sind: Adjektive sind sowohl nominal (in ihrer attributiven Verwendung) wie verbal (prädikativ verwendet); Präpositionen sind weder das eine noch das andere. Die anderen Wortarten sind grammatische Funktionswörter, die neben ihrer grammatischen Bedeutung nicht viel eigene Bedeutung haben, z. B. Artikel, Hilfsverben, Pronomen.

Das Muster, nach dem aus den einzelnen Wörtern Wortgruppen und Sätze werden, ist immer dasselbe: die lexikalischen Kategorien sind der Kopf einer Wortgruppe, der Kopf ist Ansatzpunkt für weitere Wörter und Wortgruppen, die ihn ergänzen *(Komplemente),* modifizieren *(Modifikatoren)* oder spezifizieren *(Spezifikatoren)*.

Eine Wortgruppe kann auch nur aus dem Kopf bestehen. Im Bereich der Nomen ist das zum Beispiel der Fall bei Eigennamen. *Ina* ist Kopf und braucht keine weiteren Ergänzungen, Modifikationen oder Spezifikationen. *Die Ina aus Wien* ist dagegen eine nominale Wortgruppe, in der der Eigenname noch durch einen Artikel spezifiziert und durch eine präpositionale Wortgruppe modifiziert wird.

Verben bilden zusammen mit ihren Ergänzungen verbale Wortgruppen: *den Schwefel nachweisen*. Das Verhältnis zwischen Verb und Ergänzung kann auch in einer nominalen Wortgruppe vorkommen, in der der nominale Kopf auf ein Verb zurückgeht: *Der Nachweis von Schwefel*. Wenn man das Muster verallgemeinert, dann wird der Kopf X durch eine entsprechende Strukturerweiterung (um YP und gegebenenfalls noch um ZP) zu einer Wortgruppe: XP. (X, Y, Z steht da für beliebige Köpfe, P für Phrase, Wortgruppe.) Der Kopf bleibt immer tonangebend, egal wieviel Struktur noch dazukommt: *Schwefel nachweisen, in der Rauchwolke des Vulkans Schwefel nachweisen;* selbst Erweiterungen um Sätze ändern daran nichts: *nachweisen, daß die Rauchwolke des Vulkans Schwefel enthält*. Sätze selbst sind schließlich nur entsprechend erweiterte Wortgruppen.

Das Strukturprinzip, das Köpfe zu Phrasen erweitert, ist überall gleich; nicht gleich ist aber die Richtung, in der die Erweiterung stattfindet. Grundsätzlich gibt es natürlich nur zwei Möglichkeiten, nach links oder nach rechts; aber in einer Sprache herrscht die eine Richtung, in der anderen die andere Richtung vor. Englisch hat seinen Kopf (V, N, P oder A) überwiegend an der linken Peripherie, Japanisch nur links, Deutsch mal links, mal rechts — wobei die Grundposition des Verbs rechts außen ist.

Diese Gerichtetheit, *Direktionalität*, von Strukturerweiterungen ist einer der wichtigsten Parameter, in bezug auf den sich die Grammatiken verschiedener Sprachen unterscheiden. Über den pragmatischen Transmissionsriemen der *Sprachverarbeitung* bestimmt die unterschiedliche Gerichtetheit die Sprachspezifik von *Informationsstrukturen* und damit das *Wasserzeichen* des *Vademecums*.

Im Satzganzen stehen die Wortgruppen in bestimmten grammatischen Relationen zueinander, in denen sie — als sogenannte *Satzglieder* — verschiedene syntaktische Funktionen erfüllen: die des Prädikats und die seiner Ergänzungen (Subjekt, Objekte, Komplemente) oder die von Modifikatoren zum Prädikat und seinen Ergänzungen

(Adverbiale, Attribute). Satzglieder werden je nach Sprachtyp entweder durch ihre morphologische Form (durch Kasus: Nominativ, Akkusativ, Dativ ...) oder durch die strukturelle Konfiguration, in der sie stehen, (konfigurationell) bestimmt. Der Parameter der Konfigurationalität wird allerdings öfter als Mischform denn als reine Alternative verwirklicnt.

Dennoch — bei einer mehr konfigurationellen Sprache werden zum Teil andere *Perspektiven* (in der Wahl des Satzgliedrahmens) bevorzugt als bei einer eher nichtkonfigurationellen Sprache. Zusammen mit dem Parameter der Direktionalität wirkt sich der Parameter der Konfigurationalität bis ins *Lexikon* aus (vor allem auf den größeren oder geringeren Spielraum für Bedeutungsübertragungen).

Hauptverb: Bei zusammengesetzten Verbformen das bedeutungstragende Verb.

Hauptstruktur: Die für den Textverlauf wichtige Struktur.

Holzweg: Durch falschen *Anschluß* blockierte Sprachverarbeitung.

Im Englischen wegen der eingeebneten *Flexionsmorphologie* besonders häufig. Finden Sie für das Objekt in

> *The input system makes explicit information that is only implicit in the gray level pattern.*

den richtigen Anschluß? (Machen Sie mal eine Pause nach *explicit*.) Warum kann Ihnen das im Deutschen nicht passieren? Der richtige und der falsche Anschluß erfordern für das Adjektiv *explizit* jeweils eine andere Form. Klar? Nein? *(die Information explizit, die ...)* klar.

Homonyme: Gleichklingende Wörter.

Hut: *Vademecum*-Metapher für syntaktisch zusammengehörende Strukturteile von Sätzen

— zu denen es ja immer, Sie wissen es schon, (mindestens) einen *Kopf* gibt. Falls Sie vergessen haben, was ein syntaktischer *Kopf* ist, können Sie noch mal unter *Grammatik* nachsehen.

Hyperbaton: Stilfigur mit besonderer Wortstellung.

Idiomatisch: ist eine lexikalische Einheit, deren Bedeutung nicht zuverlässig aus der Bedeutung der einzelnen Teile ableitbar ist.

Die falschen Freunde lassen grüßen.

Implizit: Alles, was mitverstanden, aber nicht *explizit* formuliert wird.

Der Rest des Eisbergs.

Illokution: Teil der Satzbedeutung, der aus einer Äußerung einen bestimmten Sprechakt macht.

Imperativ: Befehlsform.

Element der morphologisch gekennzeichneten Kategorie des *Modus*.

Imperfekt: Morphologisch gekennzeichnetes Element aus der Kategorie des *Aspekts,* alternativ zu *Perfekt*.

Sie wissen doch: *las* gegenüber *gelesen haben* . . .

Indefinit: Unbestimmt;

wie der indefinite Artikel: *ein.*

Indikativ: Grundelement der Kategorie des *Modus.*

Infinitiv: Verbform ohne Flexionsendung für Person, Numerus, Tempus, Modus.

Informationsstruktur: Die Verteilung informationell bewerteter Inhaltselemente auf die sprachliche Struktur einer Informationseinheit

— im schriftlichen Text durch Punkt von der nachfolgenden Informationseinheit abgegrenzt.

Wenn Sie eine Informationseinheit formulieren, legen Sie fest, welches Informationselement welchen Informationswert bekommt. Es steht Ihnen frei, den höchsten Wert, zum Beispiel, beliebig zuzuordnen. Aber Sie sollten die Erwartungen Ihres Adressaten in Rechnung stellen, wenn Sie sichergehen wollen, daß er Ihre Zuordnung nachvollzieht. Hierfür müssen Sie einen inhaltlichen und einen formalen Aspekt berücksichtigen, wobei es sowohl inhaltlich wie formal neutrale und markierte Fälle gibt.

Was, fragen Sie sich, sind die inhaltlichen Erwartungen meines Gegenübers? Natürlich im Hinblick auf das, was Sie ihm sagen wollen. Im neutralen Fall, also ohne irgendwelche Sonderbedingungen, können Sie, laut *Relevanzprinzip,* ein Element, das Ihrem Gegenüber bekannt sein dürfte, als Aufhänger (Hintergrund) für die eigentliche Neuigkeit wählen. (Die Bekanntschaft mit einem Informationselement kann dabei viele Quellen haben — der vorangegangene Text ist nur eine davon.) Ihr Adressat wird zu Ihren Gunsten annehmen, daß Sie ihm etwas sagen wollen, was ihm nicht schon bekannt ist, und deshalb dem Bekannten zunächst einmal einen geringeren Informationswert zuordnen. Das folgende Element bekommt dann automatisch einen höheren Wert.

Wenn Sie das verhindern wollen, etwa weil Sie gar keinen neutralen Fall im Sinn haben, müssen Sie mit entsprechenden formalen Mitteln gegenhalten: Kontrast-Betonung, lexikalische und syntaktische Elemente zur besonderen Hervorhebung, wie Partikeln, Spaltsätze, markierte Wortstellung und ähnliches.

Das ist — Sie wissen es ohnehin — eine extrem vereinfachte Darstellung Ihrer informationellen Gestaltungsmöglichkeiten. Zumindest ein weiterer Punkt aus dem formalen Bereich ist so gravierend, daß er einen entscheidenden Bestandteil Ihrer kritisch-kreativen Kompetenz als Übersetzer ausmacht: Die informationsstrukturellen Erwartungen Ihres Adressaten sind in verschiedenen Sprachen nicht unbedingt dieselben.

Der Spielraum für die Verteilung von Informationselementen wird ja ganz allgemein durch die *Grammatik* einer Sprache vorgegeben. Welche der vielen Paraphrasemöglichkeiten bevorzugt wird, richtet sich dabei nach den grundlegenden grammatischen Parameterwerten, durch die eine Sprache typologisch charakterisiert ist. Die beiden wichtigsten Parameter gelten der Grundreihenfolge von syntaktischen Köpfen und ihren Ergänzungen (Direktionalität) und der Relevanz, die einer Position/Konfiguration bei der Bestimmung syntaktischer Funktionen zukommt (Konfigurationalität). Siehe *Grammatik*.

Die bevorzugte Anordnung der Informationswerte ist gerichtet: Der höchste Wert (Schwerpunkt) wird in Übereinstimmung mit dem grammatischen Parameter am linken oder rechten Rand, in unmittelbarer Nähe zur Grundposition des Verbs erwartet. Etwaige Umverteilungen im Interesse einer ausgewogenen Präsentation variieren dementsprechend.

Wie bitte? Wovon ist hier überhaupt die Rede? Sie verstehen kein Wort? Wo bleibt bei dieser Präsentation das Relevanzprinzip, fragen Sie? Ja, ist Ihnen denn die Sprachspezifik von Informationsstrukturen nicht schon zur Genüge und bis in jedes figürliche Dekor hinein bekannt? Sie müßten sich doch erinnern! Ans Wasserzeichen von Übersetzungen, die gegen das Original gehalten werden, an konvexe und konkave Figuren, Mäuseschwanzsätze und konventionalisierte Redundanzen ...? Sie können sich nicht erinnern, weil Sie es noch nicht gelesen haben? Sie wollen derlei auch gar nicht lesen, weil Sie überzeugt sind, daß Sie damit nicht ein einziges Übersetzungsproblem lösen können? Daß Ihnen alle die vielen informationsstrukturellen Beispiele aus dem *Vademecum* für den Fall, an dem Ihre Übersetzung gerade ins Stocken geraten ist, nicht weiterhelfen? Jeder Fall, sagen Sie, ist anders? Und was Sie wirklich brauchen, sind nicht allgemeine Unterschiede zwischen Informationsstrukturen, sondern Bibliotheken voll gut systematisierter, schnell abrufbarer Einzelfälle mit ausreichenden sachlichen und sprachlichen Erläuterungen?

Gewiß. Die Wege dazu sind im Entstehen. Sie verlaufen netzartig, und man benützt anstelle öffentlicher Verkehrsmittel *Computer*. Aber daß Sie bei allen sprachlichen und sachlichen Einzelheiten nicht nur eine richtige, sondern auch eine ihrem Zweck entsprechende, gut lesbare Übersetzung präsentieren sollten, dagegen haben Sie doch nichts einzuwenden. Und wenn Sie die Antwort auf die Frage, was gut lesbar, gut verstehbar ist, objektivierbar und damit überprüfbar machen wollen, dann kommen Sie um das *Relevanzprinzip*, die einzelsprachlichen Bedingungen für *Sprachverarbeitung* und die Sprachspezifik von Informationsstrukturen nicht herum. Weitere Ausführungen siehe *Vademecum*.

Inkorporieren: Die Bedeutung eines Elements (etwa die eines Wortes) in die eines anderen aufnehmen.

Wie Sie sich das vorstellen sollen? Wie *salzen: mit Salz bestreuen*.

Intonation: Satzmelodie.

Kasus: Morphologisch gekennzeichnete Kategorie (Nominativ, Akkusativ, Dativ ...) oder funktionale Kategorie (Subjekt, Objekt ...).

Die terminologische Unschärfe kommt uns beim Vergleich von Original und Übersetzung zwischen Sprachen mit und ohne Kasusmorphologie gelegen.

Kasusrahmen: Satzgliedrahmen; die jeweilige Konfiguration von (meist nominalen) Satzgliedern in einem Satz.

Kategorie: Grundelement syntaktischer und semantischer Strukturen.

Siehe *Grammatik* zu lexikalischen und funktionalen Kategorien.

Kausal: Semantische Relation der Ursache, des Grundes.

Komplement: Syntaktische Ergänzung zu einem *Kopf*.
Im Zusammenhang unter *Grammatik*.

Kompositionalität: Schrittweiser Aufbau der Bedeutung syntaktisch strukturierter Ausdrücke bis hin zur Satzbedeutung.
Siehe *Semantik*.

Kompositum: Zusammengesetztes Wort.

konditional: Semantische Relation der Bedingung.

Konfigurationalität: Grammatischer Parameter, der darüber entscheidet, ob *Kasus* nur/eher durch strukturelle Konfigurationen (oder morphologisch) bestimmt werden.
Weiteres unter *Grammatik, Lexikon, Perspektive, Rollen*.

Konjunktion: Satzverknüpfungselement.

Konjunktiv: Morphologisch gekennzeichnetes Element der Kategorie *Modus*.
Wenn Sie jetzt wüßten, was *Modus* ist, dann würden Sie vielleicht die beiden Konjunktivformen in diesem Satz erkennen. Sie wissen auch so, daß *würden* und *wüßten* die Konjunktive zu *werden* und *wissen* sind? Um so besser.

Konstituente: Beliebig komplexe Struktureinheit (Wortgruppe) aus der syntaktischen Hierarchie von Sätzen.

Kontext: Textueller, situativer, enzyklopädischer Zusammenhang bzw. das Wissen davon: seine mentale (bildliche oder begriffliche) Repräsentation (Darstellung).
Das »Modell der Szene« wird bei der Verarbeitung sprachlicher Strukturen von links nach rechts fortlaufend aktualisiert. Wie bei einem fahrenden Zug ist, was eben noch im Zentrum der Aufmerksamkeit steht, schon im nächsten Moment Hintergrundwissen, Kontext.
 Und was ist dieses *was* überhaupt? Alles, was sprachlich auszumachen, mit Sprache assoziiert ist. Da jedes

Element auf jeder sprachlichen Ebene eine bestimmte Umgebung hat — und sei es eine Pause —, ist der Kontext gerade so vielschichtig wie die Elemente, die er umgibt. Seine komplexeste Ausprägung hat er auf der Ebene der Bedeutung; hier zählen unter Umständen auch noch ganz weit entfernte Dinge zum Kontext.

Die Interpretation sprachlicher Strukturen ist immer vom Kontext abhängig: er spezifiziert *Variable,* disambiguiert (vereindeutigt) Stellen mit mehreren Lesarten, differenziert Bedeutungen in feine und feinste Bedeutungsnuancen.

Über die entscheidende Rolle des Kontexts (des Bekannten) für die Bestimmung des Informationswerts der Elemente in einer Informationseinheit gibt das Stichwort *Informationsstruktur* Auskunft.

Kontrast: *Prosodisch* hervorgehobener Schwerpunkt, der in einem inhaltlichen Gegensatz steht.

Koordination: Nebenordnung syntaktischer Strukturteile.

Kopula: *sein* als Hauptverb.

künstliche Intelligenz: Modellierung von Wissen und geistigen Prozessen für Computer.

lexikalisiert: sind Wörter und Wortverbindungen, die in den Wortschatz (das *Lexikon*) einer Sprache aufgenommen sind.

Lexikon: Die Wörter einer Sprache und jene festen Wortverbindungen, deren Bedeutung sich nicht aus der Bedeutung ihrer Bestandteile ermitteln läßt.

Jeder »Eintrag« im Lexikon erfaßt lautliche, *morphologische, syntaktische* und *semantische* Aspekte eines Wortes oder einer festen Wortverbindung. Ein Teil der Wörter und Wortverbindungen kann allerdings nur unter besonderen stilistischen, sozialen oder regionalen Bedingungen verwendet werden und ist dementsprechend gekennzeichnet als *gehoben* oder *familiär, Dialekt* oder *Fachsprache, archaisch* oder *literarisch* u. ä.

Für das Übersetzen sind alle Eigenschaften einer lexikalischen Einheit relevant. Und das ist, wenn man den Umfang und die Lebendigkeit, die Wandelbarkeit des Wortschatzes einer Sprache bedenkt, wirklich keine Kleinigkeit. Wenn wir nicht immerzu beim Sprechen und Schreiben, Hören und Lesen die Erfahrung machten, daß wir alle irgendwie für den Umgang mit Wörtern geboren sind, müßte man doch denken, das kann keiner bewältigen. Sicher, der eine kann es mehr, der andere weniger gut, und daß wir es alle im Prinzip »können«, hilft im konkreten Fall nicht viel: jedes einzelne Element will erworben, gelernt sein, mit allen seinen Eigenschaften.

Zum Glück sind die Eigenschaften nicht völlig willkürlich. Zumindest für einen Teil gilt, daß wir mit dem Wissen von einer Eigenschaft, zum Beispiel, daß es sich um ein Verb handelt, auch schon immer so etwas wie ein kleines Handbuch über die Verwendung des einzelnen Elements erworben haben. Die für den Übersetzer ergiebigsten Eigenschaften liegen an der Schnittstelle zwischen Syntax (einschließlich Morphologie) und Semantik.

Jede Wortart legt fest, wie der allgemeine Bauplan aussieht, nach dem sich die Bedeutung des Wortes in einen Satz einbauen, zu einem Satz ausbauen läßt. Im feineren Bauplan, in der *semantischen Form* des Wortes, steht dann, wieviel Wortgruppen welcher Art speziell mit diesem Wort wie syntaktisch verbunden werden können.

Sie erinnern sich aus der Schule an intransitive, transitive, ditransitive Verbklassen? Nein? Macht nichts. Was damit gemeint ist, läßt sich auch leicht auf einen chemisch-physikalischen (bzw. logischen) Nenner bringen: ein-, zwei-, dreistellige Verben. Die Bedeutung des Verbs als *Prädikat-Argument*-Struktur (Stichwort: *Semantik*): *schlafen* ist ein Prädikat mit einem Argument, also einstellig; *kennen* ist eins mit zwei Argumenten, also zweistellig usw.

Und nun ist auch schon klar, wie daraus ein Satz wird: die Argumente aus der Bedeutung des Verbs werden konkretisiert: *wer schläft, wer kennt wen oder was*... Das einstellige Prädikat bekommt ein Subjekt, das zweistellige ein Subjekt und ein Objekt. Und natürlich hängt von der Art des Prädikats ab, was für ein Element da als Subjekt oder Objekt überhaupt in Frage kommt. Eine *Haselmaus* etwa paßt hier in jede Position, eine *Teekanne* nur in das Objekt von *kennen*.

Die Vorgaben über die Besetzung der Stellen sind sprachspezifisch, obwohl sie ganz offensichtlich an unser Weltwissen anknüpfen. Das macht dem armen Übersetzer das Leben gleich in zweifacher Hinsicht schwer: sowohl die Projektion der semantischen Form in die morphologisch-syntaktische Satzstruktur wie die semantisch-pragmatischen Verwendungsbedingungen können in der Zielsprache anders aussehen als im Original.

Ein bekanntes Problem sind die vielen Präpositionen, die den syntaktischen Anschluß zwischen dem Prädikat und seinen Argumenten vermitteln. *Wir besprechen etwas* und *sprechen/diskutieren über etwas* aber *discuss something; etwas hängt von etwas ab* aber *it depends on something; jemand gratuliert zu etwas* aber *congratulates on something; someone tries a scheme* aber *versucht es mit einer Hypothese* usw. usf.

Außerdem sind da die vielen Fälle, in denen wir im Deutschen so ein halbherziges Objekt in Form eines Reflexivpronomens verwenden, wofür der Übersetzer einer anderen Sprache keinen Bedarf sieht: *der Vorhang hebt sich, the curtain rises* ...

Und dann erst die unzähligen Fälle, in denen wir beim Übersetzen einen analogen oder ähnlichen Satzgliedrahmen haben könnten und ihn meist, zusammen mit dem analogen Prädikat, zugunsten einer angemesseneren Perspektive aufgeben. Nach dem Muster: *This includes — dazu gehören ...; each trip takes — mit jedem Flug werden ... befördert; space allows us to — im Weltall lassen sich ...* bis hin zu *theorists have tried two schemes — bisher wurde mit zwei Hypothesen gearbeitet.*

Abgesehen vom letzten Beispiel, ist die Besetzung der Argumente in Original und Übersetzung mehr oder weniger die gleiche; aber die Projektion in die Satzstruktur ergibt einen Satzgliedwechsel: oft Adverbial statt Subjekt, mit oder ohne weitere Kasusveränderungen. Ermöglicht wird der Wechsel der Perspektive meist durch ein anderes Verb, das dieselbe oder zumindest eine ähnliche Prädikat-Argument-Struktur hat, sie aber anders auf die syntaktische Ebene bringt.

Diese andere Perspektive kann auch durch die passive oder reflexive Form desselben Verbs erreicht werden: was im Aktivsatz im Objekt steht, erscheint bekanntlich im Passivsatz im Subjekt: *jemand übersetzt etwas — etwas wird übersetzt; jemand verändert etwas — etwas verändert sich.*

Schließlich stehen auch noch Wortbildungsmittel bereit, die durch sparsamste formale Elemente, Suffixe wie *-bar*, *-lich* zum Beispiel, am Wort selbst, aktivische Perspektiven in passivische umformen: *vorstellbar (man kann sich etwas vorstellen); veränderbar, nachweisbar (etwas kann verändert/nachgewiesen werden); nachweislich (etwas ist nachgewiesen)* ...

Wann und warum der Perspektivewechsel zu einer angemesseneren Übersetzung führt, können Sie im *Vademecum* in den Kapiteln *Satzanfänge, Rollenerwartung* — was *(semantische) Rollen* sind, wissen Sie doch noch? So ungefähr? — und *Bedeutungsübertragung* nachlesen.

Maschinelle Übersetzung: Übersetzung mittels *Computer*.

Siehe dort und im Kapitel *Kontrastprogramm*.

Matrixsatz: Der Satz, in den ein anderer (Teil-)Satz eingebettet ist.

Mehrfachpackung: *Vademecum*-Metapher für lexikalische Einheiten mit mehreren Bedeutungen;

meist Grenzen für Übersetzung, wenn — wie beim Wortspiel — mehrere Bedeutungen zugleich verwendet werden.

Modalität: Modale Bedeutung, die Möglichkeit oder Notwendigkeit von Sachverhalten betreffend.

Modalverb: Hilfsverb mit modaler Bedeutung;

also: *können, dürfen* (Möglichkeit), *müssen* (Notwendigkeit) u.ä.

Modifikator: Freie Ergänzung

zu nominalen und verbalen Köpfen oder Wortgruppen (Attribut, Adverbial); im Zusammenhang unter *Grammatik*.

Modus: Grammatisch-morphologische Kategorie des Verbs mit den Elementen: *Indikativ, Konjunktiv, Imperativ*.

mögliche Welt: Jede Welt, die es gab, gibt, geben wird oder geben könnte.

Morphologie: Wortformen; speziell für grammatische Kategorien: *Flexionsmorphologie;* für die Ableitung (und Zusammensetzung) von Wörtern: *Wortbildungs-(Derivations-)morphologie*.

neutral: Ohne spezielle Bedingungen.

Nomen: *Substantiv;* Wortart, die zu den *lexikalischen (Haupt-)Kategorien* gehört.
Siehe *Grammatik*.

nominal: Syntaktische Eigenschaften von Nomen; auch bei Adjektiven; unter Umständen sogar auf Verben übertragbar (Beispiel *Gerundien*).

Nominativ: Morphologisch gekennzeichneter *Kasus* des *Subjekts* (auch *Prädikativs*).

Numerus: Grammatisch-morphologische Kategorie für *Singular* (Einzahl) und *Plural* (Mehrzahl).

Objekte: Ergänzungen des Verbs; direkte oder indirekte.

Paraphrasen: Formal unterschiedliche Sprachstrukturen mit — zumindest kontextuell — gleichen Bedeutungen; durch synonyme (gleichbedeutende) Wörter oder syntaktische Umschreibungen möglich.

Ich allein kenne sie ist paraphrasierbar als *Nur ich kenne sie. Ich bin der einzige der sie kennt. Keiner außer mir kennt sie.* Trotz unterschiedlicher Einzelheiten haben alle Paraphrasen denselben Inhalt: *Es gibt eine Menge von Elementen (eines oder mehrere), von denen gilt, daß der Sprecher und nur der Sprecher sie kennt.* (Das kann — wie unter *Semantik* vorgeführt — kontextuell allerlei heißen.)

Die Umverteilung des Inhalts erfolgt bei den lexikalischen und syntaktischen Paraphrasen innerhalb des sprachlich explizit gegebenen Bereichs, gewissermaßen horizontal. Betrifft die Umverteilung auch den nicht explizit gegebenen, impliziten Inhaltsbereich, dann verläuft sie gewissermaßen vertikal: was implizit war, wird explizit; was explizit war, implizit. Für den Fall, zum Beispiel, daß der Sprecher als Bezugspunkt bereits kontextuell feststeht, kommen zu oben auch *Kein anderer kennt sie. Niemand sonst kennt sie* als Paraphrasen in Frage. Einverstanden?

Wenn wir den Kontext einbeziehen, gibt es noch eine Menge Möglichkeiten mehr. Die große Zahl der Paraphrasen ist für den Übersetzer Chance und Crux zugleich. Chance, weil er damit die Unterschiede zwischen Ausgangs- und Zielsprache überbrücken kann; Crux, weil ihm die vielen Möglichkeiten leicht die Sicht auf die beste Variante verstellen.

Selbst bei kurzen Sätzen stehen oft sehr viele Variationen zur Verfügung. Das ist zunächst hilfreich, besonders wenn die Analogvariante schon aus grammatischen Gründen nicht zu haben ist. *Four questions spring to mind,* zum Beispiel, ist analog nicht akzeptabel im Deutschen: *Vier Fragen springen zum Sinn.* Gleich kommt Ihnen eine lexikalische Paraphrase in den Sinn: *Vier Fragen kommen uns in den Sinn.*

Natürlich ist *kommen* nicht dasselbe wie *springen,* weniger dynamisch, und daß wir noch ein Objekt brauchen, ist auch lästig, aber irgendein preisgünstiges Angebot findet sich — wenigstens im pragmatischen Kontext — immer, ein pronominales schon gar. *In den Sinn kommen* benützt *Sinn* wie *Kopf*, und zu einem Kopf gehört in der Regel eine Person, und auf diese Person können wir uns mit einem Personalpronomen beziehen, nur indefinit oder vage muß es sein: *man* oder *wir* eben, und das als Objekt: *einem* oder *uns*. Alles schon kontextuell da, wenn auch nur implizit, mit *Sinn/mind* gegeben. Ziemlich trivial, aber doch schon eine ganze Menge Pragmatik in der Gleichung enthalten.

Zum Glück ist aber auch noch anderes möglich, denn die erste Paraphrase gefällt Ihnen nicht. Sie denken an eine andere lexikalische Paraphrase: *Vier Fragen fallen uns ein*, und daß der *Sinn* nicht ausdrücklich erwähnt ist, stört Sie nicht — pragmatisch impliziert ist er ja. Wohinein sollten uns die Fragen denn sonst fallen?

Aber richtig glücklich sind Sie auch mit dieser Paraphrase nicht. *Dazu fallen uns / einem vier Fragen ein* fänden Sie besser. (Schwerpunkt, rechtsperipher, Gleichgewicht..., aber das ist jetzt gar nicht gefragt.) Die Erweiterung mit *dazu* scheint Ihnen unproblematisch, wenn der Kontext einen entsprechenden Bezug hergibt.

Dennoch — das lästige Objekt wären Sie doch gerne los. Also vielleicht: *Es geht um vier Fragen* oder: *Dabei geht es um vier Fragen* oder sogar — da die Fragen in der Folge ausgeführt werden: *Dabei geht es um folgende vier Fragen*.

Jetzt erschrecken Sie vor Ihrer eigenen Kühnheit. Das Original liegt in weiter Ferne. Solche Freiheiten möchten Sie sich lieber nicht herausnehmen. Sicher, das sind alles Paraphrasen. Selbst der Perspektivewechsel zwischen *kommen* und *gehen* scheint auf dieser abstrakten Ebene von Denkprozessen mit keinem nennenswerten Bedeutungsunterschied verbunden. Und was die Erweiterungen betrifft: *Dabei* ist im textuellen Zusammenhang des Originals rückblickend, *folgend* vorausblickend impliziert.

Alles Paraphrasen. Und daß die letzte die beste ist, versteht sich doch: Gleichgewicht bei rechtsperipherem Schwerpunkt mit Hervorhebung und ohne das lästige Objekt. Aber die Erklärung der Präferenz gehört schon zum Stichwort *Informationsstruktur* und die Verteidigung der Zielvariante zur *Translationsmaxime*.

Parenthese: Einschub in eine Informationseinheit.

Partikeln: Wortart zum Ausdruck von Einstellung *(ja, doch, wohl ...)* und Graduierung *(Gradpartikel)*.

Passiv: Grammatisch-morphologisches Element, das zusammen mit *Aktiv* die Kategorie *Genus Verbi* bildet.

Ermöglicht die Wahl zwischen entgegengesetzten *Perspektiven*.

Phrase: Wortgruppe, syntaktische *Konstituente*.

Perfekt: Grammatisch-morphologisches Element aus der Kategorie des *Aspekts*, alternativ zu *Imperfekt*.

Personifizierung: Stilfigur, die Eigenschaften einer Person auf Dinge überträgt.

Entsteht ungewollt bei analogen Übersetzungen aufgrund lexikalischer Unterschiede zwischen Ausgangs- und Zielsprache. Siehe *Lexikon*.

Perspektive: Blickwinkel für die sprachliche Präsentation von Sachverhalten;

bestimmt durch Deixis (zeitliche und lokale Beziehung zum Ereignis der Äußerung und dem jeweiligen Sprecher), Anordnung der semantischen Rollen (aktivisch oder passivisch) und Informationsstruktur. Äquivalenz bezüglich der Perspektive kann zugunsten von Adäquatheit eingeschränkt werden. Sie protestieren? Also bitte. Welche Übersetzungsvariante zu

> *Also, because we do not fully understand how interferon acts against cancer we do not know whether it is best to treat cancers with the highest levels possible.*

finden Sie besser? Die Analogvariante mit *wir*:

> *Da wir die Wirkungsweise von Interferon gegen Krebs noch nicht ganz geklärt haben, wissen wir auch nicht, ob die Gabe von höchstmöglichen Mengen tatsächlich die günstigste Behandlungsform ist.*

oder die Paraphrase mit *man*:

> *Da die Wirkungsweise von Interferon gegen Krebs noch nicht ganz geklärt ist, weiß man auch nicht, ob die Gabe von höchstmöglichen Mengen tatsächlich die günstigste Behandlungsform ist.*

Sie bevorzugen die zweite Variante? Man (!) verwendet im Deutschen lieber unpersönliche Konstruktionen? Aber dann müssen Sie auch den Wechsel der Deixis von der ersten zur dritten Person anerkennen. (Was immer der wahre Grund für die Bevorzugung der dritten Person sein mag.)

Alles kleine Fische, die unterschiedlichen Perspektivebedingungen aus dem Bereich der Deixis; jedenfalls wenn man sie mit den beiden anderen Bereichen: *Rollen* und *Informationsstruktur* vergleicht (mehr dazu im Zusammenhang, unter *Lexikon*).

Phonetik: Akkustisch wahrnehmbare Lautform sprachlicher Ausdrücke.

Phonologie: Schnittstelle zwischen *Phonetik* und *Morphologie*.

Pragmatik: Außersprachlich bestimmter Inhalt,

also alles, was nicht zum Wissen über eine Sprache gehört. Strenggenommen gehört dazu auch alles, was der vorangegangene Text zum Inhalt eines Satzes beiträgt: das ganze Modell, das Sie sich bis zum Beginn eines Satzes von der »Szene« gemacht haben, einschließlich aller Referenzbeziehungen, die über den Satz hinaus, in den Vorgängertext zurückreichen.

Was da im Text explizit steht, ist aber immerhin noch versprachlicht und damit irgendwie nachweislich gegeben. Anders der implizite Inhalt. Wie zum Beispiel würden

Sie: *Es war nur der Wind* verstehen? Positiv oder negativ? Dazu müßten Sie mehr vom Kontext wissen? Stimmt. Die semantische Bedeutung von *nur: nicht mehr als* kann mit ganz verschiedenen emotionalen Bewertungen assoziiert sein. Ob der Satz aber im jeweiligen Kontext Ausdruck von Erleichterung oder Bedauern ist, hängt von den Erwartungen des Sprechers ab — davon, ob Sie zum Beispiel ein Geräusch einem Einbrecher oder einem schon überfälligen Gast zuordnen wollten. Anders als *zum Glück* oder *leider* ist *nur*, emotional gesehen, neutral. Erst der Kontext mit seiner positiven oder negativen Erwartung verleiht dem *nicht mehr als* die bedauernde oder beruhigende Gefühlsfarbe.

Da jedes Element jeder semantischen Ebene/Komponente ein Anknüpfungspunkt für unsere Vorstellungen und Einstellungen zur Welt sein kann, stehen uns mit dem pragmatischen Inhalt zahlreiche *propositionale, epistemisch-modale, intentionale* und *emotionale* Assoziationen zur Verfügung (siehe *Semantik*), und damit für jeden Originalsatz eine Fülle von Paraphrasen, aus denen wir die zielsprachlich beste Übersetzung auswählen können. Es ist dieses pragmatische Reservoir, aus dem wir uns mit einem zusätzlichen *schon, nur, auch, ja, doch, wirklich, theoretisch, da, dadurch, wobei, obwohl, können, wollen, werden, bei, durch, in, mit, man, bisher, folgende, verschiedenste* ... bedienen können, wenn damit die sprachspezifischen Bedingungen des *Relevanzprinzips* besser erfüllt werden.

Aber auch die Spezifizierungen oder Respezifizierungen, die wegen der grammatischen beziehungsweise lexikalischen Unterschiede zwischen Ausgangs- und Zielsprache nötig werden, leben vom pragmatischen »Wissen«, das mit dem kritischen Element gegeben ist. Wenn da die Analogvariante eine grammatisch inakzeptable Übersetzung ergibt

> *Space promises not only to help us forget the threat of material shortages* ...
>
> *Das Weltall verspricht uns nicht nur, die Drohung des Rohstoffmangels vergessen zu helfen* ...

dann läßt sich das in einem Text über die Industrialisierung des Weltalls pragmatisch zum Beispiel so kompensieren:

Durch die Erschließung des Weltalls können wir nicht nur dem drohenden Rohstoffmangel begegnen ...

Das geht Ihnen nun doch zu weit? Es ist schließlich das Weltall, dem das Original die Lösung des Problems zuschreibt, nicht seine Industrialisierung. Und eine Drohung vergessen ist auch etwas anderes als einem Mangel begegnen. Natürlich geben Sie zu, daß die Analogvariante nicht geht und daß wir, pragmatisch gesehen, das Rohstoffangebot des Weltalls nutzen müssen, wenn wir das drohende Problem des Rohstoffmangels bewältigen wollen. Aber darf man sich denn gleich so weit weg vom Original bewegen? Wenn der Autor des Originals dem Weltall die Ehre gibt, seine Rolle gewissermaßen in einem Bild festhält, müssen wir nicht alles daransetzen, um das Bild in der zielsprachlichen Version zu erhalten?

Die Frage ist berechtigt. Sie weist aber über den *Pragmatik*-Eintrag hinaus ins Kapitel über *Weichenstellung*. Und ob Sie sich wirklich auf den kleineren (pragmatischen) Paraphraseschritt

Das Weltall kann uns nicht nur den drohenden Rohstoffmangel vergessen helfen ...

versteifen sollen? Dann doch wenigstens weniger salopp:

Das Weltall kann uns nicht nur den drohenden Rohstoffmangel bewältigen helfen ...

— wenn Sie schon den nächsten pragmatischen Schritt in Richtung auf eine frühe Weichenstellung nicht mitgehen wollen. Daß Sie dann damit das Deutsche ein wenig näher ans Englische rücken, nehmen Sie in Kauf. Sprachen verändern sich. Lieber weniger pragmatische Freiheiten. Wie Sie wollen.

Progressiv: Verlaufsform; grammatisch-morphologisch gekennzeichneter *Aspekt* englischer Verben;

zum Beispiel: *whatever you may BE doING right now ...*

Prominenz: *Prosodisch* hervorgehoben.

Proposition: Semantische Einheit einer Aussage über einen Sachverhalt.

Siehe *Semantik*.

prosodisch: Phonetisch/phonologische Eigenschaften von Silben oder noch komplexeren Einheiten, welche die einzelnen Laute überlagern.

Also: *Satzakzent, Intonation, Metrum* …

Prototyp: Das, was unseren Vorstellungen am genauesten entspricht.

Pseudospaltsatz: Variante von *Spaltsätzen*

nach dem Muster: *was er meint, ist* …

Psycholinguistik: Disziplin zwischen Psychologie und Sprachwissenschaft, die sich mit der Wahrnehmung und Erzeugung sprachlicher Strukturen befaßt (Beispiel: *Sprachverarbeitung*),

auch während der Phase des kindlichen Spracherwerbs und unter Sonderbedingungen (mit alltäglichen oder pathologischen Störfaktoren).

Referenz: Bezugnahme auf Dinge und Sachverhalte einer wirklichen oder fiktiven Welt.

Siehe *Semantik*.

Reflexivpronomen: Pronomen, dessen Vorgänger im selben Teilsatz steht.

Relativsatz: Attributiver Modifikator zu Nomen,

der für die Referenz des Nomens notwendige oder nichtnotwendige Information enthält (und dementsprechend als *definierender* oder als *nichtdefinierender* Relativsatz gilt).

Relevanzprinzip: Die erfolgreiche Übertragung sprachlich kodierter Information erfordert ein optimales Verhältnis zwischen kognitivem Ertrag und Verarbeitungsaufwand —

kurz: zuhören oder lesen muß der Mühe wert sein. Was *Mühe* heißt und was *wert,* ist relativ. Dennoch, wer sich nicht aus anderen Gründen zu Ausdauer verpflichtet fühlt, hört mit dem Weiterlesen/Zuhören einfach auf, wenn das Verhältnis zwischen Aufwand und Ertrag nicht stimmt, wenn zuviel Aufwand mit einem zu geringen Ertrag verbunden ist.

Der Aufwand, den wir beim Zuhören/Lesen betreiben müssen, hängt dabei ebensosehr von unseren sachlichen wie sprachlichen Vorstellungen ab. Und der Ertrag mißt sich nicht einfach an der Menge der Information, sondern immer an der Bedeutung, die die Information für uns hat. Wenn wir das Ganze schon kennen, wird unsere Bereitschaft, sprachliche Strukturen zu zerlegen, um sie zu verstehen, rasch erlahmen. Aber auch wenn wir gar nichts von dem kennen, was da sprachlich ausgedrückt wird, wenn wir keinerlei Anknüpfungspunkte für das Neue haben, wird unsere Ausdauer bald erschöpft sein.

Der Grad der Vertrautheit bestimmt den Grad der Explizitheit: Über das, wovon eben die Rede war, genügen Andeutungen — nicht aber für das, woran wir nicht denken, weil es nicht naheliegt oder gar, weil wir noch nichts davon gehört haben.

Als Übersetzer richten Sie sich natürlich nach dem voraussichtlichen Stand des Wissens Ihrer zielsprachlichen Leser (auf jeden Fall so, wie Sie ihn den Wünschen Ihres Auftraggebers entnehmen können). An den meisten Stellen ist auch schon einiges aus dem Vorgängertext zusammengekommen, was sich als gemeinsamer Ausgangspunkt voraussetzen läßt.

Aber dann sind da leider auch alle die Unterschiede zwischen den Welten, mit denen wir es in der Ausgangs- und der Zielsprache zu tun haben. Und der Aufwand, der zur Überbrückung von derlei Unterschieden nötig ist, wird nur in einem Teil der Fälle durch den Ertrag gerechtfertigt. Entscheidend ist hier — Sie erinnern sich an das *Tupperware*-Beispiel? — der Informationswert, der dem kritischen Element im jeweiligen Zusammenhang zukommt.

Der Verarbeitungsaufwand, der zum Ausgleich von unterschiedlichen Welten oder unterschiedlichen Modellen der Welt nötig ist, ist offenkundig. Weniger bewußt ist uns der Aufwand, den wir immer schon — auch ohne die zusätzlichen Schwierigkeiten mit den verschiedenen Welten — für die Verarbeitung sprachlicher Formen betreiben müssen. Auch dieser Aufwand kann in einem guten, einem optimalen, oder einem schlechten Verhältnis zum Ertrag stehen. Dabei können die sprachlichen Strukturen im Verhältnis zur Information, die sie transportieren, zu ausführlich oder zu knapp sein, sie können uns zu lange im unklaren lassen oder überhaupt in die Irre führen. Entscheidend für den Übersetzer ist auch hier wieder, daß es einen Unterschied zwischen Ausgangs- und Zielsprache gibt: Analogie zwischen den sprachlichen Strukturen von Original und Übersetzung, das heißt die Verwendung der gleichen sprachlichen Strukturen, braucht noch lange nicht den gleichen Aufwand in der *Sprachverarbeitung* zu bedeuten.

Rhetorik: Redekunst.

Zielt über die Information des Adressaten hinaus auf seine Beeinflussung. Kann andere Varianten des kognitiven Ertrags aus dem Relevanzprinzip in den Vordergrund rücken, für die ein anderer Verarbeitungsaufwand angemessen ist.

Rollen, semantische: Die Spezifik von Prädikaten läßt die Individuen, von denen die Rede ist, in bestimmten Rollen erscheinen: als

> derjenige, der etwas bewirkt (Agens), erleidet (Patiens), (erhält) Rezipient, oder dasjenige, das als Mittel (Instrument), als Ort, als Zeit o. ä. die Szene ausgestaltet.

Zwischen den semantischen Rollen und den syntaktischen Satzgliedern gibt es typische Zuordnungen. Wenn man die normale Satzgliedabfolge als Hierarchie versteht, geht die Hauptrolle im Subjekt meist ans Agens — wenn eines da ist. Das Agens hält, so gesehen, die Spitzenposition in der Rollenhierarchie. Wenn es kein Agens gibt, kommen auch andere Rollen ins Subjekt: Patiens, Rezipient, Instrument, Ort, Zeit o. ä.

In einer linksperipheren, (mehr) konfigurationellen Sprache schaffen die »niedrigeren« Rollen den Sprung in die syntaktische Spitzenposition öfter als in einer rechtsperipheren, (mehr) nichtkonfigurationellen Sprache. (Falls Sie es schon wieder vergessen haben: konfigurationell-positionale gegenüber morphologischer, nichtkonfigurationeller Bestimmung von Satzgliedern.)

Der Unterschied im Rollenrepertoire zweier Sprachen manifestiert sich im Lexikon, am grammatischen oder stilistischen Spielraum für Bedeutungsübertragungen: *Klinische Versuche verglichen/zeigten ... clinical experiments compared/showed ...*

Ausführlicheres im Kapitel *Weichenstellung*.

Satzgliedwechsel: Veränderung des Kasusrahmens

beim Übersetzen; zum Beispiel: was im Original im Subjekt stand, erscheint in der Zielvariante im Adverbial.

Satzgrenzenverschiebung: Verschiebung des Punkts

durch Trennung von Teilsätzen oder Verknüpfung von selbständigen Sätzen.

Schwerpunkt: Informationell wichtigstes Element einer *Informationseinheit* (pragmatischer Fokus).

Nicht mit phonologischem Fokus verwechseln, mit dem der Schwerpunkt zusammenfallen kann, aber nicht muß.

Seitenstruktur: Sätze, die im fortlaufenden Text von untergeordneter Relevanz sind.

Semantik: Der sprachlich bestimmte Inhalt von Wörtern (Wortbedeutung) und Sätzen (Satzbedeutung) aus begrifflich interpretierbaren Grundelementen, die der Wortschatz einer Sprache in bestimmte Strukturen »abpackt« *(lexikalisiert)* und die wir nach ihren syntaktischen Eigenschaften zu Wortgruppen und Sätzen kombinieren (Stichwort *Kompositionalität,* s.u.).

Hier zunächst eine Mini-Übersicht — wobei die semantischen Begriffe noch viele andere Namen haben und auch die hier benützten immer wieder anders verwendet werden. Die unendliche Ausdrucksfähigkeit der Sprache beruht — neben der mächtigen Kombinatorik — auch auf der Möglichkeit, den Wörtern immer wieder neue Inhalte zuzuordnen. (Selbst linguistische *Fachtermini* — Stichwort *Terminologie* — machen da keine Ausnahme).

Das Inventar der semantischen Grundelemente besteht

1. aus *Argumenten*
(die für *Individuen*: Personen und Dinge, Konkreta und Abstrakta stehen. Zu solchen Objekten können zum Beispiel neben Karl dem Großen auch die Basilika von Bergamo und das *Vademecum* des Übersetzens gehören)
— aus *Argumenten* also und

2. aus *Prädikaten*
(für Eigenschaften und Relationen zwischen den Individuen. Das Prädikat *kennen* zum Beispiel steht für eine Relation zwischen Individuen);
zusammen mit

3. *Operatoren*
(für Quantitäten und Existenz: Es war einmal *ein* Vater, der hatte *drei* Söhne.) bilden Prädikate und Argumente:

4. *Propositionen*
(Aussagen über Sachverhalte), die wir

5. *epistemisch-modal*
(bezüglich ihrer Wahrheit/Möglichkeit: *kann* man das schon Tage vorher sehen.),
intentional/emotional
(bezüglich unserer Absichten/Gefühle: *leider* zu schwer)
und

informationell
(bezüglich ihrer Wichtigkeit) bewerten (*evaluieren*)

und

6. wörtlich oder übertragen, *metaphorisch,*

in

7. *direkten oder indirekten Sprechakten*
(*Illokutionen*: Behauptungen, Fragen, Versprechen, Befehle, Drohungen)
verwenden.

Wenn Ihnen jetzt nicht zusammen mit dem Atem die Neugier ausgegangen ist, dann könnten Sie mal versuchen, die Satzbedeutung von:

> *Du wirst mich noch kennenlernen*

in ihre verschiedenen Komponenten (*propositional, evaluativ, informationell, illokutiv*) zu zerlegen.

Na klar doch:

propositional: zukünftige Relation des *Kennens* zwischen zwei Argumenten (die auf den Angesprochenen und den Sprecher referieren);

evaluativ: wird wahr werden;

informationell: Schwerpunkt auf *kennenlernen;*

illokutiv: Mitteilung;

und nun noch: pragmatische Uminterpretation als indirekter Sprechakt — Versprechen, Drohung.

Wieso eigentlich? Die Antwort gehört natürlich in die Ausführungen zur *Pragmatik*. Aber Sie wollen ja schließlich nicht dauernd hin- und herblättern. Also:
Der mit *Du* Angesprochene kennt den Sprecher zum Zeitpunkt dieser Behauptung schon. Nach dem *Relevanzprinzip* müßte der Sprecher etwas anderes meinen. Und was könnte er meinen? Der Angesprochene wird ihn *näher* kennenlernen? Da dies in der Macht des Sprechers steht, könnte der Angesprochene die Mitteilung als ein Versprechen verstehen.

Tut er aber nicht, sagen Sie? Man würde eine solche Mitteilung nicht als Versprechen sondern als Drohung verstehen?

In der Tat. Es sagt wohl einiges über unsere Gewohnheiten aus, daß wir ein Versprechen dieser Art sofort negativ auslegen.

Falls Sie noch einmal zur Semantik zurückkommen wollen — ein paar wichtige Eigenschaften wären:

(a) Argumente sind frei zuordenbar *(Variable)*;

der Bezug zu bestimmten Individuen *(Referenz)* wird erst im jeweiligen (situativen, textuellen) *Kontext* hergestellt. Die wichtigste horizontale Beziehung zwischen Satzbedeutungen in einem *Text* (einer Folge von zusammengehörenden Sätzen) ist die der *Koreferenz* (Bezug auf dieselben Individuen).

(b) Der sprachlich bestimmte Inhalt liefert die Anknüpfungspunkte für den außersprachlich bestimmten (pragmatischen) Inhalt.

Die Grenzziehung zwischen beidem, besonders zwischen lexikalischem und situativem bzw. enzyklopädischem (Welt-)Wissen ist problematisch. Da Übersetzungen für die Umverteilung von Inhalten ständig auf den pragmatischen Teil zurückgreifen müssen, sind wir aber im *Vademecum* ohnehin für durchlässige Grenzen.

(c) Der Inhalt sprachlicher Strukturen ist von der Bedeutung der Wörter (siehe *Lexikon*) und der Art ihrer syntaktischen Verknüpfung abhängig *(Kompositionalität)*.

Na, das ist ohnehin klar. Zwischen den Behauptungen *Nina kennt Ina* und *Ina kennt Nina* ist selbst dann noch ein Unterschied, wenn die beiden Damen einander wechselseitig bekannt sein sollten. Das Subjekt hat natürlich eine andere Perspektive auf die Beziehung als das Objekt. Letzteres hat unter Umständen auch gar keine. Der Unterschied steckt in der Form.

Aber auch scheinbar gleiche Formen lassen sich nicht selten noch verschieden zerlegen: *Ich kenne sie allein* kann heißen: *Ich kenne nur sie und niemand anderen* oder *Nur ich und kein anderer kennt sie,* je nachdem, ob der semantische Operator *allein* (der Quantitäten mit mehr als einem Element ausschließt) dem Objekt des Satzes gilt: *Ich kenne (sie allein)* oder dem Subjekt: *(Ich allein) kenne sie.*

(d) Der Inhalt ist kontextabhängig.

Besonders der Inhalt von Pronomen. *Ich allein kenne sie* heißt: *Es gibt/existiert eine Person weiblichen Geschlechts, von der gilt, daß der Sprecher sie kennt.* Ja? Das Ganze, die Satzbedeutung, entsteht aus der Bedeutung der einzelnen Wörter (s.o.): *kennen* bestimmt eine Beziehung zwischen zwei — halt, *sie* könnte ja auch auf eine Mehrzahl referieren. Dann wäre auch das Geschlecht nicht festgelegt — also: *Es gibt Personen, von denen gilt, daß nur der Sprecher sie kennt.*

Welche Interpretation die richtige ist, bleibt offen, wenn wir den Zusammenhang (die Szene, die Situation, den Kontext) nicht kennen, in dem der Satz steht. Das hatten Sie schon die ganze Zeit angemahnt? Zu Recht. Das Beispiel beweist es nachdrücklich. Die Interpretationsmöglichkeiten sind nämlich noch gar nicht ausgeschöpft: *sie* kann sich auch auf Dinge, Ereignisse, Eigenschaften kurz, auf beliebige Entitäten beziehen. Der Vorgängersatz lautet: *Man rät hin und her nach den Ursachen ihres Zustands.*

Abschließende Anmerkung des Übersetzers:

Der Spagat, den die Übersetzung in der Folge bewältigen muß, läßt jedes semantische Programm abstürzen. Da heißt es nämlich weiter: *Ich allein kenne sie, es ist der alte und immer neue Ärger.* Das *es* bezieht sich auf *sie! (die Ursachen),* und diese werden mit einem emotionalen Zustand gleichgesetzt, der sich fortlaufend erneuert und damit auch immerzu ein neuer/anderer Zustand ist. Das ist — wie die Übersetzung ins Englische zeigt — nicht nur für den Semantiker eine Herausforderung: *I am the only one who knows that it is her settled and daily vexation with me.* Wörtlich in etwa: *Ich bin der einzige, der weiß, daß es ihr permanenter und täglicher Ärger mit mir ist.*

Eine Paraphrase zum Original? Vorausgesetzt, das Objekt des Ärgers ist der Sprecher. Und daran, daß dies so ist, läßt die Kafka-Erzählung *Eine kleine Frau* nicht den geringsten Zweifel.

O ja, die Frage der Äquivalenz hat es in sich. Was für ein Glück, daß wir uns bei der Entscheidung, ob ein Satz in einem bestimmten Kontext als Paraphrase eines anderen Satzes gelten kann, ob eine Übersetzung dem Original äquivalent ist oder nicht, (bei genügend Sach- und Sprachkenntnis) auf unsere Intuition verlassen können.

Vielleicht war dieser Eintrag ein bißchen lang. Aber schließlich steht die Bedeutung im Mittelpunkt unserer Anstrengungen beim Übersetzen. Und dafür ist eigentlich noch viel zuviel unerwähnt geblieben.

Sorten: Semantische Teilklassen.

Spaltsätze: Syntaktische Form der Hervorhebung

nach dem Muster: *Es waren die Kinder, denen der Hungerkünstler gezeigt wurde.*

Sprachgenerator: Komponente unserer Sprachfähigkeit, die für die Spracherzeugung zuständig ist.

Sprachverarbeitung: von links nach rechts und parallel, zugleich auf allen Ebenen: phonetisch/phonologisch, morphologisch/syntaktisch, semantisch/pragmatisch.

Sprachverarbeitung ist beim Erzeugen und Erkennen sprachlicher Strukturen nötig. Verarbeitungsschwierigkeiten machen sich vor allem in einer Verlangsamung des Lese-/Sprechtempos bemerkbar; aber auch in Gefühlen wie: das klingt nicht gut, ist zu schwerfällig, kurzatmig, holprig.

Es gibt viele nichtsprachliche Gründe, die die Sprachverarbeitung in der Produktion oder Perzeption erschweren, allgemeine oder besondere Gründe für die Einschränkung der Konzentrationsfähigkeit, ungenügende Sachkenntnis. Aber selbst wenn die Konzentration ungestört, sachliches und sprachliches Wissen in ausreichendem Maße gegeben sind, kann der schnelle und sichere Zugriff auf das für eine Stelle relevante Wissen durch eine unangemessene sprachliche Präsentation verzögert werden.

Unangemessen, inadäquat sind alle sprachlichen Strukturen, die gegen das *Relevanzprinzip* verstoßen, also alle Strukturen, die einen unverhältnismäßig großen Verarbeitungsaufwand erfordern.

Daß die Verarbeitung sprachlicher Strukturen schon an sich einen gewissen Aufwand erfordert, bemerkt man am deutlichsten in der fremden Sprache: Da bleibt man schnell auf der einen oder anderen Ebene hängen und weiß nicht so recht, was ein Element bedeutet, wie es mit den anderen Elementen verrechnet werden soll, wie es auszusprechen ist.

In der eigenen Sprache bemerken wir die Hängepartien nur selten, und von der Menge der Entscheidungen, die an jeder einzelnen Stelle getroffen werden müssen, haben wir nicht mehr Ahnung als von den Entscheidungen unserer Beine beim Gehen. Aber das zielstrebige Vorankommen wird durch ein grundsätzliches Problem behindert: Jedes Element, das wir verarbeiten, um seinen Beitrag zum Ganzen zu ermitteln, ist nicht nur Element in einer Kette von Elementen, die von links nach rechts verläuft, sondern zugleich Element in einer Hierarchie, in der es zusammen mit anderen Elementen größere Einheiten mit speziellen Funktionen bildet.

Die kritische Frage ist deshalb an jeder Stelle der Kette: Zu welcher größeren Einheit und speziellen Funktion gehört das Element, das wir gerade verarbeiten? Da bleibt uns in den meisten Fällen nur das Spekulieren übrig: Wenn das erste Element *the* lautet, wird es wohl zu einer nominalen Wortgruppe mit der Funktion eines Subjekts gehören. Aber schon bei *Solche Schwierigkeiten* liegen wir falsch, wenn wir sie für ein Subjekt halten, und der Satz mit *hatte der Mann vom Lande nicht erwartet* weitergeht. Hier können wir unseren Fehler schnell korrigieren — Sie haben die fehlende Übereinstimmung zwischen der nominalen und der verbalen Endung sicher schon entdeckt —, mitunter müssen wir aber lange auf die Auflösung warten oder stecken überhaupt fest, in irgendeinem Holzweg, in den wir beim unbewußten Spekulieren geraten sind.

Die Prinzipien, die uns hierbei leiten, sind allgemeinster Natur: Wir wollen den Aufwand für die Probestrukturen möglichst gering halten. Also entscheiden wir uns einfach nach der Devise: *Was kann es schon sein?* Und wenn ein Text angemessen formuliert ist, kommt er unseren Erwartungen spürbar entgegen, während inadäquate sprachliche Strukturen die Verarbeitungsschwierigkeiten verstärken, statt sie abzubauen.

Für den Übersetzer oder Dolmetscher ist hier nun wieder der Unterschied zwischen Ausgangs- und Zielsprache das kritische Moment. Auf die Frage: *Was kann es schon sein?* gibt es für gleiche Elemente oft verschiedene Antworten. Einer der gravierenden Unterschiede zwischen den Sprachen betrifft die Erwartung an die *Informationsstruktur:* Welches Element trägt voraussichtlich den Schwerpunkt der Information? Wenn wir da einfach analoge Übersetzungen anbieten, die unterschiedlichen Erwartungen ignorieren, könnte unser Adressat (auch unser Auftraggeber) leicht das Vergnügen am Weiterlesen/Zuhören und schließlich überhaupt das Interesse an unserem Angebot verlieren.

Sprechakt: Verwendung von Äußerungen in Handlungszusammenhängen:

Fragen, Behauptungen, Versprechen, Befehle, mitunter schon bei Ein-Wort-Äußerungen (wie etwa einem *Ja*-Wort) ziemlich folgenschwer.

Stereotyp: Redewendungen für bestimmte Situationen.

Substantiv: *Nomen.*

Syntax: Kategorien und Prinzipien, nach denen die Wörter einer Sprache zu Sätzen verknüpft werden.

Taxonomie: Klassifizierungsschema.

Terminologie: Jener Teil des Lexikons, dessen Bedeutungen von einem Fach, wie zum Beispiel Technik, festgelegt werden.

Da es letztendlich zu jedem Aspekt unseres Weltwissens ein zuständiges Fach gibt, wird die Trennung zwischen allgemeinsprachlich und fachsprachlich erst richtig deutlich, wenn die Bedeutung eines Wortes nur mit Hilfe entsprechenden Fachwissens entschlüsselt werden kann. Und dafür gibt es dann ja die vielen gewichtigen Nachschlagewerke und Wörterbücher. Nur: alles, und gerade das Neue, findet sich kaum darin, und vieles bleibt unentscheidbar oder ist — man glaubt es kaum — einfach falsch.

Dagegen gibt es für den professionellen Übersetzer/Dolmetscher nur eine Medizin: Fachwissen, das ihn verstehen läßt, wovon die Rede ist. Der Übersetzer oder Dolmetscher muß kein Auto bauen können, keinen Rechtsstreit schlichten, kein Börsengeschäft tätigen, kein Computerprogramm entwickeln — aber er muß wissen, wie man über alle damit verbundenen Details in zwei Sprachen redet.

Wer wie unser Spezialist mit dem Sachverhalt vertraut ist, kann den Originaltext richtig interpretieren. Er wird die Bedienungsanleitung

Remove top retaining screw and withdraw headlight embellisher

nicht mit

Die obere Halteschraube lösen und den Zierring abziehen

übersetzen, sondern mit

Befestigungsschraube (oben) lösen und den Zierring herausziehen

weil er weiß, daß es nur eine Halteschraube gibt und daß er dem Benutzer durch die Wahl der richtigen Variante ohne falsche Implikationen sagen muß, wo er diese eine Schraube findet: nämlich mit einem Blick von unten nach oben, am oberen Rand des Zierrings, der nicht ab- sondern herauszuziehen ist, bei einem Autotyp, dessen Zierring nicht auf, sondern in der entsprechenden Halterung der Karosserie sitzt ...

Und nur wenn der Übersetzer oder Dolmetscher alle Details kennt, kann er das differenzierte *remove* in den verschiedensten Zusammenhängen angemessen übersetzen:

remove the spark plugs	*Zündkerzen herausdrehen*
remove the plug leads	*Zündkabel abziehen*
remove dipstick	*Ölmeßstab herausziehen*
remove filler cap	*Verschlußkappe aufdrehen*
remove distributor cap	*Verteilerdeckel abnehmen*
remove rotor arm	*Verteilerläufer abziehen*
remove nipple	*Schmiernippel herausdrehen*
remove the two bolts	*beide Schrauben lösen*

Der Trost, daß technische Fachtexte nur zu fünfzehn Prozent aus Fachterminologie bestehen, hält nicht lange vor, wenn man sich die allgemeinsprachlichen Divergenzen zwischen den lexikalischen Verwendungsbedingungen von Ausgangs- und Zielsprache à la *remove* vor Augen führt. Dennoch — hier könnten Sie sich noch auf den allgemeinen Begriff des *entfernen* zurückziehen, ohne einen direkten Übersetzungsfehler zu begehen. Wenn uns der Fachmann aber z.B. das Begriffssystem der *Stähle* im Deutschen und Englischen vorrechnet und zeigt, daß die übliche Zuordnung von *carbon steel* und *Kohlenstoffstahl* ein Fehler ist, der sich nur mit sehr viel Detailkenntnissen in Ordnung bringen läßt, dann wird auch dem versiertesten Kenner von Original- und Zielsprache klar, daß die Entwicklung einer Übersetzer- und Dolmetscherkompetenz wegen der Terminologie- und Fachsprachenproblematik nur über eine hochgradige Spezialisierung erreichbar ist.

Der *Kohlenstoffstahl* zählt im Deutschen zu den *unlegierten Werkzeugstählen,* die zusammen mit den *niedrig- und hochlegierten Werkzeugstählen* weniger als 10% der Stahlerzeugung ausmachen. Der größte Teil der *Stähle* sind — unlegierte, niedrig- und hochlegierte — *Baustähle.*

Ziemlich genau dasselbe Verhältnis besteht im Englischen zwischen den *alloy steels* mit 10% und den *carbon steels* mit 90%. Um die Verwirrung komplett zu machen, ist der typische *carbon steel* ein Stahl mit ganz niedrigem C-Gehalt: maximal 0,3 — also damit so ziemlich das Gegenteil vom deutschen Kohlenstoffstahl mit 0,6 – 1,4 C-Gehalt.

Wer sich da auf die Wörterbücher verläßt, macht aus der technisch funktionsfähigen Form des Originals ein Zerrbild in der Übersetzung, eine verkehrte Welt. Wenn zum Beispiel aus

> *primary coolant interconnecting piping is carbon steel* ...

nicht

> *Die Primärrohrleitungen bestehen aus Baustahl* ...

sondern

> *Die Primärrohrleitungen bestehen aus Kohlenstoffstahl*

wird, dann spuken die falschen Freunde schon recht fatal in den zu spröden Rohrleitungen der zugehörigen Kühlsysteme.

Das Beispiel mit den Stählen ist lexikalisch gesehen nicht komplizierter als irgendein allgemeinsprachliches Übersetzungsproblem, das aus unseren unterschiedlichen Welten oder aus den unterschiedlichen Modellierungen unserer Welten stammt. *Lang* und *breit*, *kurz* und *schmal*, *groß* und *klein*, *hoch* und *niedrig* in einer anderen Sprache auszudrücken, erfordert mindestens ebensoviel Sach- und Sprachkenntnis und kann noch nicht einmal auf irgendwelche standardisierten Meßwerte, Prozentangaben zurückgreifen. Gegenüber der normierten Welt der Fachsprache hat das Allgemeinsprachliche dennoch einen Vorteil: es erfordert keine Spezialisierung. Wer Deutsch kann, weiß, wie *lang* und *breit*, *kurz* und *schmal*, *groß* und *klein*, *hoch* und *niedrig* richtig anzuwenden ist, und wer Englisch kann, weiß, wie *long* und *wide*, *short* und *narrow*, *big* und *little*, *tall* und *low* verteilt sind. Ob derjenige, der beide Sprachen kann, damit auch schon weiß, wie das eine in das andere übersetzt wird? Im Prinzip, sicher — nur, für einen professionellen Gebrauch dieser Fähigkeit reicht das Prinzip nicht. Und gerade da, wo Professionalität am meisten gefragt ist, ist das Fachsprachliche immer mit dabei.

Das könnte man doch dem Fachmann selbst überlassen, meinen Sie, demjenigen, der zwei Sprachen spricht. Ja, wenn Sie einen Fachmann kennen, der das nötige sachliche und sprachliche Wissen, sagen wir, über Kühltürme hat und dem die Übersetzung eines Texts wie des folgenden leicht von der Hand geht. Das Original erläutert amerikanischen Lesern, die Übersetzung deutschen Lesern das Prinzip von Kühltürmen, die ja — der Fachmann weiß es — in Europa und Amerika mit anderen Assoziationen verknüpft sind:

> ... *a typical tower of a kind now in service, incorporating high-capacity fans to assist the flow of air, is about 55 feet wide at the bottom, 75 feet wide at the top and 325 feet long; ... the chimney-like natural-draft towers that are more common in Europe than in the U.S. can be 300 feet or more in diameter at the base and as high as 500 feet.*
>
> ... *daher haben die bei uns üblichen Naturzugkühltürme einen Basisdurchmesser von bis zu 90 m und eine Höhe von bis zu 150 m. Zellenkühltürme mit Hochleistungsventilatoren zur Förderung der Luft, wie sie vorwiegend in den USA eingesetzt werden, haben eine untere Breite von etwa 17 m, eine obere Breite von etwa 23 und eine Länge von etwa 100 m.*

Wirklich professionell, sprachlich, sachlich, übersetzerisch. Dreihundert Wörter in der Stunde, acht Stunden am Tag, ein idealer Fachübersetzer. Auch ein Glücksfall in der Ausbildung von Fachübersetzern, in der Forschung für Fachübersetzer ... es müßte viele geben wie ihn. Vielleicht würde der Beruf des Fachübersetzers dann im professionellen, wissenschaftlichen und materiellen Ansehen mit dem des Fachmanns konkurrieren können. Und mehr Fachleute Übersetzer werden.

Text: Folge von Sätzen bzw. Informationseinheiten, die zusammengehören.

Für Informationseinheiten, Sie erinnern sich, haben wir uns einfach an den Punkt gehalten. Und da Texte auch nur aus einer Informationseinheit bestehen können, haben Sie gerade mit ihrem zweifelnden Hm? auch schon einen Text kreiert. Die Sophistik überlassen wir aber wieder den Theoretikern, ob sie den Text nun linguistisch, nach seinen sprachlichen Eigenschaften, oder semiotisch, nach seinen Eigenschaften als ganzes Zeichen, zu erfassen suchen. Wir betrachten den Text aus der Sicht des Übersetzers oder Dolmetschers und interessieren uns daher besonders für jene seiner vielen Eigenschaften, die uns bei der Wahl zwischen verschiedenen Paraphrasen die richtige Entscheidung treffen helfen.

Da geht es zunächst einmal um die Frage, ob der Zweck, den der Übersetzungstext erfüllen soll, mit dem übereinstimmt, dem der Originaltext galt. Im Neutralfall sind beide Texte in diesem Punkt gleich, wobei der Neutralfall nicht mit dem häufigsten Fall gleichzusetzen ist, sondern nur mit dem, für den keine besonderen Bedingungen gelten.

Und dann geht es um die

Textsorte: Der Zweck manifestiert sich in der Wahl bestimmter sprachlicher Mittel und textstrukturierender Muster, nach denen sich Texte ganz allgemein in verschiedene prototypische Varianten differenzieren lassen.

Ein Kochrezept ist kein Liebesbrief, eine Vertragsurkunde keine Bedienungsanleitung, eine Produktbeschreibung keine Novelle, ein Examenstext kein Sitzungsprotokoll, ein Werbetext keine wissenschaftliche Abhandlung, eine Patentschrift kein Cartoon.

Die abstrakte Klassifikation einer Textsorte ist eine Sache, die konkrete Instanz eines Texts einer Textsorte eine andere. Welchen der folgenden Ausschnitte würden Sie einem literarischen Text, welche einem Werbetext und welche einem wissenschaftlichen Text zuordnen?

Licht und Luft fließen ungehindert durch den Bau, zeigen Pfeiler, Säulen, Figuren und Giebel als frei steigend, modellieren Krüge, Profile und rieselndes Ornament. Der tote Stein scheint von Energien belebt, das Repräsentative heiter, das Schwere leicht ...

Im strengen Gliederbau wird der architektonische Zwang gemildert durch die natürlich sinnliche Körperlichkeit der lockeren Faunsgesellschaft und die vielen Blumengehänge, die die scharfe aufstrahlende Bewegung wieder in tausend Tropfen locker und frei nach unten sprühen lassen ...

Dies erlauchte Bauwerk, Frühbarock im Geschmack, mit dem vornehmen Säulenaufbau seines Portals, seinen hohen, in kleine, weißgerahmte Scheiben geteilten Fenster, seinen gemetzten Laubgewinden, seinen römischen Büsten in den Nischen, seinem splendiden Treppenaufgang, seiner ganzen gehaltenen Pracht ...

Sie finden die Beispiele unfair, weil untypisch? Die Tatsache, daß es Mischformen gibt, noch lange keinen Grund auf die Taxonomie von Textsorten zu verzichten? Wie viele Überschneidungen es immer geben mag, es gibt genügend klare Fälle? Ein Chanson ist kein Leitartikel, eine Anklageschrift keine Festrede, siehe oben, ad infinitum.

Wie viele sprachliche Formen die einzelnen Sorten beliebig untereinander austauschen könnten, irgend etwas ist doch anders. Da sind Sie ganz sicher. Und daß man sich etwa einfach den sprachlichen Eigenschaften des Originaltexts überließe, im Vertrauen darauf, daß aus einer deutschen Produktspezifikation eine englische Produktspezifikation wird? Das schließen Sie schon deshalb aus, weil Ihnen beim Einkaufen oder auf Reisen oft so unterhaltsame Texte begegnet sind wie *Bitte die Billeten löchern zu wollen* (wo wir uns allenfalls mit einem schnöden Hinweis auf den Fahrkartenentwerter begnügen).

Sie meinen, ich entferne mich vom Thema? Dies wären keine Textsorten, sondern pragmatische Stereotype, situationsgebundene Redewendungen? Bitte schön. Aber mehr Informationseinheiten haben derlei öffentliche Texte nur selten. Und gerade im Bereich der Redewendungen finden sich doch die auffälligsten Unterschiede zwischen den sprachlichen Konventionen von Ausgangs- und Zielsprache. Bei längeren Texten gibt es viel mehr unauffällige Passagen, die — wie die drei Ausschnitte oben — nicht auf eine bestimmte Textsorte beschränkt sind.

Ja, ja, sagen Sie, trotzdem ist es richtig, daß die sprachlichen Konventionen für Textsorten in verschiedenen Sprachen verschieden ausfallen können. Der Übersetzer muß wissen, daß in einem deutschen Gerichtsurteil in Zivilsachen der Urteilseingang und die Urteilsformel vor dem Tatbestand und den Entscheidungsgründen stehen, im Italienischen dagegen Urteilsformeln als logisches Ergebnis am Ende des Urteils.

Sie haben völlig recht: Unterschiede in der Gliederung von Texten müssen — wenn sie konventionalisiert sind — dem Übersetzer bekannt sein. Und wie immer, wenn die analoge Form der zielsprachlich angemessenen nicht entspricht, steckt der Übersetzer zwischen Baum und Borke, muß sich für das eine oder das andere entscheiden. Was da von Rechts wegen angemessen ist, läßt sich nicht allgemein, sondern nur spezifisch, in der jeweiligen Situation, nach der Relevanz für die jeweilige Zielgruppe entscheiden.

Solche Unterschiede in der Makrostruktur von Texten stellen eine noch ziemlich unerforschte Gattung falscher Freunde dar. Ob man ihnen allerdings mit systematischen Klassifikationsversuchen über Textsorten, sei es nun deduktiv über Idealtypen oder induktiv über statistische Auszählungen näher kommt, mag dahingestellt bleiben.

Aber wie ist das mit »informativ«, »expressiv«, »operativ« mitteilen, sich ausdrücken, Einfluß nehmen, den verschiedenen Funktionen von Sprache, den sogenannten Texttypen?

Texttypen: Sind das nicht
> funktionale Kategorien, die die Gestalt von Texten als Ganzes bestimmen

und damit auch über die Wahl der zielsprachlich angemessenen Mittel entscheiden?

Urteilen Sie selbst: Lassen sich die makrostrukturellen Unterschiede zwischen deutschen und italienischen Gerichtsurteilen (siehe *Textsorten*) daraus ableiten? Wohl nicht. Und wie steht es um die mikrostrukturellen Unterschiede zwischen allen unspezifischen Passagen? Und um die mikrostrukturellen Unterschiede spezifischer Passagen? Da müßte man die Funktionen weiter differenzieren? Und wann, bitte, wären sie fein genug, um allen Möglichkeiten Rechnung zu tragen?

Eigentlich kann es doch nur noch um jene globalen Unterschiede zwischen den Textsorten gehen, die sich nicht auf die einzelnen, sagen wir, lokalen Unterschiede zwischen den Sätzen im Ausgangs- und Zielsprachentext reduzieren lassen. Da wir hier im *Vademecum* auch den Bereich der Informationsstrukturen zu den lokalen Unterschieden zwischen Ausgangs- und Zielsprache rechnen, bleibt für etwaige globale Unterschiede zwischen Textsorten-Konventionen nicht mehr sehr viel übrig: Wissenschaftliche Abhandlungen sind vielleicht im Englischen/Deutschen eher persönlich/unpersönlich, dialogisch/monologisch, salopp/neutral. Aber auch in diesen Punkten kommen wir natürlich nie um die Einzelfallprüfung herum.

Für die Übersetzung der sprachlichen Details aus der Mikrostruktur von Texten ist die Information, daß das erste Beispiel für *Textsorten* aus einem Werbetext stammt (der insgesamt mehr operativ sein müßte), das zweite aus einem wissenschaftlichen Text (mehr informativ) und das dritte aus einem literarischen Text (mehr expressiv), bei weitem weniger wichtig als die Ähnlichkeit zwischen den einzelnen sprachlichen Mitteln, die Aneinanderreihung metaphorischer Ausdrucksformen in bezug auf architektonische Details. Und wie relevant die Frage nach der zielsprachlich angemessenen Informationsstruktur auch noch für so weit auseinanderliegende Texte wie Gedichte und technische Beschreibungen ist, dafür bietet das Kapitel über die *anderen Länder* anschauliches Demonstrationsmaterial.

Textgrammatik: Kategorien und Prinzipien, die über die Satzgrammatik hinaus nötig sind, um Informationseinheiten zu Texten zu erweitern.

Topikalisierung: Verschiebung von Satzgliedern an den Satzanfang.

Translationsmaxime: Normative Entscheidung zur Lösung der Übersetzungsprobleme, die aus den Unterschieden zwischen den Elementen von Ausgangs- und Zielsprache erwachsen.

Im *Vademecum* wird die *Adäquatheit* der zielsprachlichen Mittel (im grammatischen und stilistischen — allgemeinen und spezifischen — Sinn) über die formale und inhaltliche Gleichheit *(Analogie und Äquivalenz)* zwischen Original und Übersetzung gestellt.

Übersetzer: Jemand, der Originaltexte aus einer Sprache in eine andere Sprache überträgt.

Wird in der Öffentlichkeit immer noch vielfach für einen Dolmetscher gehalten und umgekehrt; Berufspezies in professioneller, diplomierter oder Liebhabervariante — auch hier ist eine klare Trennung nicht üblich.

Als eigenständiger Berufsstand erst heute, im Zeitalter der Massenkommunikation, überall eingeführt und in großen Berufsverbänden zusammengeschlossen (Bund der Dolmetscher und Übersetzer, BDÜ, in Deutschland, Institute of Translation and Interpreting, ITI, in Großbritannien, American Translators' Association, ATA, in Nordamerika — über fünfzig davon noch einmal auf der Ebene der Vereinten Nationen in einer Dachorganisation: Federation des Interpreteurs et Traducteurs, FIT, zusammengefaßt) und seit den fünfziger Jahren auch in eigenen, universitären Studiengängen ausgebildet.

Ob zu den Absolventen dieser Diplom-Studiengänge auch berühmte Übersetzer gehören, ist nicht bekannt. Berühmt werden Übersetzer in der Regel nicht, wenn sie gute Übersetzer sind, sondern wenn sie — wie Martin Luther — gute Übersetzer von berühmten Originalen sind. Das Gros der Zunft hat es mit Politik und Wirtschaft, Wissenschaft und Technik und Technik und Technik zu tun — Rechtsprechung, Medizin, Finanzen und Sonstiges sind mit je fünf Prozent schon kaum mehr wahrnehmbar.

Wenn man dann noch bedenkt, daß die meisten Texte, die übersetzt werden, Bedienungsanleitungen, Spezifikationen, wissenschaftlich-technische Berichte und Verträge sind, Geschäftsberichte, Urkunden und Werbetexte noch immer vor literarischen Texten rangieren, die allenfalls mit Patentschriften und Lehrbüchern vergleichbar sind, und wenn man erfährt, daß der Übersetzer in der Praxis ca. dreihundert Wörter in der Stunde übersetzt, dann verliert das Abenteuer des Übersetzens den romantischen Glanz, den ihm die Dichter und Philosophen, die berühmten Übersetzer berühmter Originale verliehen haben, anscheinend vollständig.

Und doch bleibt auch für die alltäglichste Aufgabe des Übersetzers die Spannung, die mit der Suche nach guten Übersetzungslösungen immer von neuem entsteht. Wieviel Routine er auch immer in der praktischen Arbeit gewonnen hat, die unbegrenzte Kombinationsmöglichkeit und Flexibilität von Sprachen garantiert dem, der sich einmal darauf eingelassen hat, mehr Spannung und Erfolgserlebnisse als alle Kreuzworträtsel zusammen. Vorausgesetzt natürlich, der Übersetzer hat sich die Neugier auf die Welt und unser sprachlich ausdrückbares Wissen über sie bewahrt, verfügt über die nötige Begabung, Findigkeit und Ausdauer, Schnelligkeit und Genauigkeit, die die Erfolgserlebnisse verschaffen — *No guessing,* sagt uns der versierte Übersetzer, *get it right first time.* Und was das alles heißt ...

Sie möchten kein Übersetzer werden? Allenfalls nur nebenher? Sie wollten ja immer schon *Dolmetscher* werden? Sie sind Übersetzer? In einem Sprachendienst der Industrie, der Verwaltung? In einem Übersetzerbüro? Freiberuflich? Sie machen gerade eine Ausbildung zum Übersetzer? An einer Universität? Einer Fachhochschule? Einer Privatschule? Einer Fortbildungsakademie? Sie lehren Übersetzen? Sie redigieren Übersetzungen? Sie forschen zum Übersetzen? Sie sind Übersetzungskritiker? Sie erfinden eine Maschine, die übersetzen kann, übersetzen lehrt, übersetzen bewertet, übersetzen erforscht, Maschinen erfindet, die ...? Und auf gar keinen Fall haben Sie die Zeit, in Ruhe und genießerisch darüber nachzudenken, was in jedem einzelnen Fall die bestmögliche Übersetzungsvariante wäre. Und Spaß am Übersetzen? Mit den ständigen Notlösungen, dem Unbehagen über die nur halb oder vielleicht überhaupt falsch verstandenen Stellen im Original, den Unsicherheiten im Gebrauch der anderen Sprache, den Kampf mit der Technik, mit den Sonderwünschen des Auftraggebers und allen anderen Hindernissen auf dem Weg zur termingerechten Übergabe einer sachlich und sprachlich, vor allem auch terminologisch korrekten, formal perfekten Übersetzung, die den besonderen Zwecken, für die sie gedacht ist, voll gerecht wird?

Also schön — wenn Sie sich partout Ihrem Streß hingeben wollen, wird Sie keiner davon abhalten, aber sollten Sie doch einmal das Bedürfnis haben, richtig durchzuatmen, auf Abstand zu gehen, den zahllosen Einzelproblemen für eine Weile den Rücken zu kehren, über die größeren Zusammenhänge nachzudenken, wäre das *Vademecum* gar kein so schlechter Ausgangspunkt, um sich über das klarzuwerden, was trotz aller Spezifik immer noch den größten Anteil der Probleme ausmacht, vor denen jeder Übersetzer steht: auch in einem Fachtext sind noch etwa fünfundachzig Prozent allgemeinsprachlicher Natur — und was hierüber im Vergleich zwischen den Sprachen zu entdecken ist, darüber gibt das *Vademecum* erste, grundlegende Auskünfte.

Übersetzungswissenschaft: Wissenschaft vom Übersetzen, einer der komplexesten geistigen Fähigkeiten des Menschen

(nicht wahr?); trotz jahrhundertelanger Reflexion zum Übersetzen als wissenschaftliche Disziplin erst — seit den späten fünfziger Jahren — im Entstehen.

Wenn man Wissenschaft als »Gesamtheit des kritisch geprüften, bewährten, als zuverlässig anerkannten Wissens« über bestimmte Bereiche der Wirklichkeit versteht und wissenschaftliche Forschung als »die Arbeitsmethode, mittels deren wissenschaftliche Aussagen hervorgebracht und überprüft werden«, dann ist die kritische Frage dafür, ob ein wissenschaftlicher Anspruch anerkannt wird, die Frage, ob die Aussagen der neuen Disziplin einer unabhängigen Überprüfung standhalten.

Die stereotype Klage vieler übersetzungswissenschaftlicher Arbeiten über den unbefriedigenden Stand ihrer Disziplin läßt vermuten, daß sich die Aussagen zum Gegenstand selbst im Inneren der Disziplin noch nicht so richtig bewährt haben. In den anderen Wissenschaften, auch den benachbarten, findet sich gleich gar niemand mehr, der der Übersetzungswissenschaft »kritisch überprüftes, bewährtes, als zuverlässig anerkanntes Wissen« bestätigen würde. (Oder kennen Sie jemanden?)

Nun haben es alle Humanwissenschaften schwer mit der Überprüfung ihrer Behauptungen, aber zum Gegenstand Sprache gibt es doch schon eine ganze Menge anerkannter Disziplinen und Teildisziplinen — ob nun mit mehr traditionell philologischer oder mehr moderner linguistischer Ausrichtung — und diverse interdisziplinäre Ausfaltungen wie Soziolinguistik, Psycholinguistik, Computerlinguistik etc. Vielleicht ist die Übersetzungswissenschaft einfach nur eine weitere Teil- oder Brückendisziplin der Linguistik. Aber bisher sind alle Versuche, einen festen Stand innerhalb der Sprachwissenschaft oder im Brückenbereich zu erobern, fehlgeschlagen. Schon das Etikett *Translationslinguistik* findet schwerlich Freunde. (Humpty Dumpty würde uns statt dessen vielleicht *Translistik* zuweisen — aber wer von uns ist schon ein so uneingeschränkter Herr der Wörter wie er?)

Die Fehlschläge haben auf der Seite der Linguistik Desinteresse und auf der Seite der Übersetzungswissenschaft Aversion erzeugt. Und das ist bedauerlich. Der Gegenstand einer Wissenschaft vom Übersetzen, das Übersetzen und das Dolmetschen, läßt sich zwar nicht auf den Gegenstand Sprache reduzieren, aber daß er immer auch etwas mit Sprache zu tun hat, und keinesfalls nur so nebenher, läßt sich nun einmal nicht bestreiten.

Die Übersetzungswissenschaft hat den linguistischen Ansatz auf dem Entwicklungsstand der fünfziger, sechziger

Jahre verworfen — die neuen Entwicklungen nimmt sie nicht zur Kenntnis. Auch weil sie sich in ihrer hochgradig spezialisierten — auf unabhängig überprüfbare Aussagen angelegten — Form nicht mehr ohne Insider-Wissen zur Kenntnis nehmen lassen. Falls Sie schon einmal einen Blick auf die Formelwelt neuerer linguistischer Abhandlungen geworfen haben, werden Sie ohnehin mehr oder weniger gereizt abwinken. Die Überprüfung sprachwissenschaftlicher und — noch viel mehr — übersetzungswissenschaftlicher Aussagen kann doch nicht so aussehen, sagen Sie.

Und da sind wir eigentlich beim Kern des Problems: Die Komplexität (einschließlich der Veränderbarkeit) sprachlichen Wissens, vor allem aber auch der fast nahtlose Übergang vom sprachlichen zum außersprachlichen Wissen beim Übersetzen, schränken die Möglichkeiten für eine strenge Beweisführung prinzipiell ein.

Wissenschaften, die sich nicht recht beweisen lassen, müssen überzeugen. Nur leider entarten Meinungsunterschiede unter diesen Umständen ganz leicht zum Glaubensstreit. Der wird um so erbitterter geführt, je weniger überprüfbar die Annahmen sind.

Wenn sich dann die eine Fraktion mit mehr oder weniger anspruchsvollen Behauptungen zu möglichst allgemeinen Aspekten begnügt und die andere auf jene Details des Gegenstands beschränkt, die im strengeren Sinn überprüfbare Aussagen zulassen, dann fällt am Ende der eigentliche Gegenstand ganz leicht zwischen den beiden Kontrahenten durch.

Vielleicht können wenigstens wir, Sie und ich, hier im *Vademecum,* zu einer Einigung gelangen. Wie viele deduktive Schritte immer dazwischen liegen mögen, wirklich zuverlässig wird uns Wissen doch immer erst dann erscheinen, wenn es uns in einem ganz praktischen Sinn zur Verfügung steht, wenn es uns handlungsfähig macht. Dies gilt in einem direkten Sinn für Naturwissenschaften und Technik, indirekt aber auch für die Humanwissenschaften. Daß die Glaubwürdigkeit wissenschaftlicher Aussagen wächst, wenn sie uns handlungsfähig machen, ist keine Frage. Und darüber, daß auch zutreffende Beschreibungen von Phänomenen ermüden, wenn sie nicht in anwendbares Wissen münden, sind wir uns auch einig. »Wir machen uns von den Dingen, die uns umgeben, kleine Modelle, um zu wissen, wie sie funktionieren«, sagt der Dichter, und der Wissenschaftler und Politiker ergänzt: damit etwas als gesicherte Erkenntnis gelten kann, muß es sich bei »erneuter Überprüfung mit geeigneten Methoden bestätigen«.

Was immer man von den bisherigen übersetzungswissenschaftlichen Modellen sagen kann, überzeugende Beweise ihrer Anwendbarkeit stehen immer noch aus, ob die Ansätze nun mehr strukturell, funktional, textuell oder kulturwissenschaftlich sind. Am drastischsten macht sich die mangelnde Anwendbarkeit übersetzungswissenschaftlicher Modelle in der maschinellen Übersetzung bemerkbar, also da, wo kein verstehendes Subjekt die Lücken, Ungenauigkeiten und Widersprüche des wissenschaftlichen Modells ausgleichen kann.

Hier kann zwar die Übersetzungswissenschaft den Schwarzen Peter zunächst einmal an die Linguistik weitergeben, die noch einen langen Weg zu einer überzeugenden Computersimulation der menschlichen Sprachfähigkeit vor sich hat. Nur, aus dieser Art elektronischer Beweisführung wird ohnehin nie etwas, sagt der Textlinguist, der über Übersetzung nachdenkt, und der auf den Kulturvergleich eingestellte Übersetzungswissenschaftler pflichtet ihm lautstark bei: Daraus kann nie etwas werden, weil sich — siehe oben — das Verhältnis zwischen Original und Übersetzung nicht auf die Information aus den sprachlichen Strukturen reduzieren läßt. Richtig. Und selbst wenn ich, etwa mit den Methoden der *Künstlichen Intelligenz*, neben der linguistischen Form noch den mit ihr verknüpften außersprachlichen Inhalt erfasse — der Schritt vom Original zur Übersetzung wird nicht vorhersagbar, die Arbeit des Übersetzers nicht vom *Computer* übernehmbar.

Auch eine Klassifizierung der Übersetzungsprozeduren, die den Unterschied zwischen den sprachlichen Eigenschaften von Original und Übersetzung in typischen Mustern zusammenfaßt, verhilft uns noch nicht wirklich zu anwendbarem Wissen. Die kritische Frage ist in jedem Fall: wann nimmt man was? und wirklich verfügbares Wissen zum Übersetzen liegt erst vor, wenn die Aussagen der Übersetzungswissenschaft darauf zuverlässige Antworten geben können.

Eine Voraussetzung für diese Antwort liegt außerhalb der Wissenschaften, gewissermaßen im Bereich der Sinngebung: die normative Entscheidung, was zugunsten wovon aufzugeben ist — da ja nun einmal Gleiches nicht zu haben ist. Letztendlich ist dies die uralte Auseinandersetzung um wörtliche oder freie Übersetzung bzw. — da wörtlich eben nicht geht — zwischen der Treue zum Autor und der »Treue« gegenüber dem Leser.

Was am Autor oder Leser es aber ist, nach dem sich die Übersetzung ausrichten soll, auf diese Frage ist bisher noch keine überzeugende Antwort gefunden worden. Die Botschaft des Autors, seine Absicht, die Wirkung beim Leser, beim Leser des Originals und beim Leser der Übersetzung?

Das spielt ja alles eine Rolle, aber wir wüßten doch gerne genau, wie der Zusammenhang zwischen Original und Autor, Übersetzung und Leser ist, der uns zum Beispiel die Übersetzung eines Satzes wie *Theorists have tried two schemes* mit *Bisher wurde mit zwei Hypothesen gearbeitet* als gelungen empfinden läßt. Und darauf werden wir nun einmal ohne einen detaillierten Vergleich der sprachlichen Mittel und ihrer Verwendungsbedingungen keine Antwort bekommen.

Doch auch die Anleihen beim linguistischen Wissen helfen letztendlich nur bedingt weiter, obwohl jede von ihnen ein Stück vom Gegenstand erfaßt: von der grammatischen Struktur sprachlicher Ausdrücke zu ihrer Funktion im Satz, von der lexikalischen Bedeutung und der sprachspezifischer Stereotype zur kompositionellen Bedeutung syntaktisch verknüpfter Wörter, vom propositionalen Inhalt des Satzes zu seinem kommunikativen Sinn in der jeweiligen *Diskurs*-Situation, vom *Sprechakt* zur Textstruktur, von der neutralen zur markierten Sprachverwendung, von den Funktionen sprachlicher Zeichen zu Kategorien und Typen von Texten. Das Wissen über alle diese Aspekte des Gegenstands ist unabdingbar, es kann uns aber die normative Entscheidung nicht abnehmen, die der Frage, *wann was?* vorausgeht.

Und wofür wir uns im *Vademecum* entschieden haben, wissen Sie doch. Nicht? Stichwort *Translationsmaxime?* Jetzt fällt es Ihnen wieder ein: Im Hinblick auf wörtlich oder frei, Autor oder Leser hatten wir uns — ganz und gar außerhalb der Wissenschaften — auf die Antwort »*im Prinzip ja*« verständigt. Wörtlich und frei, Autor und Leser, nur eben mit der kleinen Einschränkung, daß wir noch vor die formale und inhaltliche Gleichheit zwischen Übersetzung und Original eine Art Filter — die zielsprachliche Angemessenheit — gesetzt haben. Und damit haben wir unter dem (psycholinguistisch überprüfbaren) Gesichtspunkt der *Sprachverarbeitung* an den (linguistisch überprüfbaren) universellen und einzelsprachlichen Aspekten unserer *Sprachkompetenz* Eigenschaften entdeckt, die auch für einen so komplexen Bereich der Humanwissenschaften, wie es die Übersetzungswissenschaft ist, handlungsfähiges Wissen in erreichbare Nähe rücken könnten. Oder etwa nicht?

Variable: Beliebig spezifizierbares Element.
Siehe *Semantik*.

Verzweigung: Links- oder rechtsgerichtete Strukturerweiterung.

Vorfeld: Position am Satzanfang, vor dem finiten Verb im deutschen Hauptsatz.

Wasserzeichen: *Vademecum*-Metapher für einen grundlegenden
    Unterschied zwischen den *Informationsstrukturen* von Original und Übersetzung.
Präferierte *Zielvarianten* weisen bei Übersetzungen aus dem Englischen ins Deutsche oft eine Linksverschiebung

(ins Mittelfeld oder an den Satzanfang) auf. Der betroffene Strukturteil hat einen niedrigeren Informationswert als die Elemente, die ihm im Original vorangehen.

Weichenstellung: *Vademecum*-Metapher für formale Hinweise zur erfolgreichen Verarbeitung/Interpretation des Kasusrahmen.

Wortart: Lexikalische oder funktionale Kategorie, wie *Nomen, Verben, Artikel, Konjunktionen.*

Zeugma: Stilistische Figur, bei der nicht zusammengehörende Elemente miteinander koordiniert werden.

Zielvariante: Präferierte Übersetzungsvariante.

Ausgangspunkt und Ziel unserer übersetzerischen Begabung.

DICHTER UND PHILOSOPHEN
IM *VADEMECUM*

Walter Benjamin, *Die Aufgabe des Übersetzers.*
Lewis Carroll, *Alice in Wonderland; Through the Looking Glass,* übersetzt von Christian Enzensberger.
Ernest Hemingway, *The Old Man and the Sea; The Snows of Kilimanjaro; Cat in the Rain,* übersetzt von Annemarie Horschitz-Horst.
Franz Kafka, *Vor dem Gesetz; Eine kleine Frau; Ein Hungerkünstler; Zum Nachdenken für Herrenreiter; Die Abweisung,* übersetzt von Willa and Edwin Muir.
Archibald MacLeish, *The End of the World,* übersetzt von Hans Magnus Enzensberger.
Jean Paul Sartre, *La Nausée,* übersetzt von Heinrich Wallfisch.
Ludwig Wittgenstein, *Philosophische Bemerkungen; Philosophische Untersuchungen, Teil I.*
Außerdem: Cäsar, Cicero, Ibsen, Thomas Mann, Iris Murdoch, Robert Musil, Ovid
und diverse, mehr oder weniger prosaische Beispiele aus *New Scientist* und Touristenbroschüren.

Auf weitere bibliographische Angaben, die philologische, literaturwissenschaftliche Ziele suggerieren, verzichtet das *Vademecum*: die Anleihen bei Dichtern und Philosophen sollten nur die Übersetzungsbeispiele ein wenig mit ihrem sprachlichen Witz und Glanz aufhellen.

SPEZIALISTEN IM *VADEMECUM*

Reiner Arntz, *Vergleichen, Werten, Übertragen: Methoden und Probleme des juristischen Übersetzens.* »Von Rechts wegen«. Unveröffentlichtes Manuskript.

Hans Magnus Enzensberger, *Museum der modernen Poesie.* Frankfurt am Main 1960. »Das Kunstkabinett«.

Cathrine Fabricius-Hansen, persönlich zu »Ibsen«.

Gerhard Fink, ». . . da rauschte Phoebus' Leier«. Grenzen und Möglichkeiten angemessenen Übersetzens antiker Dichter. *Der Altsprachliche Unterricht* XXXV, 1, 1992. 34–47. »Unerreichbar«.

Manfred Fuhrmann, Die gute Übersetzung. Was zeichnet sie aus, und gehört sie zum Pensum des altsprachlichen Unterrichts? *Der Altsprachliche Unterricht* XXXV, 1, 1992. 4–20. »Überlebensgroß«.

Rosemarie Heise, persönlich zu »Sartre«.

Werner Koller, Die literarische Übersetzung unter linguistischem Aspekt. H. Kittel (Hrsg.), *Die literarische Übersetzung.* Berlin 1988. 64–91. »Spielbar«.

Hubert Markl, *Wissenschaft im Widerstreit. Zwischen Erkenntnisstreben und Verwertungspraxis.* Weinheim 1990. »Wissenschaft«.

Catriona Picken (Hrsg.), *Quality-Assurance, Management and Control.* ITI Conference 7, Proceedings. London 1994. »Übersetzer«.

Franz Pöchhacker, *Simultandolmetschen.* Wien 1994. »Im Fluge: STRATOS-Mitschnitt«.

Peter A. Schmitt, Der Translationsbedarf in Deutschland — Ergebnisse einer Umfrage. *Lebende Sprachen* 5/1993. 3–9. »Übersetzer«.

– Culturally Specific Elements in Technical Translations. J. Schwend et al, (Hrsg.), *Literatur im Kontext.* Frankfurt am Main 1992. 495–515. »Terminologie«.

- Die Eindeutigkeit von Fachtexten: Bemerkungen zu einer Fiktion. M. Snell-Hornby (Hrsg.), *Übersetzungswissenschaft: Eine Neuorientierung.* Tübingen 1986. 252–283. »Terminologie«.
- Computereinsatz im Übersetzungswesen. U. Beck/ W. Sommer (Hrsg.), *Tagungsband LEARNTEC 1993.* Berlin 1994, 1–18. »Als Kontrastprogramm; Computer«.

Fritz Senn, Literarische Übertragungen — empirisches Bedenken. M. Snell-Hornby (Hrsg.), *Übersetzungswissenschaft: Eine Neuorientierung.* Tübingen 1986. 54–84. »Konkav als Unikat«.

Hans Sussenberger, Full Metal Jacket — Nachruf auf den Drehbuchübersetzer. *Mitteilungsblatt für Dolmetscher und Übersetzer.* 3, 1994. 13–17. »Als Großaufnahme«.

ÜBER DIE AUTORIN

Judith Macheiner ist 1939 in München geboren. Sie (oder ihr *alter ego* Monika Doherty) hat an der Berliner Humboldt-Universität einen Lehrstuhl für Übersetzungswissenschaft inne. Den Lesern der *Anderen Bibliothek* ist sie als Autorin des *Grammatischen Varietés* (1991) bekannt.

INHALT

ERSTE STATIONEN

Übersetzen kann jeder	5
Der Kompaß	7
Eine Translationsmaxime	11
Paraphrasen	17
Das Ganze und die Einzelheiten	22
An den wirklichen Grenzen	27
Mehrfachpackungen	30
Möglich, aber wozu	34
Die falschen Freunde	38

RICHTUNGEN

Probleme mit dem grammatischen Einmaleins	41
Die bevorzugte Reihenfolge	44
Ein systematischer Unterschied	48
Der Nebensatz als Vorbild	51
Modell einer Szene im Regen	55

MASSE

You mustn't leave out so many things	61
Informationseinheiten	62
Informationselemente	66
Der Schwerpunkt und sein Hintergrund	68
Rekursion	72
Informationswerte	75

FIGUREN

Mäuseschwanzsätze	79
Wie weit denn?	82
Konvexe und konkave Figuren	85
Konventionalisierte Redundanzen	89

DER PARCOURS

Parallel von links nach rechts	94
Kurz oder lang, Mitte oder Ende?	97
Der richtige Anschluß	99
Das Ereignis, *der* Orkan	102
Syntaktische Schwellen	104
Der Wert fürs Ganze	107
Im Zeichen des Gleichgewichts	110

WEGWEISER

Partikeln	115
Typisch deutsch	118
Die Raffinesse der kleinen Redundanz	121
Nimm noch eins	123
Der frühe Hinweis	125
Wie aus *always schon* wird	127

BUSINESS CLASS

Spaltsätze	132
Schwierigkeiten am Satzanfang	133
Das Gewicht der Economy class	136
Ein anderer Stellenwert	139
Das ist es ja gerade	144
Probleme beim Zählen	147
Eine existentielle Variante	150
Strukturelle Arbeitsteilung	152

WEICHENSTELLUNG

Ungewollte Personifizierung	157
Der Satzgliedwechsel	161
Am Satzanfang	166
Rollenerwartung und Bedeutungsübertragung	169
Gewollt oder ungewollt?	171
Postscriptum	175

EIN PREISWERTES ANGEBOT

Wortartenwechsel	177
Der zweite Nachbar	180
Ein Subjekt mehr oder weniger	184
Spaltsatz gegen Partikel	187

Problemlösung 189
Eine besondere Bedingung 191
Der Trick mit dem Nomen 193
Hypothesen ohne Subjekt 196
Kassensturz 200

GRENZVERSCHIEBUNGEN

So nicht 202
Der Ausweg 206
Irgendwie zu kurz geraten 210
Einfügen 213
Austarieren 218
Die halben Punkte 223

ANDERE LÄNDER

Andere Sitten. 229
Von Rechts wegen 230
Überlebensgroß 234
Unerreichbar 238
Konkav als Unikat 244
Das Kunstkabinett 246
Als Kontrastprogramm 251

IM FLUGE

Der Zwillingsplanet 254
Ohne Rückspiegel 255
Ein zusätzlicher Navigator 257
Mäuseschwanzsätze *live* 261
Der verpaßte Anschluß 266
Der Doppelparcours 269
Mit Muße 275
Als Großaufnahme 278
Spielbar 280

OHNE VORHANG 287

GLOSSAR
Fragen und Antworten zum *Vademecum* 289

Judith Macheiner
Das grammatische Varieté
oder die Kunst und das Vergnügen, deutsche Sätze zu bilden.
406 Seiten. Serie Piper

Grammatik ist trocken und langweilig? Weit gefehlt! Die Sprache ist etwas sehr Lebendiges, Abwechslungsreiches und manchmal Raffiniertes. Anhand von stilistisch gelungenen Sätzen des Deutschen ergründet sie das Geheimnis, was eigentlich einen grammatisch korrekten von einem »schönen« Satz unterscheidet. Und ganz nebenbei erfährt man jede Menge über stilistische Feinheiten, über den Gebrauch des Konjunktivs und über die Bedeutung der Satzstellung.

»Der Leser nimmt an einer überaus spannenden Entdeckungsreise durch einen Kontinent teil, der für ihn bis dahin unter dem Dunst eines Gefühls verborgen war, des Gefühls für den ›guten Ausdruck‹ und den ›schönen Stil‹, das im sprachlichen Alltagsleben seine Dienste tut und sich dabei selbst nicht durchschauen muß.«
Lothar Baier, Die Zeit

Wolf-Ulrich Cropp
Das andere Fremdwörter-Lexikon
Das passende Fremdwort schnell gefunden. 533 Seiten. Serie Piper

Fremdwörter sind tückisch, aber Kleinode. Wie gut dosierte Gewürze verleihen sie unserer Sprache Farbe und Präzision. Aber wie heißt doch gleich das Fremdwort für »Glücksbringer« oder für »peinlich«? Von A wie Ablaß bis Z wie zweitwertig listet Wolf-Ulrich Cropp 20 000 deutsche Wörter aus Wirtschaft, Wissenschaft und Kultur alphabetisch auf und nennt die gebräuchlichen Fremdwörter. Zahlreiche Anwendungsbeispiele und Zitate helfen, peinliche Verwechslungen zu vermeiden. Mit einem Griff finden Sie das zündende Fremd-, Szene- oder Trendwort – für Schule, Studium, Beruf und den Quizabend. Mit diesem Lexikon kann jeder seinen Wortschatz erweitern und sein Ansehen steigern.

SERIE PIPER

SERIE PIPER

Wolf Schneider
Deutsch für Kenner
Die neue Stilkunde. 397 Seiten. Serie Piper

In Wolf Schneider, dem journalistischen Profi schlechthin, begegnet man einem Lehrmeister der Spitzenklasse. Sein Katalog der Verfehlungen ist schier grenzenlos, sein Katalog der Hilfsmaßnahmen praktisch und einleuchtend. Am ausführlichsten widmet er sich dem obersten Gebot der Verständlichkeit – ein weites Feld! Mit »Deutsch für Kenner« gelang ihm wiederum ein überaus nützlicher Führer durch die deutsche Sprache, eine Fundgrube für jeden, der die deutsche Sprache liebt.

Wolf Schneider
Wörter machen Leute
Magie und Macht der Sprache. 432 Seiten. Serie Piper

Wir benützen sie dauernd und fast gedankenlos: unsere Sprache. Wörter ordnen uns die Welt, kanalisieren unser Denken, erzeugen Erwartungen und drücken unsere Gefühle aus. Wörter verhüllen Zusammenhänge, können aber auch enthüllen.
Wolf Schneider schärft unseren korrekten Umgang mit der Sprache und gibt eine verständliche Einführung in die heutige Sprachsituation.

»Schneiders Report über den Dschungel unserer Sprache, von den Wurzeln bis zu den Auswüchsen, liest sich spannend wie ein Abenteuerroman.«
Capital

Walter Krämer
Modern Talking auf deutsch
Ein populäres Lexikon. 277 Seiten. Serie Piper

Ob in der Werbung, den Medien oder in der Alltagssprache – überall ist »Denglisch« auf dem Vormarsch: das bekannte Kauderwelsch aus englischen Wörtern und deutscher Grammatik. In diesem Lexikon hat Bestsellerautor Walter Krämer über 800 Begriffe zusammengestellt – von A wie adventure bis Z wie zipper. Augenzwinkernd erklärt er die Herkunft und Bedeutung der Wörter und führt vor, wie sich das pseudo-weltläufige Neusprech in allen Bereichen durchsetzt. Wer mitreden will über die hippsten hotlines und events, wer knowledge braucht über die interessantesten issues, die smartesten snacks und die coolsten locations, erfährt in diesem guide ganz easy alle nötigen essentials und basics fürs korrekte name-dropping – in den vacations am beach oder am round-table im office.

Walter Krämer, Wolfgang Sauer
Lexikon der populären Sprachirrtümer
Mißverständnisse, Denkfehler und Vorurteile von Altbier bis Zyniker. 224 Seiten. Serie Piper

Das Wort »verballhornen« hat weder etwas mit Bällen noch mit Hörnern zu tun, sondern leitet sich von einem Lübecker Buchdrucker namens Johann Ballhorn ab. Der »Boxring« ist noch nie rund wie ein Ring gewesen. Und den »Arbeitgeberbeitrag« zahlt keineswegs der Arbeitgeber, sondern der Arbeitnehmer. Die deutsche Sprache ist reich an Irrtümern, Verdrehern und Denkfehlern. Wo sie herkommen, wie sie entstanden sind und warum sie unseren Alltag trotzdem bereichern, zeigen Walter Krämer und Wolfgang Sauer in ihrem amüsanten und geistreichen Sprachpanoptikum.

»So unterhaltsam und aufschlußreich zu lesen, daß man gar nicht aufhören möchte, aus dem Buch zu zitieren.«
Frankfurter Neue Presse

SERIE PIPER

SERIE PIPER

Margaret Wertheim

Die Hosen des Pythagoras
Physik, Gott und die Frauen. Aus dem Englischen von Karin Schuler, Karin Miedler und Silke Egelhof. 386 Seiten mit 17 Abbildungen. Serie Piper

Physik ist die katholische Kirche der Wissenschaft: Daß Frauen dabei nichts zu lachen haben, ergibt sich von selbst. So wenig den Frauen erlaubt war, das Buch Gottes auszulegen, so wenig durften sie das Buch der Natur entziffern. Entsprechend selten wagten sie sich auf das Gebiet der Physik, und nur wenige konnten sich durchsetzen wie Hypatia, Marie Curie, Lise Meitner oder Chien-Shung Wu. Eine intelligente und unkonventionelle Geschichte der Physik von ihren Anfängen bis heute.

»Ein engagiertes, manchmal polemisch überspitztes Buch, das niemanden kalt läßt, weder Mann noch Frau.«
Süddeutsche Zeitung

Margaret Wertheim

Die Himmelstür zum Cyberspace
Eine Geschichte des Raumes von Dante zum Internet. Aus dem Englischen von Ilse Strasmann. 364 Seiten mit 33 Abbildungen. Serie Piper

Der virtuelle Raum ist keine Erfindung des elektronischen Zeitalters, sondern fest verwurzelt in der Geschichte der abendländischen Kultur. Margaret Wertheim lädt zu einer faszinierenden Reise durch die Geschichte des Raums ein – vom mittelalterlichen dualistischen Weltbild über die perspektivische Malerei der Renaissance bis hin zum relativistischen Raumkonzept Einsteins. Die Reise endet beim Cyberspace, der den Menschen eine schöne neue Welt verheißt.

»Die Autorin hat eine faszinierende und köstlich zu lesende (Kultur-)Geschichte des Raums geschrieben, die einen profund argumentierten Bogen schlägt vom Mittelalter zum Digital Age. Für alle jene, die darüber nachdenken, ob sie nun beim Surfen im Paradies oder lost in space sind.«
Süddeutsche Zeitung

Barbara Beuys

Blamieren mag ich mich nicht

Das Leben der Annette von Droste-Hülshoff. 474 Seiten. Serie Piper

Bis heute kennt man die Schriftstellerin Annette von Droste-Hülshoff (1797–1848) durch ihre Gedichte und Balladen und ihre Erzählung »Die Judenbuche«. Doch nur wenige wissen Näheres über die eindrucksvolle Frau, die sich hinter diesem Werk verbirgt. Die Droste war ehrgeizig und selbstbewußt, sie hatte ihren eigenen Kopf. Die Umbrüche ihrer Zeit und die gesellschaftlichen Zwänge nahm sie als Herausforderung an und erkämpfte sich einen persönlichen Freiraum. Barbara Beuys zeichnet das farbige Porträt einer bedeutenden Frau in ihrer Zeit.

»In diesem Buch entsteht das Bild einer der merkwürdigsten Dichterinnen Deutschlands, die nie so lebendig, nie so in ihrem Widerspruch und nie so selbstbewußt vor uns stand wie hier.«
Die Zeit.

Barbara Beuys

Denn ich bin krank vor Liebe

Das Leben der Hildegard von Bingen. 376 Seiten. Serie Piper

Barbara Beuys stellt Hildegard von Bingen im Kontext ihrer Zeit dar – als weibliches Multitalent mit einem einzigartigen und vielseitigen Werk. Denn Hildegard war nicht nur Theologin, sondern auch Botanikerin, Medizinerin und Musikerin. Die Autorin befreit die zur Kultfigur gewordene Äbtissin von Klischees und Legenden, deckt neue Seiten einer ungewöhnlichen Persönlichkeit auf und zeigt, daß gerade Frauen einen wichtigen Anteil am geistigen Leben des Mittelalters hatten.

»Barbara Beuys, die schon öfter bewiesen hat, wie brillant sie die schwierige Kunst beherrscht, historisch Komplexes gleichermaßen differenziert wie eingängig zu vermitteln, hat diese Aufgabe souverän gemeistert.«
Die Zeit

SERIE PIPER

SERIE PIPER

Robert Levine
Eine Landkarte der Zeit
Wie Kulturen mit Zeit umgehen.
Aus dem Amerikanischen von
Christa Broermann und
Karin Schuler. 320 Seiten.
Serie Piper

Um herauszufinden, wie Menschen in verschiedenen Kulturen mit der Zeit umgehen, hat Levine mit Hilfe von ungewöhnlichen Experimenten das Lebenstempo in 31 verschiedenen Ländern berechnet. Das Ergebnis ist eine höchst lebendige Theorie der verschiedenen Zeitformen und eine Antwort auf die Frage, ob ein geruhsames Leben glücklich macht.

Levine beschreibt die »Uhr-Zeit« im Gegensatz zur »Natur-Zeit« – dem natürlichen Rhythmus von Sonne und Jahreszeiten – und zur »Ereignis-Zeit« – der Strukturierung der Zeit nach Ereignissen. Robert Levine glückte ein anschauliches und eindrucksvolles Porträt der Zeit, das dazu anregt, unser alltägliches Leben aus einer anderen Perspektive zu betrachten und ganz neu zu überdenken.

Peter D'Epiro, Mary Desmond Pinkowish
Sieben Weltwunder, drei Furien
Und 64 andere Fragen, auf die Sie keine Antwort wissen. Aus dem Amerikanischen von Thorsten Schmidt. 443 Seiten mit 8 Abbildungen. Serie Piper

Kennen Sie die 3 Hauptsätze der Thermodynamik, die 3 Instanzen der Psyche und die 3 Furien? Wer sind die 4 apokalyptischen Reiter, und was sind die 5 Säulen des Islam? Können Sie die 10 Gebote aufsagen und die Namen der 12 Ritter der Tafelrunde nennen? Dieses Lexikon gibt, nach der Zahl geordnet, unterhaltsam und fundiert Antwort auf 66 Fragen, die man einmal wußte, inzwischen wieder vergessen hat – und nun in diesem Buch nachschlagen kann.

»Eine amüsante Tour de force durch den klassischen Bildungsfundus.«
Die Presse Wien

SERIE PIPER

**Sven Ortoli
Nicolas Witkowski**
*Die Badewanne
des Archimedes*
Berühmte Legenden aus der
Wissenschaft. Aus dem
Französischen von Juliane
Gräbener-Müller. 192 Seiten mit
25 Abbildungen. Serie Piper

Wußten Sie, daß Archimedes nicht nur in der Badewanne nachdachte, sondern auch in Waffengeschäfte verwickelt war? Und stimmt die Geschichte von dem Schmetterling und dem Wirbelsturm wirklich? Die berühmtesten Legenden aus der Wissenschaft werden in diesem vergnüglichen Buch zugleich entlarvt und ernst genommen.
Die beiden Journalisten gehen die Legenden ganz respektlos an: Sie haben eine Vielzahl von Geschichten und Mythen aus dem Poesiealbum der Forschung unter die Lupe genommen und auf ihren Wahrheitsgehalt untersucht. Ausgestattet mit feiner Ironie, totaler Skepsis gegenüber gängigen Klischees und mit viel Sinn fürs Paradoxe, zeigen sie, daß zwischen Wissenschaft und ihren Mythen kein Widerspruch bestehen muß.

James Burke
*Gutenbergs Irrtum und
Einsteins Traum*
Eine Zeitreise durch das Netzwerk
menschlichen Wissens. Aus dem
Englischen von Harald Stadler.
394 Seiten mit 34 Abbildungen.
Serie Piper

Was hat der einfache Kronenkorken, der eine Bierflasche verschließt, mit dem expandierenden Universum zu tun? Was verbindet die Dauerwelle, die der deutsche Friseur Nessler in London erfand, mit einem Luxusdampfer? James Burke zeigt, daß alles mit allem zusammenhängt und wir in einem dynamischen Netz des Wandels leben. Weil der deutsche Goldschmied Johannes Gutenberg sich im Datum irrte, entstand im 15. Jahrhundert der Buchdruck. So führt eine Reise vom Kohlepapier über Edisons Telefon und die Entstehung von Vorstädten bis zur Röntgenkristallographie und zur Entschlüsselung der DNA-Struktur. Die vielen überraschenden Fakten verbinden sich auf verschlungenen Pfaden zu einer höchst vergnüglichen Kulturgeschichte des Wissens.

»*Topologie ist sexy,*
Primzahlen sind bissig.«

Dietmar Dath
Höhenrausch
Die Mathematik
des 20. Jahrhunderts
in zwanzig Gehirnen
347 Seiten
geb. mit Pappschlaufe
€ 27,50 (D) · sFr 54,–
ISBN 3-8218-4535-X
Der 224. Band
der ANDEREN BIBLIOTHEK

Keine Angst! Dies ist kein Fachbuch. Es verlangt keine mathematischen Vorkenntnisse – nur die Bereitschaft des Lesers, die Welt, in der er lebt, als eine zu entziffern, die mit Mathematik durchtränkt ist. Das zwanzigste Jahrhundert war ein goldenes Zeitalter dieser Wissenschaft. Ihre abstrakten Strukturen werden hier an Hand von Lebensgeschichten erzählt und »begehbar« gemacht.

Neben dem klassischen Essay verfügt das Buch über ein reiches Register von Darstellungsweisen: die Briefform, den Dialog, die Science-Fiction-Geschichte ... Wer Formeln haßt, wird sie überlesen; mutige Leser werden sich daran ergötzen.